한자한문교육총서 33

한문 임용 어휘 완전정복
고전산문편

원주용 최미선 김수완 편저

傳統文化研究會

원주용

성균관대 한문학과 박사 졸업
성균관대 유학대학원 동양문화고급과정 주임교수
전통문화연구회 강사

최미선

성균관대 한문교육과 졸업
강원도 평원중학교 교사

김수완

성균관대 한문교육과 졸업
서울 한영중학교 교사

한문 임용 어휘 완전정복 : 고전산문편 25,000원

2025년 4월 10일 초판 인쇄
2025년 4월 30일 초판 발행

저자(편저) 원주용 최미선 김수완
관 리 권원오
보 급 신양선
출 판 백준철

발행인 김 현
발행처 사단법인 전통문화연구회

서울 종로구 삼봉로 81 두산위브파빌리온 1332호
전화 : 02-762-8401 전송 : 02-747-0083
전자우편 : juntong@juntong.or.kr
홈페이지 : juntong.or.kr
사이버書堂 : cyberseodang.or.kr
온라인서점 : book.cyberseodang.or.kr
등록 : 1989. 7. 3. 제1-936호
총판 : 한국출판협동조합(070-7119-1750)

ISBN 979-11-5794-435-4 04710
978-89-85395-54-0(세트)

※표지 이미지 : OpenAI DALL·E 생성 이미지

머리말

漢文으로 된 문장을 한글로 飜譯하기란 쉬운 작업이 아니다. 번역을 하기 위해서는, 먼저 當時의 시대적 상황과 문화적 배경 등 다양한 제반 지식이 필요하고, 漢字로 이루어진 문장의 구조를 비롯하여 문장의 구조를 이루는 일정한 패턴도 숙지하고 있어야 하며, 끝으로 다양한 語彙의 의미를 알고 있어야 한다.

시대적·문화적 배경에 관한 것은 제공해야 할 정보가 너무나 많기 때문에 차후로 미루고, 문장의 구조와 패턴은 傳統文化硏究所에서 출간하고 있는 漢文讀解捷徑시리즈가 있어 참조할 만하다.

이 책에서 다루고자 하는 것은 다양한 語彙이다. 漢字 하나하나의 뜻이 많지만, 漢字가 결합된 語彙의 의미 또한 다양하다. 예를 들어 黼와 黻은 '수'나 '수를 놓은 옷'의 뜻이지만, '黼黻'이란 어휘로 쓰이면 '예복에 수놓은 화려한 무늬'·'화려한 文辭'·'보좌함' 등으로 쓰여 의미가 더 파생된다. 그렇기 때문에 漢字 하나의 뜻도 알아야 하지만, 語彙의 의미도 알고 있어야 한문 문장을 풀이할 수 있다.

語彙의 종류는 셀 수 없을 정도로 많다. 이 책에서는 한국고전번역원·전통문화연구회에 수록된 DB자료 중에서 천 번 정도로 많이 활용된 어휘만을 일부 선정하였다. 추후 필요한 어휘는 보충할 계획이다. 어휘의 뜻은 《韓國漢字語辭典》·《漢語大詞典》·《中文大辭典》 등을 참조하였다.

이 책이 나올 수 있기까지 여러 모로 배려해 주신 전통문화연구회 연구원님, 그리고 함께 작업을 진행한 최미선, 김수완 선생께도 감사드린다.

모쪼록 이 책이 한문 번역과 한문 공부에 관심 있는 분들에게 조금이나마 도움이 되었으면 한다.

2024년 12월 龜山 기슭에서

元周用 謹書

일러두기

1. 본서는 한문 해석에 꼭 필요한 어휘를 일부 선정하였다.
2. 본문에 사용한 주요 부호는 다음과 같다.

〈예문〉

藩籬(울타리 번, 리) : 울타리. 변경. 한계·장애·범위를 비유하는 말.

藩籬吾未窺 **敢議窮閫奧** : 그 울타리조차 내가 엿보지 못했으니, 감히 심오한 경지를 궁구할 것을 의논하랴?(蘇軾, 〈和寄天選長官〉)

***藩籬之鷃** : 담장에 앉아 있는 종달새. 【**轉義**】 식견이 좁고 옹졸한 사람.

① 표제어는 문단의 좌상단에 굵고 크게 표시하였다.

② 필요한 경우 표제어 우측에 ( )를 사용하여 글자의 훈과 음을 달았다.

③ 예문이 있는 경우 표제어를 밑줄로 표시하여 학습에 도움이 되도록 하였다.

④ 예문의 출처는 문단 끝에 ( )로 표시하였다.

⑤ 표제어와 관련된 成語는 앞에 '*' 표시를 하였다.

⑥【 】부호의 뜻은 다음과 같다.

- 【轉義】: 표제어 본래의 뜻과 다르게 쓰이는 경우
- 【佛】: 불교 용어
- 【道】: 도교 용어
- 【白】: 대화체

4. 그 외 주요 부호는 다음과 같다.

" ": 대화, 인용

' ': 재인용, 강조

( ): 간단한 주석

《 》: 서명

〈 〉: 편장명, 작품명, 보충역

〔 〕: 관용구, 참고 원문

한문 임용 어휘 완전정복
고전산문편

〈ㄱ〉

家丁: 服役할 연령이 된 壯丁. 장수가 정규군 외에 따로 편성한 심복의 정예 부대. 집에서 부리는 일꾼.

因論花溪採茶時 官督家丁無老稚: 따라서 화계에서 차 따던 일 논하자니, 관에서 壯丁을 감독하여 老弱까지도 徵發하였네.(李奎報, 〈孫翰長復和 次韻寄之〉)

加意: 주의함. 특별히 더 유의함.

此數十紙 皆文忠公銜口而出 縱手而成 初不加意者也: 이 수십 장의 종이는 모두 문충공의 입에서 저절로 튀어나온 말을 붓 가는 대로 써서 완성한 것이니, 애초에 특별히 유의하지 않고 지은 작품이다.(蘇軾, 〈跋歐陽公書〉)

加以: 덧붙여(그러한 데다가). ~을 함. 2음 이상의 동사 앞에 위치하여 앞에 제시된 문제를 처리하는 방법을 나타낼 때 쓰인다.

公私俱困 加以賄賂狼籍 請謁公行: 공사가 다 곤궁하오며 더구나 뇌물[1]이 낭자하고, 청탁[2]이 버젓이 행하다.(林椿, 〈孔方傳〉)

加以地遠民愚: 게다가 지역이 멀고 백성이 우매하다.(李齊賢, 〈在大都上中書都堂書〉)

執訊之 加以重刑: 잡아서 그를 신문하고 중형을 행하다.(徐榜

---

1 **賄賂**(뇌물 회, 뢰): 뇌물.

2 **請謁**: 청함. 요구함.

《濟南紀政》)

ㄱ

刻畫無鹽 : 醜婦는 아무리 잘 그려도 미인에 비교할 수 없음.

何乃刻畫無鹽 唐突西施也 : 어떻게 무염을 화장시켜서 서시의 앞에 내세운단 말인가?(《晉書》)

*4대 醜女 : 嫫母(전설상 黃帝의 넷째 부인으로 전하는데, 품행은 정숙하였으나 모습이 매우 추함)·鍾離春(無鹽에 살던 鍾離春은 戰國時代 齊 宣王의 정부인이 되어 정사에 협조하여 나라를 크게 안정시켰다.)·孟光(後漢 梁鴻의 처)·阮女(三國時代 魏나라)

*4대 美女 : 西施(春秋時代 越나라, 浸魚)·王昭君(漢나라, 落雁)·貂蟬(三國時代, 閉月)·楊貴妃(唐나라, 羞花)

干戈 : 방패와 창(무기의 총칭). 전쟁. 군대.

胡虜何曾盛 <u>干戈</u>不肯休 : 오랑캐가 어찌 그리도 성했던가, 전쟁이 그치려하지 않네.(杜甫, 〈復愁〉)

間關 : 수레에 비녀장을 지르는 소리. 이리저리 옮겨 다니는 모양. 구불구불함. 【轉義】 새가 구성지게 지저귀는 모양.

宋侯奉兩親避其難 <u>間關</u>草莽 : 송후는 양친을 모시고서 난을 피해 풀 무더기[3]를 헤맸다.(鄭道傳, 〈送宋判官赴任漢陽詩序〉)

間言(비방하다 간) : 비난. 은밀히 이야기함. 이간질하는 말.

孝哉 閔子騫 人不<u>間</u>於其父母昆弟之<u>言</u> : 효성스럽구나! 민자건이여. 사람들이 그 부모와 형제들의 말에 이간질을 하지 못하는구나.(《論語》〈先進〉)

---

3 草莽(우거지다 망) = 草萊 : 풀 무더기. 초목이 우거진 벌판. 草野(민간). 평범하거나 미천함(주로 겸사로 쓰인다).

甘心:달게 여김. 만족스러움. 부러워함. 마음을 씀. 자신이 하고 싶은 대로 마음껏 함.

*甘心瞑目(눈을 감다 명):기꺼이 눈을 감음. 죽어도 아무런 한이 없음.

*甘心如薺(냉이 제) = 甘如薺:마음에 즐거우면 씀바귀도 냉이처럼 달게 느껴짐. 달가운 마음으로 일을 대하면 괴로운 일도 즐겁게 느껴짐.

*甘心情願:진심으로 바람.

甘旨:맛있는 음식. 어버이를 봉양하는 음식. 어버이를 봉양하는 일.

課僮僕農耕 供甘旨 :종복들에게 농사를 짓게 해[4] 부모를 봉양하다.(鄭道傳, 〈送宋判官赴任漢陽詩序〉)

*甘旨供親:맛있는 음식으로 부모를 봉양함.

講究(익히다 강):연구함. 중시함. 의론함. 정교함.

講究精微 毫分縷析 :연구함이 정미하여, 가는 터럭이나 실처럼 분석하였네.(權斗寅, 〈仁山書院奉安文〉)

講明(이야기하다 강):논하고 풀이하여 밝힘.

惟儒者 爲能講明此道 :오직 儒者만이 이 道를 풀이하여 밝히다.(張顯光, 〈文說〉)

必有以講明治天下國家之法 :반드시 천하 국가를 다스리는 법을 풀이하여 밝힐 수 있다. (金守溫, 〈同知成均林公守謙所受諭書後記〉)

---

4 課:종사하다 과

ㄱ

綱常 : 三綱과 五常(五倫)을 아울러 이르는 말(사람이 지켜야 할 도리).

知<u>綱常</u>之懿禮義之正 而不爲禽獸之歸者 : 강상의 아름다움과 예의의 정대함을 알아서 금수의 지경으로 떨어지지 않게끔 되었다.(李穀, 〈興王寺重修興教院落成會記〉)

＊**綱常罪** : 三綱과 五常의 도덕을 심하게 위반한 죄.

講說(설명하다 강) : 강론하여 설명함. 힐난하여 말함.

時經書至東方者朱子集註 夢周<u>講說</u>發越 : 당시 동방에 들어온 經書는 주자의 集註였는데 鄭夢周의 講說이 매우 탁월하였다.[5]

改修 = **改脩** : 길·건물·둑 따위를 고치거나 수리함. 허물을 고치고 心身을 닦음.

世宗四年<u>改修</u> : 세종 4년에 수리하였다.(《新增東國輿地勝覽》)

客裏 : 고향을 떠나 객지에 있는 동안.

蒲花易晩蘆花早 <u>客裏</u>光陰如過鳥 : 부들꽃은 쉽게 지고 갈대꽃은 일찍 지고, 객지의 세월은 마치 새처럼 날아가네.(宋 劉子寰, 〈玉樓春〉)

羹墻(국 갱, 담장 장) : 仰慕하는 마음이 지극함.

堯가 죽은 뒤에 舜이 사모한 나머지 3년 동안 요의 幻影이 담장〔墻〕에 나타나고 국〔羹〕 속에 드러나 보였다는 고사가 전한다.

<u>羹墻</u>歲月今知命 一味淵氷日日新 : 〈先王〉 추모하는 세월

---

5 **發越** : 깨끗하고 훤칠함.

에 막 오십이 되어, 한결같이[6] 조심조심[7] 나날이 새로워지리라.(李穡, 〈題伯恭字說後〉)

居敬:마음의 잡념을 없애고 몸을 바르게 가지는 것.

君子大居敬而貴窮理也:군자는 거경을 크게 여기고 궁리를 귀하게 여긴다.(《論語》〈爲政〉 集註)

居敬窮理:朱子學에서 추구하는 두 가지 수양 방법. 居敬은 마음과 몸을 공손히 하여 모든 것을 삼가는 內的 수양법이고, 窮理는 사물의 이치를 널리 궁구하여 정확한 지식을 얻는 外的 수양법이다.

去年 = 去歲. 昨年. 前年:지난해.

蒲色青青柳色陰 今年寒食去年心:부들빛 푸르고 버들빛 짙어 가는데, 올해 한식을 맞는 마음은 작년과 같네.(《東人詩話》)

居多:다수를 차지함.

與金人周旋居多:금나라 사람들과 어울린 일[8]이 많았다.(黃景源, 〈梅湖集序〉)

去留:떠남과 머무름. 죽음과 삶. 일의 成敗.

美酒樽中置千斛 載妓隨波任去留:맛있는 술은 항아리에 천 곡을 비치하고, 기녀를 싣고 물결을 따라 가고 머물고 하네.(李白, 〈江上吟〉)

---

6 一味:한결같이. 결국.

7 淵氷:깊은 못과 얇은 얼음장(위험한 일).

8 周旋:돎. 엎치락뒤치락 쫓고 쫓김. 行禮 때에 揖讓進退하는 동작. 내왕하며 교제함. 배회함. 이리저리 뒤척거림. 돌보아줌.

ㄱ

擧目 = 擧眼:눈을 들어 바라봄.

低頭唯佖佖 擧目但蒼蒼 :고개를 숙이니[9] 두렵기만 하고, 눈을 들어 바라보니 하늘은 아득하다.[10](車天輅, 〈獨吟〉)

*擧目無親 = 擧眼無親:눈을 들어 바라보아도 친한 사람이 없음. 주위가 생소하여 외롭고 의지할 곳이 없음.

居喪 = 居艱. 居哀. 居憂. 居重:직계 존속의 喪中에 있음.

居喪 未葬讀喪禮 旣葬讀祭禮 喪復常讀樂章 :상중에 있을 적에, 장례하기 전에는 상례에 관한 글을 읽고, 장례하고서는 제례에 관한 글을 읽고, 상복을 벗고 일상으로 돌아오면 악장을 읽는다.(《禮記》〈曲禮 下〉)

居常:常例를 따름. 常道를 지킴. 항상.

居常語家人 有酒它不算 :언제나 식구들에게 말하기를, "술만 있으면 딴건 필요없다"고 하였네.(尹鑴, 〈贈西巖主人〉)

擧人:인재를 추천하거나 선발함. 科擧 응시자.

子曰 君子不以言擧人 不以人廢言 :공자가 말하기를 "군자는 말을 그럴싸하게 한다고 하여 그 사람을 선발하지 않고, 사람이 형편없다고 하여 그 사람의 타당한 말까지 버리지 않는다."라고 하였다.(《論語》〈衛靈公〉)

去就:떠나감과 나아감(관직을 맡음과 그만둠). 去取. 의리에 어긋나는 것과 뜻이 같은 것.

---

9 **低頭** = **低面. 低勉**:머리를 숙임(생각에 잠겨서 머리를 숙임).

10 **蒼蒼**:무성함. 아득하여 끝이 없음.

떠나고 머무름을 정하지 못함(늘 떠나려는 뜻이 있음). 행동거지. 예절에 부합한 행동.

大夫有去就之義 未必常死宗廟 其死宗廟者 以權變爲也 : 대부는 떠나감과 나아감의 의리가 있으니, 굳이 항상 종묘에 죽을 필요가 없다. 종묘에 죽는 것은 권변[11]으로 하는 것이다.(《孔子家語》)

乞骸(해골 해) = **乞骸骨. 乞身** : 辭職을 청함. 자신의 해골이 고향 땅에 묻힐 수 있도록 해달라는 뜻이다.

上疏乞骸骨 黃冠歸故鄕 : 상소하여 사직을 청하고는, 황관[12] 쓰고 고향으로 돌아갔네.(杜甫, 〈遣興〉)

劫掠(위협하다 겁, 탈취하다 략) = **劫略. 劫鈔. 劫斂. 劫奪** : 위협과 폭력으로 남의 것을 빼앗음.

遣卒徒 衛其家 以儆劫掠 : 병사를 보내어 그 집을 지키게 하여, 도적을 경계하였다.(《三國遺事》)

見得 : 【白】 앎. 봄. 터득함.

默與心會 似有見得 : 묵묵히 마음과 통함으로써 터득한 것이 있는 듯하였다.(李睟光, 〈學戒〉)

犬羊 : 개와 양. 포로나 죄수처럼 마음대로 유린할 수 있는 대상. 外敵을 경멸하는 말.

膽銷豺虎窟 淚入犬羊天 : 간담은 시호의 굴에서 녹고, 눈물

---

11 **權變** : 그때그때의 형편에 따라 임기응변으로 일을 처리함.

12 **黃冠** : 대껍질로 만든 관. 시골 농부의 복장. 道士가 쓰는 冠(道士).

ㄱ

은 견양의 천지로 들어가네.(杜甫, 〈覽鏡呈柏中丞〉) 그 주석에 "吐蕃이 犬羊의 자질로 걸핏하면 中原을 범하여 그곳에 盜賊의 窟穴을 만들었다. 그래서 시호의 땅이 된 것에 간담이 녹고 견양의 천지가 된 본국을 안정시키지 못하는 것을 한스러워 한 것이다." 하였다.

＊**犬羊之質** : 개나 양의 자질(재능이 없음).

見知 : 눈으로 보고서야 그것에 담긴 이치를 환히 앎. 후대 사람이 선대의 일을 듣고 아는 것〔聞知〕과 구별되는 말이다.

빈틈없이 확실하게 잘 보고 앎. 인정을 받음. 사람들에게 알려짐.

由湯至於文王 五百有餘歲 若伊尹萊朱則<u>見而知</u>之 若文王則聞而知之 : 탕왕으로부터 문왕에 이르기까지 500여 년에, 이윤과 내주 같은 자는 보고서 성인의 도를 알았고, 문왕 같은 자는 듣고서 성인의 도를 알았다.(《孟子》〈盡心 下〉)

結髮 : 상투를 틀거나 쪽을 찜(=束髮. 성년이 됨).

결혼함(古禮에, 성혼하는 날 저녁에 머리를 남자는 왼쪽으로, 여자는 오른쪽으로 빗어서 두 머리를 함께 묶는 데에서 이르는 말). 妻子(본부인).

且臣<u>結髮</u>而與匈奴戰 今乃一得當單于 臣願居前 先死單于 : 〈李廣이 말하였다.〉 "또 신은 성년이 되고서부터 흉노와 싸웠는데, 이제야 한번 선우를 맞게 되었으니, 신은 선두에 서서 제일 먼저 선우를 죽이기를 원합니다."(《史記》〈李將軍列傳〉)

＊**結髮夫妻** : 막 성년이 되며 결혼한 부부. 본처와의 부부관계를 특별히 이르기도 한다.

潔身 : 처신을 깨끗이 함.

欲潔其身 而亂大倫 : 자기 몸을 깨끗이 하려고 하여 인간의

큰 윤리를 어지럽히고 만다〔潔身亂倫〕.(《논어》〈微子〉)

*潔身累行 : 처신을 깨끗이 하고 행동을 단속함.[13]

頃刻 : 잠시(짧은 시간=少選). 방금(조금 전).

散爲百東坡 頃刻復在茲 : 나의 얼굴 물결에 부서져 일백 개로 흩어졌다, 조금 뒤에 다시금 본모습으로 돌아오네.(蘇軾, 〈泛潁〉)

*頃刻花 : 타오르는 불꽃. 눈꽃. 금새 피었다 지는 꽃.

梗槪(대강 경, 개) = **梗槩** : 대략. 강직한 기개.

姑擧梗槩于此 : 우선 대강을 여기에 들어 본다.(《稗官雜記》)

經紀 : 법도. 관리하고 보살핌. 사업을 경영함(=經綸紀理). 지나다님. 거간꾼.

藐玆後昆 積歲經紀 : 아득한 이 후손들이, 여러 해 동안 경영하였네.(李象靖, 〈缶溪別祠奉安文〉)

經年(지나다 경) : 해를 보냄.

慈烏失其母 啞啞吐哀音 晝夜不飛去 經年守故林 : 효성스러운 까마귀[14]가 그 어미 잃고, 깍깍 슬픈 소리 토하누나. 밤낮으로 날아가지 않고, 해가 지나도록 옛 숲을 지키네.(白居易, 〈慈烏夜啼〉)

*累月經年 = 經年累月 : 여러 달 여러 해가 지남(오랜 세월이 지남).

---

13 累 = 縲 : 묶다 루

14 慈烏 = 慈鴉. 慈烏 : 까마귀의 한 종류. 어미에게 反哺를 한다 하여 일컫는 말이다.

經綸: 고치에서 실을 뽑아 정리하는 일과 이 실로 끈을 짜는 일.
【轉義】 국가의 대사를 계획하고 운영함. 나라를 다스릴 만한 포부와 재능.
唯天下至誠 爲能經綸天下之大經 立天下之大本 知天地之化育[15] 夫焉有所倚: 오직 천하에 지극히 성실한 분이어야 천하의 대경[16]을 경륜하며 천하의 대본을 세우며 천지의 화육을 알 수 있다.(《中庸》)

輕薄: 경솔하고 들뜸. 미약하고 보잘것없음. 줄임. 하찮음.
方子輪 以輕薄獲譏於世: 孔方의 아들 輪은 경솔로 세상의 비난을 받았다.(林椿, 〈孔方傳〉)
*輕薄無行: 경박하고 품행이 보잘것없음.
*輕薄才子: 재주는 있으나 경박한 사람.

京師 = 京都. 京轂. 京闕. 京國. 京洛. 京輦. 京里. 京門. 京城. 京市. 京邑. 京兆. 王京. 王都: 首都

일설에는 晉나라 史官들이 景帝(司馬師)의 諱를 避하여 京師를 京都로 고쳐 썼다고 한다. 朝廷.
曾走京師 求詩公卿間: 일찍이 京師에 달려와서, 공경들 사이에서 시를 구하다.(李穀, 〈跋福山詩卷〉)

卿相 = 卿輔. 卿宰: 제왕을 도와 정사를 집행하는 大臣.
詩書未必皆君子 卿相由來起匹夫: 시서를 읽는다고 꼭 다

---

15 化育: 천지자연이 만물을 生育함. 교화시켜 양육함.

16 大經: 사람으로서 지켜야 할 떳떳한 도리. 일정하여 변하지 않는 도리.

군자 되진 않거니와, 경상은 예로부터 필부에서 일어났다네.(李穡, 〈自詠〉)

傾城:나라를 망하게 함.(＝傾國) 미녀. 꽃이 매우 예쁨.

漢나라 李延年이 누이동생을 武帝에게 알리려는 목적에서 노래하기를, “북방에 미인이 있으니, 세상에 견줄 이 없게 홀로 뛰어나네. 한 번 돌아보면 남의 성을 무너뜨리고, 두 번 돌아보면 남의 나라를 무너뜨리네. 어찌 성을 무너뜨리고 나라를 무너뜨리는 걸 모르랴마는, 미인은 다시 얻기 어렵네.〔北方有佳人 絶世而獨立 一顧傾人城 再顧傾人國 寧不知傾城與傾國 佳人難再得〕”라고 하였다.(《漢書》〈外戚傳 李夫人〉)

＊一笑傾城:여자의 미모에 반해서 한 성을 망하게 함.

【轉義】 뛰어난 미인을 형용하는 말.

＊一顧傾城 = 一顧傾國:미인이 한 번 돌아보는 데 반하여 城을 위태롭게 만듦. 뛰어난 미모나 그러한 미모의 여인.

經術:經書를 연구하는 학문.(＝經學)

詩書六藝 皆經術也 :시서 육예는, 모두 경술이다.(金宗直, 〈尹先生祥詩集序〉)

經筵 = 經幄(휘장 악). 經帷:임금 앞에서 경서를 강론하는 자리.

粤自經幄 以至巖廊 :經筵 시절부터, 정승[17] 시절까지.(張維, 〈故鰲城府院君李恒福賜祭文〉)

經緯:씨줄과 날줄(조리·질서). 계획하여 다스림. 문장의 조리.

---

17 巖廊 = 議政府.

ㄱ

句讀訓詁 奚以議夫黼黻經緯之文 : 구두[18]나 훈고[19]로, 어찌 저 질서를 보좌하는[20] 글과 의논할 수 있겠는가?(金宗直, 〈尹先生祥詩集序〉)

*經天緯地 = 經緯天地 : 하늘을 날실로 삼고 땅을 씨실로 삼음. 본래는 하늘과 땅을 법도로 삼는다는 뜻이었으나, 뒤에 천하를 경영함을 이르는 말로 썼다.

竟日(다하다 경) = **彌日(다하다 미)** : 하루 종일(온종일).

不笑者竟日 : 웃지 않은 지가 하루 종일이다.(《列子》)

經濟 : 나라를 다스리고 백성을 구제함(=經世濟民. 經國濟世). 나라를 다스리는 재능.

樂觀古人經濟文字 : 옛사람들의 經濟에 관한 서적을 즐겨 읽어라.(丁若鏞, 〈寄二兒〉)

京華 = **都下** : 首都를 아름답게 이르는 말. 수도에는 文物이 모여들고 화려하기 때문이다.

*京華世族 : 대대로 서울에 살면서 높은 벼슬을 하는 집안.

*京華巨族 : 번화한 서울에서 권력 있고 번성한 집안.

今年寒食滯京華 節序如流苦憶家 : 금년 한식을 서울[21]에서 묵

---

18 句讀 = 句度. 句投. 句逗 : 글 중에서 한 단락이 끊어지는 곳. 文意가 끊어지는 곳을 句, 읽기 편하게 멈추는 곳을 讀라 한다. 일반적으로 구에는 o를, 두에는 ㆍ의 부호를 사용한다.

19 訓詁 : 經傳이나 古書의 字句를 해석함.

20 黼黻(수 보, 수 불) : 예복에 수놓은 화려한 무늬. 화려한 文辭. 보좌함.

21 京華 : 首都를 아름답게 이르는 말(수도에는 文物이 모여들고 화려하기 때문이다).

으니, 철[22]이 쉽게 갈수록[23·24] 집 생각이 간절하네.(李詹, 〈寒食〉)

啓聞(아뢰다 계) : 글로 임금에게 상주함.

隨卽啓聞置簿 : 즉시[25] 임금에게 아뢰고 장부에 기록해 둡니다.[26](《世宗實錄》)

稽顙(두드리다 계, 이마 상) : 무릎을 꿇고 이마가 땅에 닿도록 몸을 굽혀서 하는 절. 극도의 경의와 정성을 표시한다.

盜大驚 自投於地 稽顙歸罪 : 도둑이 매우 놀라 스스로 땅으로 내려와 이마를 땅에 두드리면서 죄를 인정하였다.[27](《後漢書》 梁上君子)

繼述(잇다 계, 술) = 繼志述事 : 선대의 뜻과 功業을 이어 나감.

夫孝者 善繼人之志 善述人之事者也 : 〈孔子께서 말씀하셨다.〉 "효는 어버이의 뜻을 잘 계승하며, 어버이의 일을 잘 따라 행하는 것일 뿐이다."(《中庸章句》)

考課(심사하여 등급을 매기다 과) : 우수한 세금 징수 실적.

관리의 근무 성적을 평가하여 승진과 좌천·포상과 처벌에 반영함. 학생의 성적을 심사함.

君日一至 考其勤慢而勸懲之 : 이군이 하루에 한 번씩 들

---

22 節序 = 節敍 : 계절. 절기, 절기의 차례.

23 如流 : 순순히 따름. 빠름.

24 歲月如流 : 세월은 마치 흘러가는 물처럼 빠르게 지나감.

25 隨卽 : 즉시.

26 置簿(문서 부) : 범죄 사실이나 출납한 내용 등을 문부에 적어 둠.

27 歸罪 : 자수하여 죄를 자백함. 罪過를 타인이나 다른 집단에게 돌림.

러서 그 부지런함과 게으름을 평가하며 권면하고 징계하였다.(李穀, 〈寧海府新作小學記〉)

考官 = **考試官. 試官** : 科擧의 시험감독관.

考官以夏雲多奇峰爲題 而押峰韻 : 고관이 '여름 구름은 기이한 봉우리가 많다'라는 것으로 글제를 삼고, 峯자 韻을 냈다.[28](《白雲小說》)

股肱(넓적다리 고, 팔 굉) : 다리와 팔.

【轉義】 좌우에서 보좌하는 신하. 도와줌. 수도·어떤 중심이 되는 도시를 호위하거나 밀접한 관계가 있는 곳.

***股肱之臣** : 다리와 팔같이 중요한 신하. 임금이 가장 신임하는 신하.

***股肱之力** : 다리와 팔의 힘(온몸의 힘).

故國 : 역사가 오래된 나라. 고향. 옛 도읍지. 자기가 태어난 나라. 전대의 왕조.

山川非故國 風露近重陽 : 산과 물은 내 고장이 아니요, 바람과 이슬은 중양절에 가까워라.(李崇仁, 〈感興〉)

固窮 : 참으로 곤궁함. 곤궁함을 잘 견디어 냄.

君子固窮 小人窮斯濫矣 : 군자는 빈궁해도 〈이를 편안히 여기면서 도의를 고수하지만,〉 소인은 빈궁하면 제멋대로 군다.(《論語》 〈衛靈公〉)

---

28 **押韻**(운을 달다 압) = **韻脚** : 詩詞歌賦를 지을 때, 일정한 자리에 韻字를 달아 聲韻의 조화를 이루는 일.

顧念 : 남의 일이나 사정을 돌보아 줌. 마음에 두고 생각함. 숙고함.

<u>顧念</u>**至庸陋 何以答聖后** : 숙고해보면 너무도 변변치 못한 내가, 무엇으로 聖君께 보답할 수 있을까?(尹愭, 〈登第後感恩成五百字〉)

高堂 : 높고 넓은 대청. 화려한 집. 朝廷(=朝家). 부모. 크고 넓음.

秖應傳善政 日夕慰<u>高堂</u> : 다만 응당 좋은 정치 베풀어서, 밤낮으로 부모님을 위로하고자 하네.(唐 韋應物, 〈送黎六郞赴陽翟少府〉)

孤陋(고루하고 무지하다 고) : 견문이 좁고 학식이 천박함.

獨學而無友 <u>孤陋</u>**而寡聞** : 홀로 배우기만 하고 벗이 없으면 고루해지고 견문이 적다.(《禮記》〈學記〉)

孤陋寡聞 : 학식이 고루하고 견문이 넓지 못함.

高明 : 해와 달(하늘). 높고 밝음. 현귀함. 고상하고 현명함. 견해나 기술이 탁월함. 성격이 활달하고 쾌활함. 상대방에 대한 敬稱.

<u>高明</u>**峻潔** : 고상·현명하고 힘 있고 간결하다.(金昌協, 〈農巖雜識〉)

尤有以見夫<u>高明</u>**不恥下問之盛心也** : 그대께서 아랫사람에게 묻기를 부끄러워하지 않는 盛心을 더욱 볼 수 있습니다.(李玄逸, 〈答金重卿〉)

高門 : 커다란 대문. 훌륭한 집이나 가문.

높은 벼슬을 얻어 가문을 빛냄. 漢나라의 于公이 문을 높고 크게 만들어놓고 자손이 잘되기를 바랐는데 마침내 아들 定國이 재상이 된 고사에서 유래하였다.(=高祖)

ㄱ

行忙雨濕歸程遠 不與<u>高門</u>談笑然 : 바쁜 걸음에 비가 내려 눅눅하고[29] 돌아갈 길 멀어, 당신과 더불어 얘기하지 못하오.(《松窗雜說》)

翶翔(날다 고, 상) : 빙빙 돌며 낢. 배회하며 나아가지 않음. 유유히 노닒.

鸞鳳伏竄兮 鴟梟<u>翶翔</u> : 난새와 봉황[30]이 숨음이여, 올빼미[31]가 높이 날도다(군자는 쫓겨나고 소인이 득세하는 것을 비유).(賈誼, 〈弔屈原文〉)

孤臣 : 외톨이거나 君主에게서 멀어져 重用되지 못한 신하. 고루하고 무지한 신하.

人之有德慧術知者 恒存乎疢疾 獨<u>孤臣</u>孽子 其操心也危 其慮患也深 故達 : 사람이 지혜로운 덕과 뛰어난 기술을 갖게 되는 것은 항상 고난과 우환[32]을 겪고 그것을 극복하였기 때문이다. 버림받은 신하나 첩의 자식들은 항상 아슬아슬한 마음을 갖고 있고 우환에 대한 염려가 깊기 때문에 사리에 통달하는 것이다.(《孟子》〈盡心 上〉)

＊**孤臣去國** : 임금의 신임이나 사랑을 받지 못하는 신하가 서울을 떠남.

＊**孤臣孽子** : 임금에게서 멀어진 외톨이 신하와 자식 대접을 받지 못하는 庶子(중용되지 않았으되 충성하는 마음이 변함없는 사람).

---

29 **雨濕**(젖다 습) : 비가 내려 공기가 눅눅함.

30 **鸞鳳**(난새 난) : 난새와 봉황(賢士·君王·미인·부부).

31 **鴟梟**(올빼미 치, 효) = **鴟鴞** : 올빼미(탐학한 사람을 비유).

32 **疢疾**(열병 진) : 질병. 걱정. 하자.

古意: 옛 사람의 思想과 意趣. 옛 일을 생각하는 마음.

詩題의 이름. 前代의 故事를 읊음으로써 자기의 뜻을 諷諭하는 형식(=擬古·倣古).

古意五韻五篇 : 고의 5운 5편.(金宗直)

考績(공 적): 일정한 기준에 따라 관리의 치적을 심사하는 일.

不得與考績幽明之說 : 관리들의 업적을 고찰하거나 승진 또는 좌천시키는 논의에 참여할 수 없다.

＊考績幽明(幽明 = 賢愚): 관리의 치적을 살펴 승진과 강등을 결정함.

高枕: 베개를 높이 베고 잠(근심걱정이 없이 편안하게 지냄. 관직을 그만 두고 집에서 편안히 지냄).

捲簾殘月影 高枕遠江聲 : 발 말아 올리니 새벽 달그림자 남아 있고, 베개 높이 베니 먼 강물 소리 들린다.(杜甫, 〈客夜〉)

膏肓: 심장과 횡경막의 사이.

膏는 심장의 아랫부분이고, 肓은 횡격막의 윗부분. 여기에 병이 나면 치료가 어렵다 하여, 난치병 또는 불치병을 이르는 말로 쓴다. 고칠 수 없는 과오·결점. 요해처·關鍵.

＊泉石膏肓: 山水를 좋아하는 癖이 고황에 든 병처럼 고칠 수 없음.

＊病入膏肓: 병세가 깊어 치료할 수 없음. 사태가 이미 돌이킬 수 없게 되었음.

曲折: 굽음. 상세한 정황. 완곡함. 뜻을 굽혀 따름. 복잡하게 얽힌 내막.

ㄱ

此章之言明白簡約 而其指意曲折反覆 如造化之簡易易知而微妙無窮 學者所宜詳玩也:이 장의 말은 명백하고 간략하면서도 그 가리키는 뜻은 자세하고 반복되어서 마치 조화의 간이함이 알기는 쉽지만 미묘한 진리가 무궁한 것과 같으니, 배우는 자들은 마땅히 자세히 음미해야 할 것이다.(《論語集註》〈憲問〉)

公家:公의 집안(諸侯國). 公卿의 집안. 朝廷(국가·官衙).

先輸之公家之稅:먼저 국가의 세금으로 실어 나른다.(丁若鏞, 〈田論〉)

*公家文字:국가의 공식적인 글.

公器:宮中의 器物(그 기물을 가지고 궁중을 드나드는 사람). 문장(文子·學術). 法制. 名利. 公用의 그릇(官爵. 國政).

나라의 재능 있는 人材.

官爵者 天下之公器:관작은 천하의 공기이다.(《舊唐書》〈張九齡列傳〉)

功令:科擧를 볼 때 지어 바치는 여러 가지 글의 체(科擧). 學生의 학업 성취도에 대한 考課와 관리 선발을 규정한 법규. 法令.

旣冠 治功令家言 累中鄕解:관례를 치르고 나서 功令文을 공부하여 여러 번 鄕試[33]에 입격하였다.(李象靖, 〈梧山處士徐公行狀〉)

*功令文:과거 보는 데 소용되는 여러 가지 문체의 글(科體文).

*功令文字:과거 시험 답안에 사용되는 문장.

---

33 **鄕試 = 鄕擧. 鄕闈. 鄕解**:과거 시험 중 지방에서 실시하는 제1단계 시험.

貢賦:貢物과 賦稅.

敎以稼穡 制以貢賦 :농사를 가르치고, 세금의 제도를 마련하다.(鄭道傳, 〈乞食論〉)

功用:자연적으로 번식시키거나 財用으로 가공할 수 있는 천연자원. 효능. 자연이 아닌 인공으로 만들어진 것. 修養(조예).

功用不旣 :효용이 끝없게 하였다.(李穀, 〈石問〉)

科臼(법규 과, 절구 구):기존 격식. 정해진 형식에 따라 짓는 글. 과거 시험에 쓰이는 고정된 문체.

鮮有出於宋人科臼中者 :宋나라 시인의 격식 가운데에서 벗어난 자가 드물었다.(李睟光, 〈西潭集跋〉)

裹足(싸다 과):발을 싸맴. 근심이나 걱정 따위로 걸음을 멈춤. 여비와 행장. 가는 길이 몹시 급박하고 험난함.

戰國時代 公輸班이 楚나라를 위하여 宋나라를 칠 목적으로 雲梯를 만들었다는 소식을 들은 墨翟이 옷이 찢어지고 발을 싸맬 정도로 힘들게 열흘 밤낮을 달려가 楚王을 설득하였다는 고사에서 유래하였다.(=裂裳裹足)

使天下之士 退而不敢西向 裹足不入秦 :천하의 선비들로 하여금 물러나서 감히 서쪽으로 향하지 못하게 하고, 발을 묶어 진나라로 들어오지 못하게 하다.(李斯, 〈上秦皇逐客書〉)

***杜口裹足**:입을 다물고 발을 싸매다(매우 두려워함).

***裹足不前**:발을 싸매고 나아가지 아니함(근심이나 걱정 따위로 걸음을 멈추고 나아가지 아니함).

ㄱ

館閣: 經筵廳·春秋館·承文院·成均館·弘文館·藝文館 등 文臣들이 있는 관청. 典雅하고 莊重함.

不過以韓蘇爲範 用作科場館閣酬應之資而已: 韓愈와 蘇軾을 법도로 삼아서 과거 시험장이나 관각에서 酬唱[34]하는 자료로 삼는데 불과하였다.(李宜顯《陶峽叢說》)

觀光: 여기 저기 돌아다니면서 구경을 함. 上國에 使臣감. 서울에 과거 시험을 보러 감. 나라의 빛나는 德化를 구경함.

【轉義】 다른 나라의 산수·풍속 따위를 유람함.

觀國之光 利用賓于王: 나라의 광채를 봄이니 왕에게 손님이 됨이 이롭다.(《周易》〈觀卦〉)

冠蓋(수레의 위를 가리는 덮개 개): 벼슬아치의 冠服과 수레(벼슬아치=簪笏). 使臣. 벼슬하는 집안.

村童晝喧 冠蓋臨庭: 마을 아이들 낮에 시끄럽고, 벼슬아치들 뜰에 들이닥쳤네.(鄭蘊, 〈卷中語聖賢〉)

款曲(정성 관): 참되고 정성스러운 마음. 정성스럽게 응대함. 세밀함. 자세히 털어놓음.

唯餘林外鳥 款曲勸提壺: 오직 숲 밖의 새만 남아서, 정성스러운 마음으로 술 들기[35]를 권하네.(李仁老, 〈書天壽僧院壁〉)

---

34 **酬應**(응대하다 수): 응답함. 응대함.

35 **提壺 = 提壺蘆**: 새 이름으로, 술병을 들라는 뜻이다. 歐陽脩의, 〈啼鳥〉시에, "꽃 위에 홀로 제호로가 있어서, 술 사서 꽃 그늘 앞에서 취하라고 권하누나.〔獨有花上提壺蘆 勸我沽酒花前醉〕" 하였다.

冠帶:冠과 허리띠(관을 쓰고 띠를 맴). 옷차림. 服制를 갖춤(禮儀와 教化. 예의를 익히도록 함). 封爵이나 官職(벼슬아치).

文王有疾 武王不說冠帶而養 文王一飯 亦一飯 文王再飯 亦再飯:문왕이 병에 걸리자, 무왕이관과 허리띠를 벗지 않은 채 봉양하여, 문왕이 한 번 밥을 먹으면 무왕도 한 번 밥을 먹고, 문왕이 두 번 밥을 먹으면 무왕도 두 번 밥을 먹었다.(《禮記》〈文王世子〉)

冠冕:옛날 帝王이나 벼슬아치들이 쓰던 冠(벼슬). 첫째. 윗자리를 차지함. 장엄하고 당당함.

青春復隨冠冕入 紫禁正耐烟花繞:푸른 봄날 다시 벼슬아치 따라 들어오니, 대궐에 연화가 두른 모습 참으로 볼만하네.(杜甫, 〈洗兵馬〉)

關山:關門과 山(고향. 변방).

關山千里夢 風雨五更心:변방 천 리에 아득한 꿈이여, 비바람 치는 오경[36]에 서글픈 내 마음.(鄭圃, 〈題蔚州官舍壁〉)

關節:뼈와 뼈가 서로 맞닿아 연결되어 있는 부분. 중요한 부분. 몰래 뇌물을 먹여 관리를 매수하는 일. 암암리에 행하는 내통이나 청탁. 당부함. 암호. 책략.

此何等大關節 而孔孟之言 曾不及於是耶:이 얼마나[37] 중

---

36 五更 = 五夜:하룻밤을 다섯으로 나눈 시각의 통칭으로, 初更·二更·三更·四更·五更을 가리킨다. 更은 1更마다 밤에 번드는 사람이 교대한다는 뜻이다. 밤새. 오전 4시 전후.

37 何等:어떠한. 어찌 그토록 …한가.

요한 일인데, 공자와 맹자가 이것에 대해 언급하지 않았겠는가?(尹愭, 〈伯夷太公不相悖論〉)

關河:函谷關 등의 關門과 黃河.

【轉義】 고향이나 도성에서 멀리 떨어진 변방.

關河萬里道 子去何當歸 :머나먼 관하 만 리 길을, 그대 떠나가니 언제나 돌아올까?(陳師道, 〈送內〉)

曠官(비우다 광):공연히 벼슬자리만 차지하고 있음. 자격이 관직에 걸맞지 않아 감당해 내지 못함. 관직을 비워 둠.

曠官之刺興 :관직을 차지한다는 비난이 일어난 것이다.(韓愈, 〈爭臣論〉)

***曠官尸祿**:재주가 부족하여 직책을 다하지 못하고 녹만 받아 먹음.

魁科:科擧의 甲科. 과거에서 甲科의 첫째로 급제함.

庾碩 平章事弼曾孫 高宗初 擢魁科 :유석은 평장사 庾弼의 증손자로 고종 초에 과거에 장원으로 뽑혔다.(《高麗史》)

僑居(잠시 머물다 교) = **僑寓. 僑住. 寄寓**:타향에 거주함.

余挈婦 僑居南山下 :나는 아내를 이끌고 남산 아래 마을에 살게 되었다.(趙泰億, 〈諺書西周演義跋〉)

交情 = **交誼. 友誼. 友情**:사귀는 情誼. 교제의 친분 정도.

一死一生 乃知交情 一貧一富 乃知交態 一貴一賤 交情乃見 :한번 죽고 사는 데서 사귀는 정을 알 수 있고, 한번 가난하고 부유한 데서 사귀는 태도를 알 수 있고, 한번 귀하고 천

한 데서 사귀는 정이 바로 드러난다.(《史記》〈汲鄭傳〉)

究竟:결국. 끝까지 다함. 마침. 결과. 생각. 따짐. 깊이 연구함.

【佛】 가장 지극한 깨달음의 경지.

分流三百道 究竟一飛湍:삼백 가닥으로 나뉘어 흐르지만 결국은 나는 한 여울이다.(丁若鏞, 〈淸平寺觀瀑〉)

區區:작은 모양. 잘고 용렬함(자신의 謙稱=牛馬走. 走). 사랑함. 得意한 모양. 부지런히 힘쓰는 모양. 융통성이 없음.

此吾之所以區區者然也:이것이 바로 내가 부지런히 힘써서 그렇게 할 수밖에 없었던 이유이다.(李穀, 〈賀崔寺丞登第詩序〉)

拘忌(거리끼다 구):꺼리어 삼감. 禁忌.

牧傳 有牧之死 炊甑裂 牧曰不祥 予駁之曰 此拘忌小數:〈杜牧傳〉에, "杜牧이 죽을 무렵에, 밥을 짓던 시루가 깨어지니, 두목이 '상서롭지 못한 일이구나' 하였다."라고 하였다. 나는 다음과 같이 논박한다. 이것은 꺼리라는 소소한 술수이다.(李奎報, 〈杜牧傳甑裂事駁〉)

口腹:입과 배.

【轉義】 입은 음식을 먹는 곳이고, 배는 먹은 것을 담아두는 곳이므로, 전의되어 음식의 뜻으로도 쓴다.

飮食之人 則人賤之矣 爲其養小以失大也 飮食之人 無有失也 則口腹豈適爲尺寸之膚哉:음식만 밝히는 사람을 사람들이 천하게 여기는데, 이는 작은 데 신경을 쓰고 돌보느라 큰 것을 잃기 때문이다. 음식을 밝히는 사람이 만일 잃는 것이 없다면(마음과 뜻을 아울러 수양할 줄을 안다면), 입과 배를 채우는

일이 어찌 다만 한 자나 한 치의 피부를 위하는 것일 뿐이겠는가?(《孟子》〈告子 上〉)

*口腹之累: 먹고 살 걱정. 먹고 살기 위해서는 참기 어렵거나 아니꼬운 일도 참고 지내야 한다는 뜻의 속담.

*口腹之計: 먹고 살 계책이나 방법.

九霄(하늘 소): 하늘의 가장 높은 곳. 황제의 거처(황제).

【道】 神仙이 산다고 하는 곳.

風颼颼生牙頰間 不自知神之遐擧於九霄: 이와 볼 사이로 바람이 으시시 일어나, 저도 모르게 신기가 멀리 높은 하늘까지 날아오르다.[38](許筠, 〈石洲小稿序〉)

丘園: 고향(=故山. 故里. 家山). 시골. 隱居하는 곳. 무덤.

極目丘園隔 回頭歲月侵: 멀리 바라니[39] 내 고향은 멀어, 머리를 돌이키니 세월 진정 빠르구나.(鄭圃, 〈題蔚州官舍壁〉)

九原 = 九京. 九泉. 黃泉. 泉原. 重泉: 저승.

趙文子與叔譽觀乎九原 文子曰 死者如可作也 吾誰與歸: 조문자가 숙예와 더불어 저승을 구경하였는데, 조문자가 말하기를 "죽은 사람들을 만일 살릴 수 있다면, 내 누구를 따라 돌아갈까?" 하였다.(《禮記》〈檀弓 下〉)

*九原可作: 죽은 사람을 저승에서 다시 살려낼 수 있음.

口耳 = 口耳之學: 귀로 듣고 입으로 말하는 천박한 학문.

【轉義】 얻어 들은 것을 體得하지 않고서 곧바로 남에게 전하

---

38 遐擧(멀다 하): 높이 날아오름.

39 極目: 눈에 가득함. 시력을 다하여 한껏 멀리 바라봄.

는 학문.

*耳食 : 귀로 맛을 봄. 【轉義】 자세히 살펴보지 않고 남의 말을 곧이곧대로 믿음.

小人之學也 入乎耳 出乎口 口耳之間則四寸耳 曷足以美七尺之軀哉 : 소인이 공부할 때, 귀로 듣고는 곧바로 입으로 내놓는다. 입과 귀의 거리는 불과 네 치일 따름이니, 어떻게 일곱 자나 되는 이 몸을 아름답게 할 수가 있겠는가?(《荀子》〈勸學〉)

口占(부르다 점) : 詩文을 지을 때 草稿를 엮지 않은 채 입으로 곧장 지어냄. 전할 말을 입으로 불러줌.

臨分 口占一律贈之 : 헤어지면서 입으로 한 수 읊어서 드렸다.(李廷龜, 〈贈白沙李相公〉)

苟且 : 눈앞의 일만 생각하여 그럭저럭 보냄. 예법을 따르지 않음. 일을 대충대충 함. 구차히(그런대로). 私通함.

行步安詳 言語愼重 一動一靜 不可輕忽苟且放過 : 걸음걸이[40]는 차분하게[41] 하고, 말은 신중하게 하여 모든 동작[42]을 소홀히 하면서 그럭저럭 지나쳐 버려서는[43] 안 된다.(《擊蒙要訣》)

*苟且偸生 : 구차히 살아남기를 구함.

*苟且偸安 = 苟安. 苟偸. 苟婾 : 구차히 눈앞의 안일만을 구함.

丘壑 : 언덕과 골짜기. 山水가 그윽하고 아름다운 곳. 그윽한

---

40 行步 : 걸음걸이.

41 安詳 : 차분함.

42 一動一靜 : 움직이기도 하고 조용하게 있기도 함(모든 동작).

43 放過 : 버림. 포기함.

ㄱ

정취. 【轉義】 시골의 궁벽한 지역. 곤란한 처지.

學足以窮天人之眞 知足以全丘壑之身 : 학문은 천인의 진리를 궁구했으며, 지혜는 시골의 육신을 보전하였다.(黃景源, 〈高麗故左司議大夫右文館提學忠宣文公墓碣銘〉)

*放情丘壑: 세상일을 잊고 山水를 유람하며 마음껏 즐김.

溝壑(도랑 구, 산골짜기 학): 산골짜기. 시체가 버려진 도랑이나 골짜기(곤욕스러운 처지). 城 주위로 둘러서 판 못(=垓子).

【轉義】 남이 버리듯이 주는 물건을 탐내어 받는 자.

志士不忘在溝壑 : 뜻이 있는 선비는 구렁에 시신이 뒹굴게 될 것을 잊지 않는다.(《孟子》 〈滕文公 下〉)

*轉死溝壑 = 轉死溝渠(도랑 거): 시체가 산골짜기나 개울에 버려짐.

*塡溝壑 = 塡壑: 시체가 구렁을 메움. 【轉義】 죽음을 완곡하게 이르는 말.

國士: 한 나라에서 재능이 뛰어난 인물.

諸將易得耳 至如信者 國士無雙 : 〈漢나라 승상 蕭何가 漢高祖에게 韓信을 천거할 때〉 "여러 장수는 얻기가 쉽지만, 한신 같은 사람은 둘도 없는 국사입니다."(《史記》 〈淮陰侯列傳〉)

*國士無雙: 나라에서 오직 하나뿐인 인재.

國相: 재상. 侯國의 정치를 보좌하는 신하.

四爲國相 : 네 번 재상이 되다.(李齊賢, 〈益齋眞自贊〉)

國朝: 當代의 朝廷. 국가. 조정(=巖廊. 廊廟. 廟堂. 大庭. 中宸).

國朝以來 以文章占家數者 容齋李公挹翠軒朴公 : 당대 조정

이래로 문장을 가지고 一家를 이룬 몇 분은 容齋 李荇과 挹翠軒 朴誾이다.(崔岦, 〈送李正郎子敏湖西試官序〉)

軍國 : 군대를 통솔하고 나라를 다스림.

軍國之要 察衆心 施百務 : 軍國의 핵심은 민심을 살펴서 나랏일을 행하는 것이다.(《三略》〈上略〉)

＊軍國事務 : 국가의 아주 중요한 사무.

軍旅 : 군대. 전쟁. 軍에 관한 일.

夫樂者 先王之所以飾喜也 軍旅鈇鉞者 先王所以飾怒也 : 음악은 선왕이 기쁨을 드러내는 방법이었으며, 군대와 부월[44]은 선왕이 노여움을 드러내는 방법이었다.(《禮記》〈樂記〉)

屈指 = 指屈 : 손꼽아 수를 셈. 시간이 짧거나 수량이 적음. 첫 손가락을 꼽을 정도로 특출함.

屈指計所喪 茫然不可復 : 잃어버린 세월을 헤아려 보니, 아득하여 돌이킬 길이 없구나.(金昌協, 〈郡齋除夕〉)

＊屈指可數 : 손가락을 꼽아 셀 수 있음(수량이 적음).

宮禁 : 宮門의 禁令. 황제가 거주하며 정사를 보는 곳(궁전). 제왕의 后妃.

侍衛宮禁 多歷年所 : 궁궐에서 황제를 시위하며 많은 세월[45]을 보냈다.(《三國史記》)

---

44 鈇鉞(도끼 부, 월) : 刑具인 작두와 큰 도끼(형벌). 제왕이 내려 주는 정벌이나 살인을 할 수 있는 권한.

45 年所 : 세월. 《文選》에 "多歷年所" 劉良注 "所 數也"라 되어 있다.

ㄱ

窮理:사물의 이치를 깊이 연구함.

及其十有五年 則自天子之元子衆子 以至公卿大夫元士之適子與凡民之俊秀 皆入大學 而敎之以窮理正心修己治人之道:15세에 이르면 천자의 元子와 衆子로부터 공경대부·元士의 嫡子와 모든 백성의 준수한 자에 이르기까지 모두 太學에 들어가서 이치를 궁구하고 마음을 바루며 몸을 닦고 사람을 다스리는 道를 가르쳤다.(《大學章句序》)

***居敬窮理**:朱子學에서 추구하는 두 가지 수양 방법. 居敬은 마음과 몸을 공손히 하여 모든 것을 삼가는 內的 收養法이고, 窮理는 사물의 이치를 널리 궁구하여 정확한 지식을 얻는 外的 收養法이다.

***窮理盡性**:천지만물의 이치와 본성을 속속들이 연구함.

窮山:깊은 산.

風雪窮山路 騎牛夜獨過:눈보라가 치는 깊은 산속의 길을, 소를 타고 밤에 홀로 지나가네.(宋翼弼, 〈夜行〉)

***窮山幽谷**:깊은 산과 으슥한 골짜기.

眷顧(돌보다 권):사랑함. 보살핌.

若天眷顧 因其衰而遂變之 則生民之福:만약 하늘이 돌보아 科擧學이 쇠진한 것을 인하여 달리 변경시키게 된다면, 이는 백성들의 복이 될 것이다.(丁若鏞, 〈五學論〉)

權輿:시작.

저울을 만들 때는 저울대(權)를 먼저 만들고 수레를 만들 때는 수레의 판자(輿)부터 먼저 만드는 것에서 유래하였다. 싹틈.

誰令肇權輿 異類亂成聚:누가 그 시초를 만들어서, 왜놈이

어지러이 모여들게 했는가?(成俔, 〈患倭〉)

眷戀(사모하다 권): 그리워함. 사모함.

循彼南陔 言采其蘭 眷戀庭闈 心不遑安: 남쪽 섬돌을 따라 올라가, 난초 캐어 어버이께 바쳐 올리리. 어버이 계신 곳[46] 그리워하느라, 마음이 편안할 틈이 없다오.(晉 束晳, 〈補亡〉)

權衡(저울추 권, 저울대 형): 저울추와 저울대(저울질함). 법도. 권력을 비유하는 말. 조정의 중요한 부문이나 관직.

權衡賞罰之中制: 상벌의 알맞은 제도를 저울질하다.(張顯光, 〈文說〉)

***權衡輕重**: 사물의 輕重을 저울질함. 【轉義】 속내를 알아보거나 이해득실을 비교하여 헤아려 보는 일.

几杖(안석 궤): 안석과 지팡이(노인).

***賜几杖**: 나이 일흔 살 이상 되는 늙은 대신이나 늙어서 벼슬을 그만 두는 중신에게 임금이 案席과 지팡이를 내려 주는 일.

***几杖之禮**: 궤와 지팡이를 보내어 노인을 공경하는 예.

歸附: 덕에 감화되어 충심으로 붙좇음. 스스로 와서 복종함. 귀순함.

錦人擧城歸附: 금성의 온 성 사람들이 귀순하다.(鄭道傳, 〈登羅州東樓 諭父老書〉)

歸趣(뜻 취): 귀착되는 趣旨·의도.

---

46 **庭闈**(안방 위) = **庭幃**: 안채(흔히 부모가 계신 곳).

ㄱ

性命原流 經傳歸趣: 성명[47]을 원류[48]로 삼고 경전을 귀결로 삼았다네.(任弘載, 〈祭文〉)

規模 = 規摹. 規橅: 크기나 범위. 모범. 재능과 기개. 모방함. 계획함.

器小 言其不知聖賢大學之道 故局量褊淺 規模卑狹 不能正身修德以致主於王道: 〈공자가 "관중의 그릇이 작구나.〔管仲之器小哉〕."라고 하였는데, 이에 대해 朱熹는〉 국량이 작다는 것은 '성현의 대학의 도를 알지 못했기 때문에, 국량이 좁고 얕으며, 크기가 낮고 협소하여, 몸을 바루고 덕을 닦아 군주를 왕도에 이르게 하지 못함'을 말씀한 것이다.(《論語集註》 〈八佾〉)

規畫(꾀하다 규, 계획하다 획): 계획함. 도모함.

咨訪規畫: 찾아다니며 묻고[49] 계획을 세웠다.(李穡, 〈清州牧濟用財記〉)

極目: 눈에 가득함. 시력을 다하여 한껏 멀리 바라봄.

極目丘園隔 回頭歲月侵: 멀리 바라니 내 고향[50]은 멀어, 머리를 돌이키니 세월 진정 빠르구나.(鄭誧, 〈題蔚州官舍壁〉)

極言: 담긴 내용이나 상황을 모두 들어 말함. 바른 말로 諫함. 말을 크게 부풀림. 급히 알려 말함.

---

47 **性命**: 만물이 하늘로부터 부여받은 것. 타고난 운명. 본성. 목숨.

48 **源流** = **源委. 原流**: 어느 한 물의 발원지와 끝 지점(일의 시말과 내막).

49 **咨訪**(묻다 자): 상의하러 방문함.

50 **丘園**: 고향. 시골. 隱居하는 곳. 무덤.

極其言 玆若人之儔乎 : 그 말을 지극히 한다면 이러한 사람의 무리일 것이다.(陶淵明, 〈五柳先生傳〉)

覲親(뵙다 근) = **覲省. 歸寧** : 멀리 떨어져 살거나 중이 되었거나 한 사람이 본집에 가서 부모를 뵘.

시집 간 딸이 친정에 가서 부모를 뵘.

覲省溫陽 : 온양에 부모님을 뵈러 가다.(《國朝名臣錄》)

今夫 = **今是. 今且** : 發語辭.

今夫天下之絲皆吾衣也 : 무릇 온 세상의 실이 모두 내 옷이다.(丁若鏞, 〈守吾齋記〉)

金石 : 쇠붙이와 돌. 매우 굳고 단단한 사물이나 사람의 志操·忠貞을 비유.

詩文의 音調가 낭랑하고 文辭가 아름다움을 비유하는 말. 금과 보석. 문자나 공적을 새긴 鐘鼎·碑碣 따위. 종정·비갈 따위에 새긴 金石文字. 編鐘과 編磬 따위의 악기.

*金石良言 = 金石言. 金石之言. 金玉之言 : 귀중한 가르침이나 충고를 비유하는 말.

*金石之交 = 金石契. 金石交. 金石交情. 金石至交 : 금석처럼 단단히 맺어져 변하지 않는 우정.

*金石聲 = 金石韻 : 編鐘이나 編磬이 아름답고 힘차게 울리는 소리. 후대에는 詩文이 아름답고 뛰어남을 비유.

*金石不渝(변하다 투) : 쇠나 돌과 같이 변하지 않음. 盟約이나 節操 등을 굳게 지킴.

錦繡(수놓다 수) = **錦綉** : 무늬와 색채가 정교하고 아름다운 비

ㄱ

단. 【轉義】 아름답거나 좋은 사물.

阿縞之衣 錦繡之飾 不進於前 :흰 비단의 옷과 수놓은 비단 장식이 御前에 진상되지 못하다.(李斯, 〈上秦皇逐客書〉)

*錦繡肝腸 = 錦繡心腸. 錦繡腸:훌륭한 시문을 잘 지음. 紫雲仙이 李白에게 五臟이 錦繡로 가득하여 입만 열면 아름다운 문장을 만들어 낸다고 말한 데서 유래하였다.

禽荒(빠지다 황):사냥에 빠짐.

內作色荒 外作禽荒 甘酒嗜音 峻宇彫牆 有一於此 未或不亡 :안으로 여색에 빠지고[51] 밖으로 사냥에 미쳐 다니거나, 술을 달게 여기고 음악을 좋아하거나, 집을 높이 짓고 담장을 조각하거나 하여, 이 중 하나라도 있으면 혹 망하지 않는 이가 없다.(《書經》〈五子之歌〉)

急流:급하고 세찬 물살. 【轉義】 官界의 복잡한 투쟁.

急流中勇退人也 :〈宋나라 때 錢若水가 陳摶과 만난 자리에서 한 노승이 전약수를 한참 바라보고는〉 급류 속에서 용감히 물러날 수 있는 사람이다.(《宋名臣言行錄前集》)

*急流勇退:급류에서 용감히 물러감. 한창 전성기에 있을 때 관직 등에서 결단성 있게 물러나 明哲保身함을 비유하는 말.

肯綮(뼈에 붙은 살 긍, 힘줄 경):살과 뼈가 붙어 있는 곳. 【轉義】 사물의 핵심이나 관건이 되는 부분을 비유하는 말.

芒之不鈍 能尋肯綮 :칼날 끝이 둔하지 않으니, 급소를 찌를 수 있다.(成俔, 〈器銘〉)

---

51 色荒(빠지다 황):여색에 빠짐.

矜式(공경하다 긍, 본받다 식) : 존경하고 본받음. 모범을 보임. 모범.

一世之人 皆將<u>矜式</u>而爭爲孝矣 : 한 시대의 사람들이 모두 장차 공경하여 본받아 다투어 효를 행할 것이다.(李睟光, 〈送趙丈之任延安序〉)

剞劂(조각칼 기, 궐) : 조각칼(도끼). 목판에 글자를 새김. 책판을 새겨서 책을 찍어냄.

【轉義】 문장을 고치고 다듬는 일(=刻畫). 기발하고 빼어남.

芝峯先生集成 其嗣聖求責翊聖以<u>剞劂</u>之役 : 《芝峯先生集》이 완성되고 그 후사 李聖求(李睟光의 아들)가 내게 간행하는 일을 부탁하였다.(申翊聖, 〈芝峯集跋〉)

豈其 : 어찌. 설마.

<u>豈其</u>取妻 必齊之姜 : 어찌 아내를 얻을 적에, 반드시 제나라 강씨여야 하겠는가?(《詩經》 〈衡門〉)

記得 : 기억함. 잊지 않음.

<u>記得</u>桃園蹊畔路 好從仙侶問迷津 : 무릉도원 가는 오솔길 기억나니, 신선들에게 나루 묻기 좋다네.(三國時代 魏 王粲, 〈雪厓洞次方伯陳公元韻〉)

機務(기밀 기) : 기밀에 속하는 중요한 事務(주로 國政·軍政의 큰일을 이른다).

國家多故 <u>機務</u>浩繁 : 국가에 변고가 많아 機密한 정무가 대

단히 번잡하였습니다.[52](奇大升, 〈天使許(國)魏(時亮)問目條對〉)

ㄱ

羈愁(나그네 기) = 客愁 : 객지에서 느끼는 시름.

奈何使其老不得志 而爲窮者之詩 乃徒發於蟲魚物類羈愁感歎之言 : 어찌하여 그로 하여금 늙도록 뜻을 얻지 못해 곤궁한 자의 시를 짓게 하여, 이에 한갓 벌레와 물고기·각종 물류들에 관한 말과 나그네 시름과 감탄하는 말을 발하게 하였단 말인가?(歐陽脩, 〈梅聖兪詩集序〉)

機心(교활하다 기) : 교묘하게 속이는 마음. 교묘하게 실리를 챙기는 마음.

吾聞之吾師 有機械者必有機事 有機事者必有機心 : 〈子貢이 힘들여 물동이를 나르는 노인에게 용두레를 사용하여 물을 퍼내면 힘을 많이 들이지 않는다고 일러 주자, 그 노인이 성을 벌컥 내며 말하기를〉 "내가 우리 스승에게서 들으니, 기계가 있으면 반드시 꾀를 부리는 일이 있게 되고, 꾀를 부리는 일이 있으면 반드시 교묘하게 속이는 마음이 생기게 된다."라고 하였다.(《莊子》 〈天地〉)

器用 : 기물과 用具. 병기와 농기구. 인재. 재주. 임용함.

要必磨礪其器用 旣耕之 又繼以耘耨 : 요컨대 반드시 그 농기구를 갈아서 이미 땅을 갈고 또 김을 매다.(李奎報, 〈送崔先輩下第西遊序〉)

器宇(풍채 우) : 도량이나 포부. 풍채나 기개.

---

52 浩繁 : 범위나 규모가 크고 많음.

一人班衣脫帽 露髻而仰 器宇甚銳: 한 사람은 班衣[53]를 입고 탈모하였는데, 드러난 상투가 위로 불쑥 솟았고, 기개가 매우 날카로웠다.(申光漢, 〈書齋夜會錄〉)

精神朗秀 器宇深沈: 두뇌가 총명하며,[54] 도량이 깊고 침착하다.(《三國史記》)

旣而: 이윽고. 얼마 후(=頃之. 已而. 小頃). 머지않아(=俄而. 俄刻. 俄頃. 俄爾. 俄則).

旣而曰 鄙哉硜硜乎 莫己知也 斯已而已矣: 얼마 후에 말하기를 "비루하구나, 치는 소리가! 자기를 알아주지 않으면 떠나면 될 것을."라 하였다.(《論語》〈憲問〉)

幾日: 어느 날. 며칠.

樂正子見孟子 孟子曰 子亦來見我乎 曰 先生何爲出此言也 子來幾日矣: 악정자가 맹자를 찾아뵙자, 맹자께서 말씀하셨다. "자네도 나를 보러 오는가?" "선생님께서는 어찌 그런 말씀을 하십니까?" "자네 〈이곳에〉 온 지 며칠이나 되었는가?"(《孟子》〈離婁 上〉)

起廢: 벼슬자리에서 쫓아 낸 사람을 다시 거두어 기용함. 이미 폐지된 것을 새로이 세우거나 복구함.

---

53 班衣: 애들이 입는 채색옷을 말한 것으로, 춘추시대 초나라의 효자인 老萊子가 나이 칠십에 어린애처럼 채색옷을 입고 부모 앞에서 어린애처럼 새 새끼를 가지고 장난을 하여 부모를 즐겁게 했던 고사에서 온 말이다.

54 朗秀: 맑고 빼어남.

斯文稍稍<u>起廢</u> : 유학[55]이 차츰 회복되다.(柳夢寅, 〈大家文會跋〉)

〈ㄴ〉

落拓(꺾다 척) = **落托. 落度. 落魄. 落脫** : 영락하여 신세가 처량함. 풍류를 즐기며 얽매이지 아니함. 쓸쓸하고 적막함.

好古<u>落拓</u> 爲世所擯 : 옛것을 좋아하고 풍류를 즐겨, 세상 사람들로부터 따돌림을 받았다.(申光漢, 〈書齋夜會錄〉)

***落拓不羈** = **落魄不羈** : 성품이 호탕하여 풍류를 즐기고 구속받지 아니함.

落魄 = **落拓. 落托. 落度** : 빈곤하여 실의에 빠짐. 영락하여 신세가 처량함. 풍류를 즐기며 얽매이지 아니함.

與其<u>落魄</u>而居世 孰若逍遙而送生 : 실의에 빠져 세상에 사는 것이 어찌 소요하며 한평생을 보내는 편만 하겠는가?(李珥, 〈金時習傳〉)

***落拓不羈**(얽매이다 기) = **落魄不羈** : 품이 호탕하여 풍류를 즐기고 구속받지 아니함.

***失魂落魄** : 매우 놀라고 두려워하며 불안해 함. 마음이 산란해 얼이 빠진 듯함.

鸞鳳(난새 난) : 난새와 봉황(賢士·君王·미인·부부).

<u>鸞鳳</u>伏竄兮 鴟梟翶翔 : 난새와 봉황이 숨음이여, 올빼미가 높이

---

55 **斯文** : 禮樂敎化와 典章制度. 文學(文人). 儒學者의 존칭. **【白】** 고상하고 우아함.

날도다(군자는 쫓겨나고 소인이 득세하는 것을 비유).(賈誼, 〈弔屈原文〉)

難以:~하기 어려움(=難所以). ~할 수 없음(=無以).

大名之下 難以久居:높은 벼슬의 아래는 오래 있기가 어렵다.(《史記》〈越王句踐世家〉)

南面:남쪽을 향함. 북쪽에서 남면하고 앉는 것을 尊位로 여겨 임금을 뜻하는 말로 쓰이며, 卿大夫까지를 이를 때도 있음.

높은 벼슬자리. 남쪽으로 향함.

↔ 北面 :북쪽을 향함. 신하·제자의 자리(신하로서 섬김)

得一士焉 宜可以南面而制秦:한 선비만 얻어도 마땅히 남면하여 진나라를 제압할 수 있었을 것이다.(王安石, 〈讀孟嘗君傳〉)

*南面百城:王侯의 높은 자리에 있으면서 광대한 땅을 가짐. 통치자의 부귀영화).

*南面之德:임금으로서 갖추어야 할 덕.

*南面之賊:임금을 해치는 자.

↔ 北面 :북쪽을 향함. 신하·제자의 자리. 신하로서 섬김.

天下共立義帝 北面事之:천하가 함께 의제를 세워 신하로서 그를 섬겼다.(《資治通鑑》)

*白首北面:늙은 나이에도 스승을 따라 수업함【轉義】학문을 좋아하여 공부를 게을리하지 않음.

*北面之禍:신하의 禍. 君主가 자기의 생각만을 옳게 여겨 신하에게 일어나는 화.

臘月(선달 랍):선달(음력 12월).

吾欲東伐若木燒爲炭 灸遍吾家及四海 臘月長流汗:내 동쪽

으로 가서 약목[56]을 베어 태워 숯을 만들어, 우리 집과 온 천하를 두루 따습게 해서, 섣달에도 늘 땀을 흘리게 하련다.(李奎報, 〈苦寒吟〉)

ㄴ

廊廟 = **廊肆** : 宮殿의 외곽 건물과 太廟(朝廷).

直幹凌雲長 時來豎廊廟 : 곧은 줄기 하늘 높이[57] 솟아올라, 때가 와서 큰 집을 짓네.(鄭道傳, 〈古意〉)

＊**廊廟材** : 나라의 중임을 맡을 만한 인재.

＊**廊廟器** : 조정의 중임을 맡을 만한 그릇.

＊**廊廟志** : 나라의 중임을 맡고자 하는 의지(정치에 참여하려는 마음).

＊**廊廟宰** : 정권을 잡은 大臣.

＊**廊廟華** : 조정의 영광된 지위.

乃者 : 요사이. 지난날(=乃時. 乃往. 乃昔).

乃者驕陽 彌月愈亢 : 요사이 사나운 햇볕이, 한 달을 넘기도록 더욱 심하네.(洪良浩, 〈鵶述嶺祈雨文〉)

來朝(제후가 왕을 찾아뵙고 정기적으로 국정을 보고하다 조) : 諸侯가 천자의 조정에 와서 조회에 참여함.

내일 아침(이른 새벽). 모든 냇물이 바다로 유입됨.

高宗謂涉海來朝 忠誠可尙 : 〈唐나라〉 고종은 〈그가〉 바다를

---

56 若木 : 해 지는 곳에 있다는 나무 이름.

57 凌雲(올라가다·업신여기다 릉) = **凌霄. 凌煙. 陵霄. 陵雲** : 구름에 닿을 듯이 높이 솟음. 【**轉義**】 志向이 숭고하거나 意氣가 고매함.

건너와 조회하자 충성이 가상하다고 여겼다.(《三國史記》)

鹵莽(황무지 로, 거칠다 망) : 황폐한 들녘의 풀(황폐함). 거칠고 경솔함. 소홀히 함. 대략적임.

君爲政焉勿鹵莽 治民焉勿滅裂 : 임금이 정사를 함에 있어서 거칠어서는 안 되고, 백성을 다스림에는 엉성해서는[58] 안 된다.(《莊子》〈則陽〉)

＊**鹵莽滅裂** : 일처리가 거칠고 엉성함.

路人 = 行人 : 길 가는 사람. 서로 아무런 관계가 없는 사람.

況民與長吏 固路人也 : 하물며 백성과 수령[59] 사이는 진실로 길에서 만난 사람이다.(李建昌, 〈送鄭雲齋先生監恩津序〉)

＊**視若路人** : 혈육이나 오랜 知人을 낯선 사람처럼 냉대함.

＊**路人皆知** : 길 가는 사람도 모두 앎. 속셈이나 비밀을 모든 사람이 알고 있음. 魏의 高貴鄕公 曹髦가 司馬昭의 야심에 대해서 일컬은 말에서 유래하였다.

祿仕 : 봉록을 받기 위하여 관직에 있음. 관직에 있으면서 녹을 받음.

陽子將爲祿仕乎 : 양자(陽城)는 장차 녹사를 하려는 것인가?(韓愈, 〈爭臣論〉)

雷同 : 줏대 없이 남의 의견에 덩달아 찬동하는 일. 附和雷同함.

---

58 滅裂 : 언행이 거칠고 엉성함.

59 長吏 : 지방의 守令.

毋勦說 毋雷同 : 남의 주장을 가져다가 자기의 주장으로 삼지[60] 말며, 남의 말에 부화뇌동하지 말아야 한다.(《禮記》〈曲禮 上〉)

磊落(돌무더기 뢰) = **磊犖** : 많이 쌓여 있는 모양. 산이 높고 큰 모양. 풍채가 좋은 모양. 밝음 모양. 마음에 거리낌이 없음(대범함).

大丈夫行事 當磊磊落落 如日月皎然 : 대장부의 행사는 의당 밝아서 마치 일월처럼 명백해야 한다.(《晉書》〈石勒載記〉)

**磊落不羈 = 磊瑰不羈. 磊浪不羈* : 마음에 거리낌이 없어 행동함에 얽매임이 없는 모양.

屢空 : 자주 텅 빔. 늘 빈곤함.

回也 其庶乎 屢空 : 顔回는 도에 거의[61] 가까우나, 자주 〈쌀독이〉 비었다.(《論語》〈先進〉)

***簞瓢屢空 = 簞瓢屢罄** : 생활이 곤궁하여 끼니를 잇지 못함.

凌雲(올라가다·업신여기다 릉) = **凌霄. 凌煙. 陵霄. 陵雲** : 구름에 닿을 듯이 높이 솟음.

【轉義】 志向이 숭고하거나 意氣가 고매함.

直幹凌雲長 時來竪廊廟 : 곧은 줄기 하늘 높이 솟아올라, 때가 와서 큰 집[62]을 짓네.(鄭道傳, 〈古意〉)

***凌雲之志 = 陵雲之志** : 俗世에 초연하려는 뜻.

陵夷(언덕 릉, 평평하다 이) = **凌夷** : 구릉이 세월이 지나면서

---

60 **勦說**(표절하다 초) : 다른 사람의 **說**이나 詩文을 표절함.

61 **庶乎** : …에 가까움. 거의 같음.

62 **廊廟** = **廊肆** : 宮殿의 외곽 건물과 太廟(朝廷).

평평해짐. 처음에는 성하다가 나중에는 쇠퇴함.

朝廷無正士 世道日陵夷：조정에는 올바른 선비가 없으니, 세도는 나날이 낮아만 가네.(黃玹, 〈五哀詩〉)

〈ㄷ〉

多少：수량의 많고 적음. 매우 많음. 적음. 약간(=分寸). 굉장히. 낫고 못함.

多小人間烏與鵲 年年辛苦作仙橋：수많은 인간 세상의 까마귀와 까치들, 해마다 오작교 만드느라 고생하네.(林椿, 〈七夕〉)

丹桂：계수나무의 한 가지. 科擧의 급제(=折桂). 뛰어난 인재. 달 속의 계수나무(달·자식).

好去謁明主 高攀丹桂枝：잘 가서 밝은 임금님을 뵙고, 계수나무 가지를 높이 부여잡으시기를.(李崇仁, 〈宋文中來自羅州港馳驛赴京〉)

郤詵丹桂 = 郤桂. 郤詵桂. 郤詵樹. 郤詵榮. 郤詵枝. 郤詵策. 郤枝：晉나라의 극선이 賢良對策試에서 장원으로 급제한 자신을 두고 '계수나무 숲의 한 줄기 가지, 곤산의 한 조각 옥〔桂林之一枝 崑山之片玉〕'에 지나지 않는다고 말한 고사. **【轉義】** 과거에 급제하여 功名을 이룸.

簞食(대그릇 단)：대그릇에 담긴 밥. 거친 음식.

賢哉回也 一簞食一瓢飮在陋巷 人不堪其憂 回也不改其樂 賢哉回也：어질구나 안회여! 한 대그릇의 밥과 한 표주박의

마실 것으로 누추한 집에 사는 고생을, 다른 사람들은 그 근심을 견디지 못하거늘, 안회는 그 즐거움을 고치지 않았으니, 어질구나 안회여!(《論語》〈雍也〉)

＊一簞食一瓢飮 : 한 소쿠리의 밥과 한 표주박의 물(청빈한 생활).

＊一簞食一豆羹 : 한 소쿠리의 밥과 한 그릇의 국. **【轉義】** 얼마 안 되는 음식·작은 이익.

＊簞食壺漿(병 호) : 대그릇에 담은 밥과 호리병에 담은 음료. **【轉義】** 군대를 환영하고 위로함·음식을 선사함.

端倪(처음 단, 끝 예) : 처음과 끝. 실마리. 흔적. 짐작함. 끝.

端倪莫可涯也 : 그 끝나는 데를 헤아릴 수 없다.(李奎報, 〈白雲居士語錄〉)

端的 : 진실로(확실히). 도대체. 처음과 끝(내막). 단서(근거).

此書所自來 可謂端的 猶有此誤 : 이 책이 나온 곳이 분명하다 할 만한데도, 여전히 이런 오류가 있구나.(《朱子大全》〈與劉共父〉)

丹靑 : 붉은 색과 푸른색의 물감 재료. 그림. 그림을 그림. 화가. 단청의 빛깔은 쉽게 지워지지 않으므로 영원히 변하지 않는 것을 비유하는 말.

江南金錫不爲用 西蜀丹靑不爲采 : 강남의 금석도 사용되지 못할 것이고, 서촉의 단청도 채색이 되지 못할 것입니다.(李斯, 〈上秦皇逐客書〉)

＊瞽者之丹靑 = 盲玩丹靑 : 소경 단청 구경(보아도 알지 못하는 것을 본다는 뜻의 속담).

堂構 = **肯堂肯構** : 아들이 그 아버지의 설계에 따라 집터를 다

듣고 집을 지음. 아들이 父業을 계승하는 것(=堂搆). 집.

若考作室 旣底法 厥子乃弗肯堂 矧肯構 : 만일 아버지가 집을 지어 이미 법을 이루었는데, 그 자식이 기꺼이 당의 터도 만들려고 하지 않는데, 하물며 기꺼이 구축하겠는가?(《書經》〈大誥〉)

當年 : 그 해(같은 해). 몸이 굳건하고 힘이 한창인 시기(=壯年). 옛날.

畫裏當年見五臺 掃雲蒼翠有高低 : 그 해[63] 그림 속 오대산을 보았을 때, 구름 다 쓴 푸르른 산[64] 높기도 낮기도 하였네.(陳澕, 〈遊五臺山〉)

當前 : 눈앞에 있음. 직면함.

快意當前 適觀而耳矣 : 뜻에 유쾌하고 눈앞에 있어, 보기에 적합하기 때문입니다.(李斯, 〈上秦皇逐客書〉)

*當前決意 : 눈앞에서 바로 뜻을 결정함.

臺諫 : 司憲府의 관원과 司諫院의 官員. 臺官과 諫官.

臺諫以微事論削一行人官職 : 臺諫이 하찮은 일로 〈使臣〉 일행[65]들의 官職을 깎을 것을 논의하였다.(宋時烈, 〈三學士傳〉)

大端 : 중요한 단서. 事情의 중요한 방면. 본체. 대략.

爲臣忠 爲子孝 二者 人道之大端 而立身之大節也 : 신하가 되어 충성하고 자식이 되어 효도하는, 이 두 가지 일은 人道

---

63 當年 : 그 해. 옛날.

64 蒼翠 : 청록색. 푸른 산.

65 一行 : 동행하는 모든 사람.

에 가장 큰 일이며, 立身에 가장 큰 절목[66]인 것이다.(鄭道傳, 〈送宋判官赴任漢陽詩序〉)

大度 : 도량이 큼(큰 도량).

寬仁愛人 意豁如也 常有大度 : 〈劉邦을 일컬어〉 "관대하고 인자한 품성으로 사람을 사랑하였으며, 뜻이 활달하여 항상 큰 도량을 지녔다."(《漢書》)

***寬洪大度 = 寬洪大量. 寬洪海量** : 도량이 매우 넓고 큼.

ㄷ

大老 : 덕망이 높은 노인. 명망이 높은 高官. 아버지. 연장자. 宋時烈을 높여서 이르는 말.

二老者 天下之大老也 : 이로(伯夷와 太公)는 천하의 덕망이 높은 노인이다.(《孟子》 〈離婁 上〉)

大凡 : 개요. 대체로(=大要). 모두(=壹皆. 擧皆).

大凡君子 與君子 以同道爲朋 : 대개 군자는 군자와 더불어 道를 같이 하는 것으로 붕을 만들다.(歐陽脩, 〈朋黨論〉)

大手 : 큰 손. 뛰어난 솜씨(뛰어난 문장가 = 大手筆).

珣夢人以大筆如椽與之 旣覺 語人云 此當有大手筆事 俄而帝崩 哀冊謚議 皆珣所草 : 왕순이 꿈속에서 어떤 사람이 서까래 같이 큰 붓을 주자, 깨어난 뒤 옆 사람에게 말하기를 "틀림없이 큰 문장을 지을 일이 있을 것이다."라고 하였는데, 얼마 뒤 황제가 붕어하여 애책[67]과 시의를 모두 왕순이 초하였

---

66 **大節**(일 절) : 기본적인 법도(기강). 큰 일. 큰 명절. 存亡과 安危에 관계되는 큰 일. 不屈의 절개나 지조. 인격과 행동의 대체적인 부분.

67 **哀冊文** : 제왕이나 왕비의 죽음을 애도하여 지은 글.

다.(《晉書》〈王珣列傳〉)

*雄文大手:詩文을 뛰어나게 잘 짓는 사람

大抵 = 大槪. 大凡. 大氐. 大底. 大底:무릇. 대체로.

大抵人之一心 萬理具備 若能存得 便是聖賢 更有何事 :대개 사람의 마음에 온갖 이치가 구비되어 있으니, 만약 이 마음을 보존한다면 성현이니, 다시 무슨 일삼을 것이 있겠는가?(《朱子大全》)

大節(일 절):기본적인 법도(기강). 큰 일. 큰 명절. 存亡과 安危에 관계되는 큰 일.

不屈의 절개나 지조. 인격과 행동의 대체적인 부분.

爲臣忠 爲子孝 二者 人道之大端 而立身之大節也 :신하가 되어 충성하고 자식이 되어 효도하는, 이 두 가지 일은 人道에 가장 큰 일[68]이며, 立身에 가장 큰 절목인 것이다.(鄭道傳, 〈送宋判官赴任漢陽詩序〉)

大體:큰 물체. 중요한 의리. 큰 요점. 마음. 대개.

古人之詳 詳於大體 明人之詳 詳於小事 :옛사람들의 상세함은 큰 요점을 상세히 한 것이었는데, 명나라 사람들의 상세함은 작은 일을 상세히 한 것이었다.(金昌協, 〈雜識〉)

大致:대체적으로. 대략의 내용이나 상황. 평범하지 않은 情趣.

則可得其爲人大致 :그 사람됨의 대략을 알 수 있다.(閔遇洙, 〈金會一墓表〉)

---

68 大端:중요한 단서. 事情의 중요한 방면. 본체. 대략.

ㄷ

桃李 : 복숭아꽃과 오얏꽃. 【轉義】 아름다운 모습. 양성한 후배나 가르친 제자. 靑春. 겉치레만을 추구하는 품위 없는 소인배.

*桃李滿天下 = 桃李遍天下 : 길러낸 인재가 수없이 많음. 唐의 狄仁傑이 길러낸 門弟子가 많아 則天武后에게 자주 장군과 정승을 추천하자, 어떤 사람이 '천하의 桃李가 모두 공의 문하에 있다'고 말한 데에서 유래한다.

*桃李不言下自成蹊 = 桃李無言下自成蹊. 桃李不言下自成行. 桃李成蹊 : 복숭아와 오얏은 말이 없으나 그 아래에 저절로 길이 생김. 【轉義】 실질적인 성과가 있으면 그에 맞는 명성이 저절로 생김을 비유.

*桃李月 : 복숭아꽃과 오얏꽃이 피는 달(봄철).

*桃李人 : 아름다운 사람.

*桃李春風 : 복숭아나무와 오얏나무가 봄바람을 맞음. 【轉義】 제자가 스승의 진지한 가르침을 받아들이는 것을 비유.

*桃李之饋(보내다 궤) : 복숭아를 받고 오얏을 줌. 본래는 예물을 주고받는 것을 이르는 말이었으나, 뒤에 선물이나 뇌물을 이르는 말로 쓰였다.

蹈襲(따르다 도, 물려받다 습) : 답습함. 예전 것을 그대로 따름.

其爲古文詞 絶無<u>蹈襲</u>馳驟之語 : 공이 지은 古文詞는 답습하거나 방종하는[69] 말이 절대 없었다.(申翊聖, 〈芝峯集跋〉)

都兪 = 都兪吁咈 : 감탄사. 都兪는 可, 吁咈은 否의 뜻이다. 군신 간에 정사를 조화롭고 화목하게 논의하는 것을 형용한다.

---

69 馳驟(달리다 취) : 내달림. 분방함.

禹曰都帝 愼乃在位 帝曰兪 : 우가 말하였다. "훌륭합니다. 제이시여! 자리에 있을 때를 삼가소서." 帝舜이 말씀하셨다. "그 말이 옳다."(《書經》〈益稷〉)

帝曰吁 咈哉 : 제가 말씀하셨다. "아니다. 그 말이 옳지 않다."(《書經》〈堯典〉)

ㄷ

陶鑄(굽다 도, 부어만들다 주) : 거푸집을 만들어 기물을 주조함(양성함). 융합함. 본뜸.

是其塵垢粃糠 將猶陶鑄堯舜者也 孰肯以物爲事 : 그분은 먼지와 때 그리고 쭉정이와 겨 같은 것을 가지고도 요순을 빚어낼 수 있는 분인데, 무엇 때문에 외물을 일삼으려고 하겠는가?(《莊子》〈逍遙遊〉)

頓首(조아리다 돈) : 머리가 땅에 닿도록 하는 절. 편지나 상소문의 말미에 敬意를 표하기 위하여 쓰는 말. 머리털을 손질함.

某頓首李君足下 : 저는 李君 足下에게 머리를 조아립니다.(李奎報, 〈與李侍郎需書〉)

***頓首百拜** : 땅에 머리가 닿도록 여러 번 절함.

***頓首再拜** : 머리가 땅에 닿도록 두 번 절을 함. 경의를 표한다는 뜻으로 주로 편지의 첫머리나 끝에 쓴다.

德音 : 좋은 말. 좋은 명성. 착한 말. 제왕의 詔書.

唐宋시대에는 詔勅 이외에 별도로 恩典이나 撫恤을 베푸는 일에도 덕음이라는 文體를 썼다. 남의 말에 대한 敬稱.

聖上發此德音 實天下四海之福也 : 聖上께서 이런 德音을 발표하셨음은, 실로 천하와 사해의 복입니다.(李齊賢, 〈在大都上中

書都堂書〉)

ㄷ

德意:은덕을 베풀려는 마음.

豈非牧守得人 能宣德意 以結民心 使不散也:어찌 수령[70]이 적격자여서 德意를 베풀어 민심을 맺어서 흩어지지 못하게 한 덕이 아니랴?(鄭道傳, 〈登羅州東樓 諭父老書〉)

同歸:趨向이 같음(동일한 歸結). 일치함. 함께 돌아옴.

天下何思何慮 天下同歸而殊塗 一致而百慮 天下何思何慮:천하가 무엇을 생각하며 무엇을 생각하겠는가? 천하가 돌아감은 같으나 길은 다르며, 이치는 하나이나 생각은 백 가지이니, 천하가 무엇을 생각하며 무엇을 생각하겠는가?(《周易》〈繫辭傳 下〉)

***殊塗同歸 = 殊塗同致. 殊塗同會. 殊路同歸. 殊方同致. 殊致同歸**:길은 다르지만 이르는 곳은 같음. 방법은 달라도 결과가 같음.

同日而論 = **同日. 同日語. 同日而道. 同日而語. 同日而言**:성질이 다른 것을 함께 논함.

視世之自絶於君親 而悻悻然不加欣慽於其心者 不可同日而論也:세상에서 스스로 임금과 부모를 끊고, 발끈하여 자기 마음에 기뻐함과 슬퍼함을 지탱하지[71] 못하는 자와는 비교해서, 함께 논할 수 없다.(柳成龍, 〈詩教說〉)

得君:군주의 신임을 받아 重用됨.

---

70 牧守:州郡의 長官(牧은 주의 장관, 守는 군의 장관).

71 不加:더할 것이 없음. 지탱하지 못함.

管仲<u>得君</u>如彼其專也 : 관중이 임금의 신임을 받다 중용된 것이 저렇듯 독점하였다.(《孟子》〈公孫丑 上〉).

得計 : 마음에 맞음. 계책이 마땅함. 계책이 실현됨.

無奈以我爲戒 而自以爲<u>得計</u>耶 : 어찌 우리를 경계로 삼아 〈중국에 복종하지 않은 자기들의 행동이〉 마땅한 계책이라고 하지 않겠습니까?(李齊賢, 〈在大都上中書都堂書〉)

得意 : 취지를 이해함. 뜻을 이룸. 마음에 듦. 及第함.

＊得意忘言 : 本旨를 터득하면 더 이상 설명하는 말이 필요 없음. 피차 묵묵히 마음으로 깨닫고 드러내어 말하지 않음.

＊得意揚揚 : 뜻한 바를 이루어 우쭐거리며 뽐냄.

＊得意忘形 : 즐거운 나머지 物我를 모두 잊음. 너무 즐거워서 정상적인 태도를 잃음.

＊不得意 : 뜻을 이루지 못함. 마음먹은 대로 되지 않음.

得人 : 才德을 겸비한 사람을 얻음. 알맞은 사람을 등용함. 인심을 얻음.

子曰 女<u>得人</u>焉耳乎 : 공자께서 말씀하셨다. "너는 人才를 얻었느냐?"[72](《論語》〈雍也〉)

待罪 : 벼슬에 나아가는 것을 謙辭. 職務를 감당하지 못해 죄를 얻게 된다. 처분을 기다림. 조치를 기다림.

青幸得以肺腑<u>待罪</u>行間 不患無威 : 衛青은 요행히 폐하와 가

---

72 **孔子問子游 言女在武城 得其有德之人乎** : 공자가 子游에게 물으며 "네가 武城에 있으면서 덕이 있는 인재를 얻었느냐?"고 하신 것이다.(《論語》〈雍也〉)

까운 관계[73]로서 항간[74]에서 벼슬하고 있지만, 권위가 없을까 걱정하지는 않는다.(《史記》〈衛將軍驃騎傳〉)

等閒 = 等閑 : 평범함. 등한시함. 까닭 없이(공연히).

常恨人心不如水 等閒平地起風波 : 늘 한스러운 건 사람 마음이 물처럼 고요하지 못해, 평범한 평지에서 풍파를 일으키는 것일세.(劉禹錫, 〈竹枝詞〉)

〈ㅁ〉

磨礱(갈다 롱) : 숫돌. 갈아서 다듬음(연마함). 괴롭힘.

相離八九年 聲律窮磨礱 : 팔년 구년을 서로 떨어져있으면서, 시[75]만 갈고 다듬기를 다했네.(丁若鏞, 〈寄惺叟〉)

麻衣 : 諸侯·大夫·士·평민·과거응시생이 집에서 입는 평상복. 과거응시생. 喪服.

麻衣四十年 藜藿不充飢 : 평민으로 보낸 지 사십 년 동안, 거친 음식[76] 제대로 배도 못 채웠네.

***麻衣道者 = 麻衣道士. 麻衣道人. 麻衣仙** : 宋代에 관상술에 뛰어났었다고 하는 인물.

---

73 肺腑 : 肺臟(매우 친근한 사람이나 심복).

74 行伍 = 軍中.

75 聲律 : 漢字의 발음(平·上·去·入의 四聲 규칙에 의해 짓는 詩).

76 藜藿(명아주 려, 콩잎 곽) : 명아주와 콩잎(변변찮은 거친 음식).

萬幾 = **萬機. 萬微. 萬樞**:萬事의 기미를 조심함. 왕이 일상적으로 처리하는 번잡한 政務.

古之王者 必一日<u>萬機</u> 深思遠慮 :옛날의 임금은 반드시 하루에도 많은 정무를 보살피고 깊이 생각하며 멀리 염려하였다.(金富軾, 〈金后稷傳〉)

***一日萬機 = 日理萬機. 日有萬機**:하루에 만 가지 사무를 처리함(정무에 바쁨).

萬機 = **萬幾. 萬微. 萬樞**:萬事의 기미를 조심함. 제왕이 일상적으로 처리하는 번잡한 政務.

君難獨理<u>萬機</u>繁 引賢作相任經綸 :임금도 번잡한 政務를 홀로 다스리기 어려워, 어진 이로 정승 삼아 경륜[77]을 맡긴다.(奇大升, 〈安危大臣在〉)

***一日萬幾 = 一日萬機**:하루에도 萬가지 미세한 조짐을 경계하여 살핌. **【轉義】** 임금이 날마다 처리하는 수많은 政務.

萬端 = **萬原**:수없이 많은 일의 실마리. 방법이나 형편·양상 등이 수없이 많음.

須臾有間 私欲<u>萬端</u> :잠깐 사이라도 틈이 있으면, 사욕이 수없이 많다.(朱熹, 〈敬齋箴〉)

萬萬:1만의 1만 배가 되는 수(아주 큰 수). 절대로. 훨씬 뛰어남(차이가 매우 큼).

---

77 經綸:고치에서 실을 뽑아 정리하는 일과 이 실로 끈을 짜는 일. 국가의 대사를 계획하고 운영함. 나라를 다스릴 만한 포부와 재능.

維世世萬萬子孫無斁也 : 오직 대대로 수많은 자손들 끝남이 없으리라.(李恒福, 〈童蒙教官李公墓表〉)

*萬萬不當 = 千萬不當 : 아주 부당함.

萬無 : 절대로 없음.

萬無意於興廢 : 흥폐에 전혀 뜻이 없다.(仁祖, 〈人彘賦〉)

*萬無是理 : 절대로 그럴 리가 없음.

*萬無一失 = 萬不失一 : 만에 하나의 실수도 없음. 결코 틀림이 없음.

ㅁ

挽回(돌려놓다 만) = 挽轉 : 돌이킴. 되돌림.

天不欲挽回三代之學於神州陸沈之日 : 하늘도 중국[78]이 멸망하는[79] 날에 삼대의 학문을 되돌리기를 원하지 않았다.(許薰, 〈書記言後〉)

忘機(교활하다 기) : 잔꾀나 지혜를 써서 무슨 일을 하려는 마음을 없애버림(담박한 마음가짐으로 세상일에 개의치 않음).

海上之人 有好漚鳥者 每旦之海上 從漚鳥游 漚鳥之至者百住而不止 其父曰 吾聞漚鳥皆從汝游 汝取來 吾玩之 明日之海上 漚鳥舞而不下也→鷗鷺忘機[80] : 바닷가에 사는 어떤 사람이 갈매기를 몹시 좋아하여, 매일 아침 바닷가로 가서 갈매

---

78 神州 = 神都 : 中原 지역. 중국의 별칭.

79 陸沈 : 땅이 물이 말라 푹 꺼짐.

80 鷗鷺忘機 : 갈매기나 해오라기를 벗하여 놀며 덫 놓을 생각을 잊음. 속이려는 마음이 없으면 미물과도 친해질 수 있음을 이르는 말. 뒤에 은거하며 속된 생각을 마음에 두지 않음을 비유하는 말로 썼다.

기[81]와 놀았는데, 날아와서 노는 갈매기가 백 마리도 넘었다. 그의 아버지가 "내가 들으니 갈매기들이 모두 너와 함께 논다고 하던데, 너는 그 갈매기를 잡아와라. 나 역시 갈매기를 좋아한다." 하였다. 다음날 바닷가로 나가니 갈매기들이 날아다니기만 하고 아래로 내려오지 않았다.(《列子》〈黃帝〉)

罔知 = 罔知所措 : 당황하거나 다급하여 어쩔 줄을 모름.

每感公知 罔知報答 : 매번 공의 知遇에 감사하지만, 그 은혜 보답할 줄 모르네.(尹拯, 〈又祭市南先生文〉)

梅雨 : 초여름에 長江·淮河 유역에 지는 장마.

매실이 누렇게 익을 무렵이어서 黃梅天, 장기간 계속 비가 오고 눅눅하여 곰팡이가 슬기 때문에 霉雨라고도 한다.

吳中梅雨旣過 颯然淸風彌旬 歲歲如此 湖人謂之舶趠風 : 오중에 매우가 지나가고 나면 열흘[82]간에 걸쳐 맑은 바람이 거세[83]게 불어온다. 해마다 이러한데 호인들이 이 바람을 박초풍이라고 한다.(蘇軾, 〈舶趠風序〉)

香經梅雨歇 影帶麥風欹 : 향기는 장맛비를 거쳐 시들해지고, 그림자는 맥풍[84]을 띠고서 기우네.(崔致遠, 〈蜀葵花〉)

＊**黃梅雨** : 매실이 익을 무렵인 늦봄과 초여름 사이에 내리는 비.

＊**梅雨期** = **梅雨時** : 해마다 초여름인 유월 상순부터 칠월 상

---

81 **漚鳥**(갈매기 구) : 갈매기.

82 **彌旬**(가득차다 미) : 만 열흘. 열흘 동안.

83 **颯然**(바람소리 삽) : 비바람 소리

84 **麥風** = **麥信** : 보리 익는 계절(음력 4, 5월을 이른다), 즉 麥秋(보리가 익는 계절)에 불어오는 바람을 말한다.

순에 걸쳐 계속되는 장마철.

勉强:온 힘을 다해서 함. 마지못해 억지로 함. 꼬드기어 부추김. 가당치 않게 억지로 끌어다 붙임. 그런대로.

或安而行之 或利而行之 或勉强而行之 及其成功 一也:혹은 편안히 이것을 행하고 혹은 이롭게 여겨서 이것을 행하고 혹은 억지로 힘써서 이것을 행하는데, 그 성공함에 미쳐서는 하나이다.(《中庸》)

勉勵(힘쓰다 면, 려):힘을 다함. 남을 고무하여 노력하게 함.

及時當勉勵 歲月不待人:때에 미쳐 마땅히 힘을 다해야 하니, 세월은 사람을 기다리지 않는다네.(陶潛, 〈雜詩〉)

*刻苦勉勵:어떤 일에 고생을 무릅쓰고 몸과 마음을 다하여 무척 애를 쓰면서 부지런히 노력함.

滅性:부모 喪을 당하여 너무 슬퍼한 나머지 목숨을 잃음.

毁不滅性 不以死傷生也:喪中에 슬픔으로 몸을 손상할지라도 목숨을 잃는 데 이르지 않게 하니, 이는 죽은 사람 때문에 산 사람을 해치지[85] 않기 위해서이다.(《禮記》)

*毁不滅性 = 毁不危身:居喪하면서 애통하여 몸을 야위게는 하여도 생명을 잃게 해서는 안 됨.

蔑以加矣(없다 멸):이 위에 더할 나위가 없음.

今者國有學州有校 蔑以加矣:지금 나라에는 學이 있고 州에는 校가 있으니, 더할 나위 없다.(李廷龜, 〈重修公州孔巖書院記〉)

---

85 傷生:목숨을 해침. 살아 있는 사람을 방해함. 살생함. 살아있음을 슬퍼함.

名敎:名分을 중시하는 禮敎(儒敎를 지칭). 명분과 교화.

<u>名敎</u>**內自有樂地 何必乃爾**:〈晉나라 때 王澄 등이 모두 제멋대로 행동하는 것을 통달한 것으로 여겨서 그중에는 벌거벗고 다니는 자도 있었다. 樂廣이 듣고 웃으면서 말하기를〉 "유교 안에 저절로 즐거운 경지[86]가 있는데, 어찌 굳이 이렇게 할 것이 있는가?"(《晉書》〈樂廣列傳〉)

明發:새벽. 새벽에 출발함. 효도하려는 생각. 밝힘. 적발하여 철저히 조사함.

<u>明發</u>**不寐 有懷二人**:새벽까지 잠을 이루지 못하고서, 두 분 부모님을 생각하노라.(《詩經》〈小雅 小宛〉)

明月:밝은 달. 다음 달. 눈물 방울. 眞珠.

*__明月入懷__:밝은 달이 품에 들어옴. 마음이 후련하게 탁 트임. **【轉義】** 아들을 낳음.

*__明月之珠 = 明月珠. 夜光珠__:달빛처럼 광택이 영롱한 구슬. 밤에도 빛나는 구슬.

*__明月淸風__:밝은 달과 맑은 바람. **【轉義】** 세속을 떠나 자연 속에서 유유자적하는 생활.

*__淸風明月 = 淸風朗月__:맑은 바람과 밝은 달. **【轉義】** 고상한 선비의 풍격.

茅茨(띠 모, 지붕을 이다 자):띠로 인 지붕. 초라한 집. **【轉義】** 평민이 사는 거리. 자기의 집에 대한 겸칭.

---

86 **樂地**:즐거운 경지.

寄宿茅茨下 霜濃洌氣嚴 : 띠풀 집 아래로 들어가 묵으니[87] 서리가 짙어 찬 기운[88] 매섭구나.(安軸, 〈宿龍潭驛〉)

茅茨土階 : 띠로 지붕을 이고 흙으로 계단을 만듦. **【轉義】** 집이 초라하고 생활이 검소함.

茅茨不翦 : 띠로 지붕을 이고 그 끝을 가지런하게 자르지 않음. **【轉義】** 검소함을 숭상하여 꾸밈을 일삼지 않음.

□ **目今** = **今玆. 如今** : 지금. 현재.

目今難已 : 지금 그만두기 어렵다.(柳夢寅, 〈大家文會跋〉)

妙齡(나이 령) : 20세 미만의 젊은 나이. 자기보다 젊은 사람의 나이에 대한 敬稱.

今吾子自妙齡 棲息於書圃 礪舌耕之具 求試於有司 而有司不取 是有司之恥也 : 지금 그대는 젊을 때부터 書圃[89]에 서식하며 舌耕[90]의 도구를 연마하여 유사에게 시험해 주기를 청하였는데도 유사가 취하지 않았으니, 이것은 유사의 수치다.(李奎報, 〈送崔先輩下第西遊序〉)

苗裔(후손 묘, 예) = **苗末. 苗嗣. 苗緖. 苗胤. 苗族. 苗胄** : 먼 후대의 자손.

黃河如帶 泰山若礪 國以永存 爰及苗裔 : 〈漢 高祖가 공신들과 맹세하며〉 "황하가 말라 띠처럼 되고 태산이 닳아 숫돌처

---

87 **寄宿** : 남의 집에 임시로 거처함.

88 **洌氣**(차갑다 렬) : 찬 기운.

89 **書圃** : 책이 많은 곳이나 문인·학자들이 모여 활동하는 곳.

90 **舌耕** : 부지런히 독서함. 학생을 가르쳐 생계를 꾸려 감.

럼 되도록 나라를 길이 보존하여 후손에게 전하리라."《史記》〈高祖功臣侯者年表序〉)

無間:틈새가 없음(지극히 비좁은 공간·精微한 이치). 간격이 없음(관계가 매우 친밀함).

흠 잡을 데가 없음(비난할 근거가 없음). 끊김이 없음(구분이 없음). 소원함이 없음(서먹하지 않음).

子曰 禹 吾無間然矣 菲飮食而致孝乎鬼神 惡衣服而致美乎黻冕 卑宮室而盡力乎溝洫:우임금에 대하여서는 내가 흠잡을 데가 없다. 음식은 간소하게 드시면서 제사에는 효성을 다하여 풍성히 하셨고, 평상복은 허술하게 입으시면서 祭禮服[91]은 최대한 아름답게 하셨으며, 궁실은 낮게 지으면서 治水 사업에는 온 힘을 기울이셨다.(《論語》〈泰伯〉)

*親密無間:매우 친하고 가까워 서로 허물이 없음.

無稽(헤아리다 계):터무니없음. 근거가 없음.

無稽之言 勿聽 弗詢之謀 勿庸:근거가 없는 말은 듣지도 말고, 〈여러 사람에게〉 자문해 보지 않은 계책은 쓰지도 말라.(《書經》〈大禹謨〉)

*無稽之言 = 無稽之談:터무니없는 말. 근거가 없는 말.

無幾:얼마 되지 않음. 시간이 얼마 지나지 않음(머지않아). 가망이 없음.

人之生乎地上之無幾何也 譬之猶駟馳而過隙也:사람이 땅 위에서 사는 기간이 얼마 되지 않는 것이, 비유하자면 마치 4

---

91 黻冕(수 불, 면류관 면):고대의 祭服.

마리 말이 달려서 틈새를 지나기와 같은 것이다.(《墨子》〈兼愛〉)
＊無幾何:시간이 얼마 지나지 않음.

無奈 = 無那. 無奈何:어찌할 방법이 없음. 견줄 상대가 없음.
【白】아쉽게도

無奈有魔者 夙夜潛相隨 :어찌할 수 없는 詩魔가 있어, 아침 저녁[92]으로 남몰래 따르네.(李奎報, 〈詩癖〉)

□ **無乃·毋乃·無寧~乎·與·耶**:아마 ~일 것이다. ~이 아닐까?

微生畝謂孔子曰 丘 何爲是栖栖者與 無乃爲佞乎 :미생묘가 공자께 말하였다. "구는 어찌하여 이리도 연연해[93] 하는가? 말재주를 구사하는 것이 아닌가?"(《論語》〈憲問〉)

無端:무던함. 실마리가 없음. 시작도 없고 끝도 없음. 생길 까닭이 없음. 아무런 원인이나 연고가 없음. 까닭 없이 해를 끼침.

아무런 생각이 없음. 어떻게 할 수가 없음. 무지함. 근거 없이 날조된 죄명.

錦瑟無端五十絃 一絃一柱思華年 :금슬[94]은 까닭 없이 오십 줄이나 되어, 줄마다 기러기발마다 청춘[95]을 생각게 하네.(李商隱, 〈錦瑟〉)

---

92 夙夜:아침과 저녁. 아침부터 밤까지.

93 栖栖 = 棲棲:바삐 서두르는 모양.

94 錦瑟:비단처럼 아름다운 무늬가 그려진 瑟.

95 華年:꽃다운 시절(젊은 시절).

衰年觸事多成感 危涕無端忽滿襟：노년[96]이라 매사[97]에 감회가 일어나니, 무단히 눈물[98]이 홀연 옷깃을 적시네.(柳成龍, 〈感事〉)

無聊(즐겁다 료)：쓸쓸하고 우울함. 어찌할 방도가 없음. 기댈 곳도 없이 매우 가난함. 쓸모가 없음. 시시함. 따분함.

何人把酒慰深幽 開自無聊落更愁：누가 술동이 잡고 적막한 심사 위로할까, 열자마자 따분하여 떨어진 꽃이 다시 시름겹네.(蘇軾, 〈梅花〉)

*計出無聊 = 計出無奈：계책이 어찌할 수 없는 상황에서 나옴.

無賴：의지할 데가 없음. 성품이 막되어 함부로 행동함. 어떻게 해볼 수가 없음. 쓸쓸함. 재능이 없음.

計疎不去眞無賴 交淡相逢只此情：꾀가 엉성해 떠나지 못하니 정말 어떻게 해볼 수가 없어, 서로 만나 담소하고 싶은 오직 이 마음뿐이네.(李穀, 〈仲孚見和 復作六首〉)

*無賴輩 = 無賴徒. 無聊輩：일정한 직업이 없이 방탕하고 불량한 짓을 하는 무리.

无妄：의외. 필연.

无妄之疾 勿藥有喜：예기치 않은 병이니, 약을 쓰지 않으면 기쁨이 있으리라. (《周易》 無妄卦)

*无妄之災：뜻밖의 재난.

---

96 衰年 = 衰境：노쇠한 나이. 늘그막.

97 觸事：어떤 일을 직접 당함. 일에 맞닥뜨림.

98 危涕(세차다 위)：슬퍼하며 눈물을 흘림.

無似 : 賢人을 닮지 못함. 못나고 어리석다는 뜻으로, 자신을 낮추어 이르는 말(=不肖. 不類). 견줄 만한 것이 없음.

雖曰無似 予以父事 : 비록 어리석다 하더라도, 저는 〈공을〉 아버님으로 섬겼습니다.(李穀, 〈爲元宰相祭養父政丞利用文〉)

無狀(공적 상) : 功績이 없음. 행실이 보잘 것 없음(주로 자기에 대한 謙辭). 예의가 없음. 아무런 연유나 까닭이 없음. 저지른 죄가 너무 커서 말로 표현할 수 없음.

ㅁ

愚蒙小子 不肖無狀 : 어리석은 소자는, 불초하고 행실이 보잘 것 없습니다.(李仝輔, 〈祭文〉)

*無狀子 = 不肖子.

無恙(병 양) : 병이나 우환이 없음. 주로 안부를 묻는 인사말로 쓰인다.

地名破塚 眞破塚而出 行人安穩 布帆無恙 : 〈晉나라 顧愷之가 殷仲堪의 參軍이 되었을 때, 무명 돛폭〔布帆〕의 배를 중감에게 빌려 타고 집으로 휴가를 가다가 破塚이란 곳에서 풍랑을 만나 크게 낭패를 당했는데, 고개지가 중감에게 글을 보내면서〉 지명이 파총이란 곳에서 진짜 무덤을 판 것[99]처럼 빠져나왔는데, 행인도 안온하고 무명 돛폭도 아무 탈이 없다.[100](《晉書》〈顧愷之〉)

無緣(까닭 연) : 아무런 까닭·인연·가장 자리가 없음. …할 이

---

99 破塚 : 무덤을 파헤침.

100 布帆無恙 : 뱃길이 무사함(여행이 편안함).(《晉書》〈顧愷之〉)

유나 근거가 없음.

出處閑忙俱白髮 一尊相對恨無緣：벼슬함과물러남·한가함과 바쁨은 달라도 모두 백발인데, 한잔 술로 서로 대작할 길 없어 한스러울 뿐이네.(李穀, 〈寄安康李先生〉)

無厭：압박하거나 핍박하지 말라. 만족해함이 없음. 끝이 없음. 그침이 없음. 싫증내지 않음.

從流下而忘反謂之流 從流上而忘反謂之連 從獸無厭謂之荒 樂酒無厭謂之亡：뱃놀이하면서 물길을 따라 아래로 내려갔다 돌아옴을 잊은 것을 '流'라 이르고, 물길을 거슬러 위로 올라가서 돌아옴을 잊은 것을 '連'이라 이르며, 짐승을 좇아 사냥하며 만족을 모르는 것을 '荒'이라 이르고, 술을 즐겨 마시며 만족을 모르는 것을 '亡'이라 이른다.(《孟子》〈梁惠王 上〉)

***貪得無厭 = 貪婪無厭. 貪惏無饜. 貪濫踰婪. 貪猥無厭. 貪欲無厭**：재물이나 권익에 대하여 끝없이 탐욕을 부림.

無爲：무슨 일을 하여야 할지 모름. 할 만한 일이 없음. 쓸모가 없음. …할 방법이 없음. 아무 일도 하는 것이 없음.

道家의 無爲는 '마음을 비우고 청결하게 가져 모든 일을 自然에 순응하고 일체의 人爲的인 作爲를 하지 않는 것'이고, 儒家의 無爲는 '賢能한 사람을 선발해 適材를 適所에 배치하여 德治로 사람을 감화시키는 것'이다.

程子曰 爲政以德然後 無爲：정자가 말씀하였다. "정사를 덕으로 한 뒤에 무위가 될 수 있는 것이다."(《論語集註》)

***無爲而治**：儒家에서 어진 인재를 등용하여 덕으로 백성을 교화하면 나라가 자연스럽게 잘 다스려짐을 이르는 말. 道家

에서 人爲를 가하지 않고 자연에 순응하면 세상이 저절로 잘 돌아감을 이르는 말.

*無爲而化 : 힘들이지 않아도 저절로 변하여 잘 이루어짐.

無謂 : ~라고 여기지 말라. 아무 의의나 가치가 없음. 아무 목적이 없음.

況無益乎己而僭竊名器 甚無謂也 : 더구나 자신에게 무익한데도 名器를 참절[101]하니, 매우 아무 가치가 없다.(韓章錫, 〈原號〉)

無由 : 방법이 없음. …할 길이 없음.

阿衡欲干湯而無由 乃爲有莘氏媵臣 負鼎俎 以滋味說湯 致于王道 : 아형[102]이 탕왕에게 등용되기를 바랐으나 길이 없자, 곧 유신[103]씨의 잉신[104]이 되어 요리 도구를 짊어지고 가서 맛있는 요리[105]로 탕왕을 기쁘게 하여 왕도정치를 이룩하였다.(《史記》〈殷本紀〉)

無已 : 태만하지 아니함. 끝이 없음(다함이 없음). 어쩔 수 없음(=無以).

魯人有朝祥而莫歌者 子路笑之 夫子曰 由 爾責於人 終無已夫 三年之喪 亦已久矣夫 子路出 夫子曰 又多乎哉 踰月則

---

101 僭竊(참람하다 참) : 지나치게 도적질 함.

102 阿衡 : 殷代의 벼슬 이름(伊尹이 이 벼슬에 임명되었던 데에서 이윤을 이르기도 한다).

103 有莘 : 나라 이름.

104 媵臣(딸려 보내다 잉) : 시집갈 때 따라가는 臣僕.

105 滋味(맛있다 자) : 맛있는 음식. 재미. 맛.

其善也: 魯나라 사람이 아침에 大祥祭를 지내고 저녁에 노래하는 자가 있었는데, 子路가 이것을 비웃자, 孔子께서 말씀하시기를 "유야! 너는 남을 책망함이 끝내 다함이 없구나. 3년의 상도 이미 오래이다."라고 하셨다. 자로가 나가자, 부자께서 말씀하시기를 "더 많이 할 것이 있겠는가? 한 달만 더 넘기고 노래했더라면 좋았을 것을." 하셨다.(《禮記》〈檀弓 上〉)

***誅求無已 = 誅求不已**: 끝없이 강탈함.

無日: 며칠 안에(멀지 않아). 하루도 빠짐이 없음(매일). 기약도 없이 아득함. 해가 없음.

上無禮 下無學 賊民興 喪無日矣: 윗사람이 예를 모르고 아랫사람이 배움이 없으면, 도적들이 일어나 언제 망할지 모른다.(《孟子》〈離婁 上〉)

***亡無日矣**: 멀지 않아 망할 것임.

無前: 앞을 가로막는 상대가 없음. 맞설 만한 상대가 없음. 지금까지 없었음.

***所向無前**: 나아가는 곳마다 아무런 장애물이 없음.

***無前大豐**: 전례가 없는 큰 풍년.

無地: 땅이 없음. 지극함(기쁨·놀라움·부끄러움 등으로 몸둘 바를 모르는 상태).

地面이 보이지 아니함(아득히 높거나 매우 넓은 지경).

***惶恐無地**: 황공하여 몸 둘 곳을 모르겠음.

***無地自容 = 無地自厝. 無地自處**: 몹시 부끄럽거나 처지가 곤란하여 몸 둘 곳이 없음.

無塵 : 티끌이 묻지 아니함(세속을 초탈함).

戶庭無塵雜 虛室有餘閑 : 문과 뜰에는 티끌의 번잡함이 없고, 텅 빈 방에는 남은 한가로움만이 있네.(晉 陶潛, 〈歸園田居〉)

無他 = 無它. 無佗 : 다른 것이 없음. 별고 없음(아무 탈이 없음). 딴 마음이 없음.

學問之道無他 求其放心而已矣 : 학문하는 방법은 다른 것이 없다. 그 놓아 버린 마음을 찾는 것일 뿐이다.(《孟子》〈告子 上〉)

默會(이해하다 회) : 속으로 깨달음.

後之覽者 其尙默會而心融矣哉 : 훗날 보는 사람은 아마도 속으로 깨닫고 마음으로 이해할 것이다.(王性淳, 〈麗韓十家文序〉)

＊**默識心融** : 마음속으로 깨달아 환히 앎.

脗合(꼭 맞다 문) = 吻合 : 서로 들어맞음. 서로 조화됨.

及得胡雲峯四書通解 無不脗合 : 그 후 雲峯 胡炳文의 《四書通解》를 얻음에 이르러 〈몽주의 강설이 그의 설과〉 모두 합치하였습니다.(奇大升, 〈天使許(國)魏(時亮)問目條對〉)

聞命 : 명령·가르침을 받음(그래서 이미 알고 있음. 그 말을 인정하겠음).

公之所言 已聞命矣 : 공(金庾信)이 말하는 것은 이미 들었습니다.(《三國史記》)

門地 = 門基. 門流. 門資. 門族. 門下. 門戶 : 집안의 사회적 지위나 신분. 지체. 문벌.

魚無迹之詩 近代所稀 嫌其門地而不取 : 어무적의 시, 근대

에 드문 것인데, 그 문벌을 싫어하여 뽑지 않았다.

大抵人材 元無門地貴賤之別 : 대저 인재는 원래 문벌의 귀천 구별이 없다.(正祖, 〈文學〉)

文翰(붓 한) : 문장(=文墨). 公文과 書翰.

近見其文翰稍長 : 근자에 네 문장이 점점 진전되는 것을 보았다.(丁若鏞, 〈寄二兒〉)

＊**文翰家** : 대대로 글과 글씨의 재주가 있는 사람이 난 집안.

文獻 : 典章制度와 관련된 문자 자료와 견문이 넓어 典故에 밝은 사람. 文은 典籍이고, 獻은 賢者를 말한다.

역사 가치나 참고 가치가 있는 도서 자료.

夏禮吾能言之 杞不足徵也 殷禮吾能言之 宋不足徵也 文獻不足故也 足則吾能徵之矣 : 하나라 예를 내가 말할 수 있으나 기나라에서 징험하지 못하며, 은나라 예를 내가 말할 수 있으나 송나라에서 징험하지 못하는 것은 문헌이 부족하기 때문이니, 문헌이 많다면 내가 징험할 수 있다.(《論語》〈八佾〉)

文衡(저울 형) = **大提學. 主文. 典文. 主文柄. 典文衡** : 문장의 우열을 판정하여 선비를 뽑는 권력이나 지위.

【轉義】 글을 평가하는 일을 저울로 물건을 다는 것처럼 한다 하여 이르는 말.

至祖文簡公 又相德陵而主文衡 : 조부 文簡公(崔誠之)에 이르러 또 德陵(忠宣王)의 재상으로서 文衡을 주관하였다.(李穀, 〈賀崔寺丞登第詩序〉)

物色 : 물체의 색깔. 찾아냄. 수색하여 체포함. 자세히 봄. 형

상. 풍경. 물품.

公放逐曾題壁 物色分留待老夫 : 宋公이 쫓겨나며 일찍이 벽에다 시를 써 놓았으니, 경치가 남아 老夫를 기다리네.(杜甫, 〈嶽麓山道林二寺行〉)

其門徒遷散四方者 物色求之 起而復用 : 그 문도로서 사방에 옮아 흩어져 있는 자들을 찾아내어서, 일으켜 다시 기용하였다.(林椿, 〈孔方傳〉)

□

未幾 : 오래지 않아. 많지 않음(나이 따위가 얼마 안 됨).

於玆亦未幾 用直升雲衢 : 여기에 오른 지가 얼마 되지도 않았는데, 곧바로 구름 속 길거리[106]에 올랐도다.(宋 梅堯臣, 〈劉運使因按拜省〉)

彌縫(깁다 미, 꿰매다 봉) : 보충함. 잘못된 것을 고치지 않고 임시변통으로 둘러댐. 알선함.

至於立經久可傳之制 彌縫上下 舊弊去而吏民安之者蓋鮮矣 : 영구히[107] 전해질 수 있는 제도를 만들어, 上下의 잘못된 점을 변통하고 주선함으로써 옛날의 폐단을 없애고 이민의 생활을 안정시켜 준 경우는 대개 드물었다고 하겠다.(李穡, 〈淸州牧濟用財記〉)

未遑(겨를 황) = **未皇** : 아직 돌볼 경황이 없음. 겨를이 없음.

遂都焉 未皇作宮室 : 드디어 도읍을 정했지만 미처 궁궐을 지을 겨를이 없었다.(《三國史記》)

---

106 **雲衢**(네거리 구) : 구름 속의 길거리(청운의 벼슬길).

107 **經久** : 오래됨. 오래 지속됨.

泯滅(사라지다 민) : 끊어짐. 아주 없어짐.

人爲萬物之靈 一朝奄然與草木禽獸同歸於泯滅而無聞 豈不可哀也哉 : 사람은 만물의 영장이라 하지만, 하루아침에 별안간 초목금수와 마찬가지로 없어져 버리고 들릴 것이 없다면, 어찌 슬프지 아니하겠는가?(申從濩, 〈月山大君詩集序〉)

〈ㅂ〉

薄暮 = **薄莫. 薄晩. 薄暝. 薄夜** : 해질 녘. 늘그막.

客懷無以遣 薄暮過田家 : 나그네 회포를 풀 데가 없어, 황혼에 〈돌아오다가〉 농가[108]를 둘러보네.(정포, 〈癸未重九〉)

博約 : 내용이 풍부하면서도 말이나 뜻이 매우 간명함. 博文約禮.(고금의 典籍을 널리 보고 禮로써 자신을 檢束함).

夫子循循然善誘人 博我以文 約我以禮 : 〈안연이 말하였다.〉 "夫子께서는 차근차근 사람을 잘 유인하여, 나로 하여금 글을 넓게 배우고 예로 묶게 하셨다."(《論語》 〈子罕〉)

迫切(접근하다 박, 간절하다 절) : 절박함. 핍박함. 곤궁함. 긴급함. 말이 야박하고 매서움. 깊고 간절함.

聖人辭不迫切 : 성인의 말씀은 야박하거나 매섭지 않다.(正祖, 〈魯論夏箋〉)

反命 : 명령에 따라 처리한 일의 결과를 보고함(=復命). 명령

---

108 田家 : 農家. 농민.

을 위반함.

昔者 趙簡子使王良與嬖奚乘 終日而不獲一禽 嬖奚反命曰 : 옛날 趙 簡子가 王良으로 하여금 총애하는 신하인 奚와 함께 수레를 타고 사냥하게 하였는데, 종일토록 한 마리의 짐승도 잡지 못하고, 嬖奚가 復命하여 말하였다.(《孟子》〈滕文公 下〉)

反覆 : 의지나 언행이 일정하지 아니함. 오르내림(왕복함). 뒤집어엎음. 몇 번이고 되풀이함. 기울어 엎어서 망하게 함. 동요함.

而欲恃詐僞反覆蘇秦之餘謀 : 詐僞하며[109] 일정하지 않은 蘇秦이 쓰다버린 나머지의 〈얕은〉 꾀를 믿으려 하다.(《戰國策》)

ㅂ

*反覆無常 : 언행이 이랬다저랬다 하여 종잡을 수 없음.

*反覆手 : 손을 한 번 뒤집어엎음. 일이 매우 쉬움. 【轉義】 언행이 이랬다저랬다 하여 종잡을 수 없음.

盤旋(돌다 반, 돌다 선) : 빙빙 돎. 멀리 돌아서 감. 머무름. 교제함. 몹시 좋아서 날뜀. 절뚝거리며 걷는 모양.

泉甘而土肥 草木暢茂 隱者之所盤旋 : 샘물은 달고 토질은 비옥하며 초목이 울창하니, 은자가 노닐만한 곳이다.(韓愈, 〈送李愿歸盤穀序〉)

反哺(음식물 포) : 새끼 까마귀가 먹이를 물어다가 어미 까마귀에게 먹임.

【轉義】 자식이 부모가 길러준 은혜를 갚는 효성을 비유하는 말.

此女家貧 乞啜而反哺 有年矣 : 이 여자의 집이 가난하여, 끼

---

109 詐僞 : 거짓으로 꾸밈.

니를 구걸하여[110] 부모의 은혜를 갚은 지, 몇 년[111]입니다.(《三國遺事》)

拔去(뽑다 발):뽑아 버림.

主試者竟<u>拔去</u>:시험을 주관한 자가 끝내 〈洪翼漢을〉 빼 버렸다.(宋時烈, 〈三學士傳〉)

發蒙(어리석다 몽):몽매함을 깨우침. 글이나 글자를 처음 배우거나 가르침. 쓰개를 벗김(매우 수월함).

願師不拒 以卒<u>發蒙</u>:스님께서는 거절하지 마시고 마침내 몽매함을 깨우쳐 주십시오.(金富軾, 〈金居柒夫傳〉)

*發蒙振落:쓰개를 벗기고 마른 잎을 흔들어 떨어뜨림(매우 수월함).

發憤(성내다 분):열중하여 노력함. 몸과 마음을 다하여 애를 씀. 분발하여 떨쳐 일어남. 불만을 터뜨림. 원한을 품음. 분개함.

子曰 女奚不曰 其爲人也 <u>發憤</u>忘食 樂以忘憂 不知老之將至云爾:공자께서 "너는 어찌 그의 사람됨이 분발하면 먹는 것도 잊고, 〈이치를 깨달으면〉 즐거워 근심을 잊어, 늙음이 장차 닥쳐오는 줄도 모르는 것이 이와 같을 뿐[112]이라고 말하지 않았는가?(《論語》 〈述而〉)

跋涉(넘어가다 발):산을 넘고 물을 건넘(여행길이 힘들고 어려

---

110 乞啜(먹다 철):음식을 구걸함.

111 有年:풍년. 여러 해. 장수를 누림.

112 云爾:이와 같을 뿐이다. 이와 같이 말함.

움). 번거로움.

大夫<u>跋涉</u> 我心則憂 : 대부들이 산을 오르고 물을 건너오니, 내 마음이 시름겹구나.(《詩經》〈鄘風 載馳〉毛傳 "草行曰跋 水行曰涉")

發身 : 현달함. 출세함.

仁者以財<u>發身</u> 不仁者以身發財 : 어진 사람은 재물로 출세하고, 어질지 않은 자는 몸으로 재물을 일으킨다.(《大學章句》)

＊以財發身 : 재물로써 현달함. 재산을 善用하여 좋은 명성을 이룸.

ㅂ

拔萃(뽑다 발, 모이다 췌) : 여럿 가운데서 뛰어남.

唐代에 考査하여 관리를 뽑던 科目의 하나. 글 가운데서 중요하거나 좋은 대목을 가려 뽑음.

出於其類 <u>拔</u>乎其<u>萃</u> : 자기 무리 가운데 가장 빼어나다.(《孟子》〈公孫丑 上〉)

＊拔萃出類 = 拔類超群. 拔叢出類. 拔萃出群 : 뭇사람 중에서 우뚝함.

發揮(휘두르다 휘) : 재능이나 능력 따위를 떨치어 나타냄. 생각이나 도리를 드러내어 밝힘. 분발시킴. 다른 사물에 의하여 더 두드러지거나 돋보임. 널리 드날림. 추천함. 토로함.

<u>發揮</u>聖人之旨 補史氏之闕文則書 : 성인의 뜻을 밝히거나, 사관의 빠진 글을 보충할 경우라면 글을 썼다.(韓章錫, 〈焚稿識〉)

放榜 = 放牓 : 과거에 합격한 사람의 명단을 公表함.

<u>放榜</u>遊街時 人家撤簾而觀之也 : 급제자를 발표한[113] 뒤 遊街[114]할 때 사람들이 발을 걷고 그를 구경하였다.(沈守慶《遣閑雜錄》)

方丈 : 사방 1장의 넓이. 사방 1장에 차린 음식(아주 많이 차린 음식). 주지의 처소. 주지.

食前<u>方丈</u> 侍妾數百人 我得志 弗爲也 : 앞에 진수성찬을 차려 먹고 시첩 수백 명을 거느리는 것을, 나는 뜻을 얻더라도 하지 않을 것이다.(《孟子》〈盡心 下〉)

*方丈室 : 사방 丈 넓이의 방. **【轉義】** 매우 좁은 방. 주지의 방.

*食前方丈 = **食味方丈. 食方于前. 食方丈于前. 食案方丈. 食必方丈** : 식사 때 앞에 차려진 음식이 사방 한 길이나 됨. **【轉義】** 생활이 매우 사치스러움.

ㅂ

方外 : 구역이나 범위의 밖(변경지대. 京畿의 밖. 세속 禮法의 밖). 세속을 벗어난 곳(仙境). 속세를 떠난 사람(중·도사).

*方外友 = **方外交. 方外侶** : 세속을 벗어난 친구(중·도사·隱士).
*方外遊 : 속세에서 벗어나 仙道를 찾음.
*方外之志 : 세속과 인연을 끊으려고 하는 마음.
*方外學 : 유교 밖의 학문이라고 하여 불교나 도교를 이르는 말.

方冊 = 方策 : 목판과 竹簡(典籍).

---

113 **放榜** = **放牓** : 과거에 합격한 사람의 명단을 公表함.

114 **遊街** : 과거에 급제한 사람이 광대들에게 풍악을 잡히고 座首·선배·친척들을 찾아보는 일. 보통 3일 동안 행하였다(三日遊街).

文武之政 布在<u>方策</u> 其人存 則其政擧 其人亡 則其政息 :문왕과 무왕의 정사가 책에 펼쳐져 있으니, 그러한 사람이 있으면 그러한 정사가 있고 그러한 사람이 없으면 그러한 정사가 종식됩니다.(《中庸章句》)

芳草:향기롭고 꽃다운 풀. 忠貞한 사람이나 賢德한 사람.

晴川歷歷漢陽樹 <u>芳草</u>萋萋鸚鵡洲 :날 갠 냇물엔 한양의 숲이 역력히 비치고, 향기로운 풀은 앵무주 물가에 무성하도다.(唐 崔灝, 〈黃鶴樓〉)

*綠陰芳草:푸르게 우거진 나무와 향기로운 풀. 여름철의 자연경관.

ㅂ

方寸:겨우 한 치(매우 작거나 짧음). 마음(=心緖). 생각.

斂之<u>方寸</u> 太極在躬 散之萬事 其用弗窮 :마음에 거두면 태극이 내 몸 안에 있고, 만물에 흩으면 그 쓰임이 무궁하다.(《心境》)

陪臣(모시다 배):大夫의 家臣이 諸侯에게 자신을 이르는 말. 諸侯의 卿大夫가 天子에게 자신을 이르는 칭호. 외국에 나간 사신이 상대국의 군주에게 자신을 이르는 말. 신하의 신하.

諸侯之臣稱於天子曰<u>陪臣</u> :제후의 신하가 천자에게 칭하기를 陪臣이라고 한다.(《春秋左傳》)

百里:1里의 1백 배(매우 먼 거리). 諸侯 封地의 범위(諸侯國·작은 땅). 縣(縣令).

*百里負米:子路가 어버이를 위하여 백 리나 되는 곳에서 쌀을 져 나름. 부모에 대한 효도.

*百里才:한 縣의 땅을 다스릴 만한 인재. 한 縣이 관할하는

땅이 백 리 정도이므로 백 리는 현을 이르는 말로도 썼다.

*百里之命 : 임금의 政令.

*百里之任 : 縣令.

白面生 = 白面書生. 白面. 白面郞君. 白面書郞. 白面兒. 白面儒冠. 白面儒生 : 한갓 글만 읽고 세상일에 경험이 없는 사람. 책만 읽기 좋아하는 사람.

馬上誰家白面生 邇來三月不知名 : 말 탄 백면서생 뉘 집 사람인가? 근래[115] 석 달 동안 이름도 몰랐네.(《高麗史》)

白雲 : 흰 구름. 黃帝 때 刑獄을 주관하던 벼슬(刑官의 별칭). 부모를 그리워함. 시골로 돌아가 隱居함.

微茫親舍在其下 白雲故故飛來遮 : 아득한 저편 부모님 계신 집이 그 아래 있건만, 흰 구름이 짐짓 날아와 가리는구나.(明 謝士元, 〈歸省不允情見乎辭〉)

*白雲人 : 高僧이나 道士.

*白雲鄕 = 仙鄕 : 仙人이 산다는 곳.

*望斷白雲 : 부모를 그리는 것. 唐의 狄仁傑이 멀리 구름에 가린 고향을 바라보며 부모를 그린 데에서 유래하였다.(《新唐書》〈狄仁傑傳〉 "親在河陽 仁傑在太行山 反顧 見白雲孤飛 謂左右曰 吾親舍其下 瞻悵久之 雲移乃得去")

白衣 : 흰옷. 고대 평민의 의복. 평민이나 벼슬이 없는 선비. 벼슬 없이 어떤 벼슬의 대우를 받는 신분.

---

115 邇來 = 爾來 : 근래. 그 때 이후.

관청의 아전. 便服을 입은 士兵.

與白衣之輩弄毫楮於棘闈之間者:백의의 무리와 함께 과거 시험장[116]에서 붓과 종이[117]를 희롱하였다.(李穀, 〈賀崔寺丞登第詩序〉)

＊白衣卿相 = 白衣士. 白衣相:아직 벼슬에 나아가지 않은 선비. 進士.

＊白衣人 = 白衣送酒:평민. 晉 王宏이 重陽節에 陶潛에게 술을 보낼 때 부렸던 흰 옷을 입은 심부름꾼. 중양절에 친구에게 술을 보내거나 술을 마시는 일, 또는 국화를 읊을 때의 典故로 쓰인다.

ㅂ

＊白衣蒼狗 = 白雲蒼狗:세상사의 변화무상함(하늘의 구름이 흰 옷처럼 보이다가도 푸른 개 모양으로 변한다는 杜甫의, 〈可歎〉 "天上浮雲如白衣 斯須改變如蒼狗"에서 유래).

白日

白日:태양. 대낮. 시간(=光陰). 君主를 비유하는 말. 인간 세계(이승).

＊白日昇天 = 白日飛昇. 白日上昇:【道】 수련을 통하여 得道한 뒤 대낮에 하늘로 올라가 신선이 되는 것. 갑자기 출세하여 부귀를 누림.

＊白日場:고을에서 儒生의 학업을 권장하기 위하여 詩·文 짓기를 시험하던 일. 조선조 때 지방 고을에서 科擧의 형식을 흉내 내어 시험문제를 내걸고 즉석에서 글을 짓게 하여, 우수

---

116 **棘闈 = 棘圍. 棘院**:科擧 시험장을 가리키는 말. 唐·五代시대에 과거를 시행할 때 시험장에 가시나무를 둘러쳐 부정행위를 방지한 데서 비롯된 말이다.

117 **毫楮**(붓 호, 종이 저):붓과 종이.

한 사람에게는 壯元을 내려 표창하였다.

*青天白日 : 맑은 하늘과 밝은 해(날씨가 쾌청함). 대낮. 정치가 깨끗하고 투명함.

*白日見鬼 : 관청이 한가하고 썰렁함. 황당무계한 일.

伯仲 : 형과 아우(형제의 차례). 관계가 밀접한 사람이나 사물. 50세 이상의 남자를 높이는 뜻으로 그 형제의 순서에 따라 이름 대신 부르는 말. 사람이나 사물에서 서로 어금지금하여 우열을 가릴 수 없음(=伯仲之間. 伯仲間. 難兄難弟).

*一時伯仲 : 두 사람의 재주나 지식이 서로 비슷하여 우열을 가리기 어려움.

*相伯仲 : 서로 비슷하여 우열이 없음.

*賢伯仲 : 남의 형제를 높여 이르는 말.

藩籬(울타리 번, 리) : 울타리. 변경. 한계·장애·범위를 비유하는 말.

<u>藩籬</u>吾未窺 敢議窮閫奥 : 그 울타리조차 내가 엿보지 못했으니, 감히 심오한 경지[118]를 궁구할 것을 의논하랴?(蘇軾, 〈和寄天選長官〉)

*藩籬之鷃 : 담장에 앉아 있는 종달새. 【轉義】 식견이 좁고 옹졸한 사람.

凡百 : 모든. 모든 사람들. 여하튼 간에.

雖有絲麻 無棄菅蒯 <u>凡百</u>君子 無棄菅蒯 : 비록 명주실과 삼실이 있으나 왕골과 띠풀을 버리지 말라. 모든 군자들은 이것

---

118 **閫奥**(문지방 곤, 깊다 오) : 심오한 경지.

이 결핍되었을 때 저것으로 대용하는 법이다.[119](《春秋左氏傳》)

籩豆(제기 변):제사나 연회 때 쓰던 그릇인 籩과 豆를 가리킨다. 籩은 대로 만들고, 豆는 나무로 만든다.

君子所貴乎道者三 動容貌斯遠暴慢矣 正顔色斯近信矣 出辭氣斯遠鄙倍矣 籩豆之事則有司存:〈曾子가 말하였다.〉 "군자가 귀히 여기는 도가 세 가지가 있으니, 용모를 움직일 때는 사납고 거만함을 멀리할 것이며, 낯빛을 바르게 하는 데는 신실함에 가깝도록 할 것이며, 말을 함에 있어서는 상스럽고 도리에 어긋난 것을 멀리할 것이다. 제기를 다루는 일에 있어서는 유사가 맡아서 하는 것이다."(《論語》〈泰伯〉)

ㅂ

別墅(별장 서)=別壄. 別業:田莊이 있는 부근에 별도로 지은 집.

嘗構別墅于達山村:일찍이 達山村에다가 별장을 지어 놓았다.(申光漢, 〈書齋夜會錄〉)

竝·幷·絶·了無:결코·절대로·거의~가 없다.

語多不暢 絶無風神生色之可觀:말이 대부분 통창하지 못하여 볼만한 고상한 운치[120]나 생색[121]이 전혀 없다.(李宜顯《陶峽叢說》)

兵燹(兵火 선):전쟁 때문에 생긴 화재(=兵火. 兵燹)·파괴 등의 재해.

---

119 **代匱**(다하다 궤):어떤 물품이 떨어졌을 때, 다른 물건으로써 그것에 대용하는 일.

120 **風神**:풍채(표정과 태도). 예술작품의 文采와 神韻. 작품이 아름다우면서 신비롭고 고상한 운치가 있음.

121 **生色**:산뜻하고 생동감이 있음.

不幸罹于兵燹 : 불행히도 전쟁을 만났다.(柳思訥, 〈稼亭集跋〉)

秉彝(常道 이) = 秉夷 : 常道를 지킴.

民之秉彝 好是懿德 : 사람이 常道를 지켜, 이 아름다운 덕을 좋아하도다.(《詩經》〈烝民〉)

兵塵 : 兵馬가 일으키는 먼지(전쟁).

南徼兵塵賊未平 : 남쪽 지방[122]전쟁에 적은 아직 평정되지 않았네.(鄭澈, 〈臘月初六日夜坐〉)

黼黻(수 보, 수 불) : 예복에 수놓은 화려한 무늬. 화려한 文辭. 보좌함.

句讀訓詁 奚以議夫黼黻經緯之文 : 구두[123]나 훈고[124]로, 어찌 저 질서[125]를 보좌하는 글과 의논할 수 있겠는가?(金宗直, 〈尹先生祥詩集序〉)

輔相 : 도움(보조함). 宰相(大臣).

天地交泰 后以財成天地之道 輔相天地之宜 以左右民 : 천지의 사귐이 泰이니, 임금이 이를 보고 천지의 도를 완성[126]하고

---

122 南徼(변방 요) = 南境 : 나라의 남쪽 邊境. 남방 국경 지대의 땅.

123 句讀 = 句度. 句投. 句逗 : 글 중에서 한 단락이 끊어지는 곳. 文意가 끊어지는 곳을 句, 읽기 편하게 멈추는 곳을 讀라 한다. 일반적으로 구에는 o를 두에는 丶의 부호를 사용한다.

124 訓詁 : 經傳이나 古書의 字句를 해석함.

125 經緯 : 씨줄과 날줄(조리·질서). 계획하여 다스림. 문장의 조리.

126 裁成 = 財成 : 마름질하여 완성함. 【轉義】 재량껏 조절하여 일을 이루어 냄.

천지의 마땅함을 도와 백성을 좌우한다.(《周易》 泰卦)

步韻 = **和韻. 次韻** : 다른 사람이 지은 詩의 韻字를 따서 그 시에 화답하는 시를 지음.

唐나라 때 白居易와 元稹이 서로 화답하는 시를 지은 것을 시작으로, 宋代에 이르러 성하였다.

鄭君聖友辱和鄙韻 仍再步以答之 : 정성우가 나의 시에 和韻하였기에 재차 그 시에 步韻하여 답하다.(李玄逸《葛庵集》)

ㅂ

保有 : 지님. 領有함.

大業以定 丕承厥位 保有民社 : 大業을 정하고는 왕위를 이어받아[127] 백성과 사직을 차지하였다.(鄭道傳, 〈登羅州東樓 諭父老書〉)

服勤(일하다 복) : 직무를 맡아 부지런히 일함.

事師 無犯無隱 左右就養 無方 服勤至死 心喪三年 : 스승을 섬기되 범함도 없고 숨김도 없으며, 좌우로 나아가 봉양함이 일정한 방소가 없으며, 부지런히 일하여 죽음에 이르며, 心喪[128] 3년을 한다.(《禮記》 〈檀弓 上〉)

服膺(생각하다 복, 가슴 응) : 마음에 새기어 잊지 않음.

回之爲人也 擇乎中庸 得一善 則拳拳而弗失之矣 : 顏回의 사람됨은 중용의 길을 택하여 행하면서, 어떤 한 가지 선을 얻으면 가슴에 깊이 새기고 잃어버리는 일이 없었다.(《中庸》)

＊**拳拳服膺**(정성껏 지키는 모양 권) = **拳服** : 성실히 가슴에 새겨

---

127 丕承(받다 비) : 잘 계승함. 【**轉義**】 帝王의 자리를 이어받음.

128 心喪 : 마음속으로 服을 입음. 상복은 입지 않으나 상제와 같은 마음으로 근신하는 일로, 주로 스승의 喪에 이렇게 한다.

받들어 따름.

覆載:하늘은 만물을 덮고 땅은 만물을 실음(제왕의 은덕). 감싸고 보호하여 길러줌. 天地.

凡居覆載之內 孰負養育之恩:하늘과 땅 사이에 살면서 누가 養育하신 은혜를 저버리겠습니까?(李珥, 〈金時習傳〉)

伏誅(받아들이다 복) = **伏刑**:형벌을 받아 죽음을 당함.

霍氏謀反伏誅:霍光[129]이 모반하여 형벌을 받아죽다.(《漢書》)

卜地(점치다 복) = **卜居. 卜宅. 卜室**:살 곳을 점쳐서 정함. 살만한 곳을 골라서 정함.

卜宅依丘墓[130] 爲農近野田:살 곳은 선대 묘소 의지하고, 농사 위해 들밭을 가까이 뒀네.(丁若鏞, 〈次龍仁題從祖父蒲谷新居〉)

本自:본래부터(줄곧).

六年歸臥水雲鄉 本自無閑可得忙:6년 만에 돌아와 수운향[131]에 누우니, 본래부터 한가함이 없는데 〈어찌〉 바쁠 수 있으랴?(宋 陸遊, 〈秋夜遣懷〉)

奉使:왕명을 받들어 사신으로 나감.

---

129 霍氏:霍光(?~B.C. 68?). 西漢 河東사람으로, 漢 武帝 때의 명장 霍去病의 이복동생이다.

130 丘墓 = **丘墳. 丘壟. 丘隴. 丘陵. 丘山. 丘壤. 丘園. 丘子. 丘坂. 丘墟**:무덤.

131 水雲鄉:물이 흐르고 구름이 떠도는 맑고 그윽한 곳(隱者가 거처하는 곳).

<u>奉使</u>來朝鮮 : 사명을 받들고 조선에 왔다.(朴宜中, 〈贈別遼東使桑麟〉)

蓬蒿(쑥 봉, 호):쑥. 풀숲이나 초원. 궁벽한 황야.

夫陽子本以布衣 隱於<u>蓬蒿</u>之下 : 저 양자(陽城)는 본래 포의로, 쑥 아래에 숨어 살았다.(韓愈, 〈爭臣論〉)

封侯:제후에 봉함. 혁혁한 功名.

約一國而反 成而<u>封侯</u>之基 : 그 어떤 나라라도 〈합종의〉 약속을 맺어 놓고 돌아와서는, 저[132] 제후에 봉해질 터전을 만듭니다.(《戰國策》)

ㅂ

府庫:국가에서 재물이나 병기·갑옷 따위를 저장하는 창고.

今之事君者曰 我能爲君 辟土地 充<u>府庫</u> 今之所謂良臣 古之所謂民賊也 : 지금 군주를 섬기는 자들이 "나는 군주를 위하여 토지를 개간하고 창고를 채울 수 있다."라고 하니, 지금의 이른바 '훌륭한 신하'요, 옛날의 이른바 '백성의 적'이라는 것이다.(《孟子》〈告子 下〉)

不待:~할 필요가 없음(=不必). **【白】** 생각하지 않음(원하지 않음).

以德行仁者王 王<u>不待</u>大 湯以七十里 文王以百里 : 덕으로써 인을 행한 자는 왕이니, 왕은 대국을 필요로 하지 않는다. 탕임금은 7십 리를 가지고 하셨고, 문왕은 백 리를 가지고 하셨다.(《孟子》〈公孫丑 上〉)

***不待時斬 = 不待時. 不待時處斬**:법으로 정한 시기를 기다리지 않고 斬刑을 집행하는 일. 斬刑은 秋分 이후부터 春分 이전 사이에 집행하게 되어 있는데, 逆謀 따위의 큰 범죄는

---

132 而 = 彼·此.

이에 구애 받지 않았다.

浮屠 = 浮圖 :【佛】梵語 Buddha의 音譯. 부처. 불교. 승려. 탑.

入小白山 葛衣蔬食 與浮圖遊 : 소백산에 들어가 칡 옷을 입고 나물밥을 먹으며 승려들과 함께 지내다.(《三國史記》)

裒集(모으다 부) : 모아서 편집함. 불러 모음.

自弘文館承命裒集 : 홍문관에서 왕명을 받아 편집하였다.(尹根壽, 〈新續三綱行實圖序〉)

扶桑 : 동해에 있다는 神木의 이름으로, 해가 뜨는 곳.

傳說에서 해가 부상 아래에서 나와 가지를 스치고 떠오른다 하여 이르는 말. 해가 부상의 나무에 떠오를 때 金鷄가 울면 천하의 닭이 모두 따라 울어 새벽을 알린다고 한다. 東方의 옛 나라(우리나라·일본).

日出于暘谷 浴于咸池 拂于扶桑 是謂晨明 : 해는 양곡에서 나와 함지에서 목욕하고 부상을 지나가는데, 이를 '신명'이라 이른다.(《淮南子》〈天文訓〉)

富庶(많다 서) : 물자가 풍부하고 인구가 많음. 물산이 풍부함.

冉有曰 旣庶矣 又何加焉 曰富之 : 염유가 말하기를 "이미 백성이 많아졌으면 또 무엇을 더해야 합니까?"하니, 공자가 "그들을 부유하게 해야 한다."라 하였다.《論語》〈子路〉)

負乘 = 負乘致寇 : 등에 짐. 말이나 수레에 탐.

비천한 사람이 남의 재물을 등에 지고 큰 수레에 타고 있으면 강도를 불러들이게 됨. 【轉義】 재능이 부족한데도 높은 자리에 있으면 화를 당하게 됨.

負且乘 致寇至 貞吝 : 짐을 등에 진 미천한 사람이 군자가 타야 할 수레를 탔는지라, 도둑이 눈치를 채고 뺏으려고 오니, 마음이 곧더라도 부끄러움을 당하리라.(《周易》 解卦)

＊負乘斯奪 : 비천한 자가 군자의 수레를 타면 도둑이 빼앗을 생각을 함. 【轉義】 직책이 분수에 맞지 않으면 화를 부름.

賦詩 : 붓. 시를 읊음. 시를 지음.

酣觴賦詩 以樂其志 : 술에 취해[133] 시를 지어 그 뜻을 즐기다.(陶淵明, 〈五柳先生傳〉)

＊刻燭賦詩 = 刻燭爲詩 : 초에 눈금을 새겨서 시간을 정해 놓고, 그 눈금이 타기 전까지 詩를 짓는 일. 速作을 시험하는데 이용된다.

＊橫槊賦詩(창 삭) : 戰場에서 창을 비스듬히 잡고 시를 읊음 【轉義】 文武에 능하며 호방하고 시원스러운 風度를 형용하는 말.

俛仰(숙이다 부, 우러르다 앙) : 고개를 숙이거나 쳐듦. 몸을 움직거림. 오르거나 내림. 대응함. 잠깐의 시간.

俛仰之間 已爲陳迹 : 내려다보고 올려다보는 사이에 벌써 과거의 일이 되고 만다.(王羲之, 〈三月三日蘭亭詩序〉)

俯仰 : 굽어보고 쳐다봄. 起居·動作을 이르는 말. 세속의 흐름에 적당히 따름. 마음속으로 깊이 생각함.

【轉義】 순식간. 가족을 부양함.

卜居屛山下 俯仰三十秋 : 병산 아래에 집터를 잡고, 생활한 지 삼십 년.(朱熹, 〈卜居〉)

---

133 酣觴(취하다 감, 술잔 상) : 술을 마음껏 마심. 술에 빠짐.

*俯仰隨人 : 모든 행동을 남이 하는 대로 따름.

*與世俯仰 = 與世浮沈. 與世偃仰. 與世沈浮. 與時俯仰. 與時浮沈 : 세태가 변하는 대로 따라 변함. 세속에 부화함.

負罪 : 죄를 지음. 부끄러움.

道傳雖負罪深重 自今至未死之日 而得優遊暇食 羅人之賜不旣多乎 : 도전이 비록 죄를 진 것이 몹시 중하지만, 지금부터 내 생애가 끝날 때까지 편안히 살고[134] 여유 있게 먹을 수 있게 된 것은 나주 사람들의 은혜가 많은 것이 아니겠는가?(鄭道傳, 〈登羅州東樓 諭父老書〉)

不振 : 떨치어 일어나지 못함(흥성하지 않음). 구제할 수 없음.

其所爲詩絶無窮態 竟不振 何哉 : 그가 지은 시에서는 전혀 곤궁한 모습이 없는데, 끝내 떨치지 못했으니, 무슨 까닭인가?(《霽湖詩話》)

*萎靡不振 = 委靡不振 : 시들고 약해져서 떨치고 일어나지 못함.

浮沈 : 물속이나 공중에서 떠올랐다 내려앉았다 함. 물결을 따라 흐름(세속의 흐름을 따라 적당히 처신함).

성공과 실패. 파묻혀 지냄(몰락함). 나타났다 사라졌다 함. 편지가 전해지지 않음. 晉나라 殷羨가 부탁받은 편지 1백여 통을 물에 던지면서 '뜰 것은 뜨고 가라앉을 것은 가라앉으라'고 말한 고사에서 유래.

君若淸路塵 妾若濁水泥 浮沈各異勢 會合何時 : 그대는 맑

134 優遊 : 한가로이 지냄.

은 길의 먼지 같은데, 첩은 흐린 물속 진흙[135]과 같네. 떴다 내려앉음이 각자 형세 다르거니와, 회합함이 그 어느 때 있을 것인가?(魏 曹植, 〈七哀〉)

＊浮沈消長 : 떴다가 가라앉거나 사라졌다 자라났다 함. 【轉義】 가치나 세력 따위가 일어났다 사라졌다 함.

奔競 = **奔趨競利** : 분주히 권세가의 집을 쫓아다니며 名利를 다투는 것을 말함.

懲其吏員之奔競 : 吏員[136]이 정신없이 경쟁하며 이익을 추구하는 것에 거울로 삼다.(李穀, 〈賀崔寺丞登第詩序〉)

ㅂ

奮厲(힘쓰다 려) = **奮勵** : 힘을 냄. 떨쳐 일어남. 격분하는 모양.

今之日 宜各奮勵決勝 以報國恩 : 오늘, 마땅히 각자 힘써 싸워 승리함으로써,[137] 나라의 은혜에 보답하자.(《三國史記》)

留宿 = **留舍** : 머물러 묵음.

至骨火川留宿 : 骨火川[138]에 도착하여 자게 되었다.(《三國史記》)

家極貧 衣百結若懸鶉 : 집이 아주 가난하여, 옷을 백 군데나 기워서 마치 메추리를 매단 것 같았다.(《三國史記》)

＊**懸鶉百結** : 옷이 해어져 너덜너덜함을 형용하는 말.

＊**食藿懸鶉**(콩잎 곽) : 콩잎을 먹고 메추라기 털과 같은 누더기 옷을 입음(생활이 곤궁함).

---

135 濁水泥 : 흐린 물속의 진흙. 남녀 간에 서로 만날 기약이 없는 것.

136 吏員 : 大小官員의 통칭. 지방 관아에 딸린 衙前.

137 決勝 : 승리를 거둠. 승부를 결정함.

138 骨化川 : 지금의 경상북도 永川市 지역에 있던 시내의 이름이다.

奔問(달리다 분) : 달려가서 문안이나 위문을 드림.

天子蒙塵于外 敢不<u>奔問</u>官守 : 천자가 밖에서 몽진하고 계시니, 감히 달려가 관수[139]에게 문안하지 않을 수 있겠습니까?(《春秋左氏傳》)

分付(주다 부) : 아랫사람에게 내리는 명령(명령함). 여러 사람에게 할당하여 시킴(말로 시키는 것).

付託함. 건네줌. 처리함. 드러냄. 설명함.

景趣久來描不得 風光<u>分付</u>釣翁知 : 오래도록 자연의 풍취[140] 그려 내지 못하니, 풍광을 낚시하는 노인에게 건네주네.(申用漑, 〈登烏石岡〉)

奔喪 = 奔訃. 奔赴. 奔哀 : 타향에서 군주·부모의 訃音을 듣고 급히 돌아가는 일.

忠宣王 自元<u>奔喪</u> : 충선왕이 원나라로부터 급히 귀국하다.(《群豹一班錄》)

紛擾(어지럽다 분, 시끄럽다 요) : 난리로 어지러워짐. 어수선하고 소란스러움.

急遽<u>紛擾</u>之間 : 급작스럽고 소란스러운 때다.(《遣閑雜錄》)

奔走(달리다 분) : 급히 달림. 어떠한 목적을 위하여 바쁘게 일함. 도망함. 권력에 빌붙음. 명령하여 부림.

---

139 官守 : 관리의 직책. 신하. 官吏.

140 景趣 : 아름다운 경치로 인하여 일어나는 情趣.

伺候於公卿之門 奔走於形勢之途 : 공경의 집을 찾아다니고[141] 벼슬길에 바쁘다.(韓愈, 〈送李愿歸盤谷序〉)

紛華(많다 분) = 紛奢 : 번화함. 화려함.

出見紛華盛麗而說 入聞夫子之道而樂 二者心戰 未能自決 : 〈子夏가 말하였다.〉 "밖에 나가서는 번화하고 화려한 것들을 보고 기뻐하고, 들어와서는 선생님의 도를 듣고 즐거워하여, 이 두 가지가 마음속에서 서로 싸워서 스스로 결단할 수가 없다."(《史記》〈禮書〉)

ㅂ

不居 : 거주하지 않음. 머물러 있지 않음. 차지하지 않음.

歲月不居 時節如流 五十之年 忽焉已至 公爲始滿 融又過二 : 〈孔融이 승상 曹操에게 편지를 보내〉 "덧없는 세월이 물처럼 흘러가, 50의 나이가 어느덧 닥쳐와, 공은 이제 막 50을 채우셨고 나 역시 거기에 두 살을 더 먹었습니다."(《三國志》〈孫韶傳〉)

*日月不居 : 해와 달이 머물러 있지 않음(시간이 흘러감).

*變動不居 : 사물이 끊임없이 변화하여 고정된 형태가 없음.

不拘 : 구애받지 않음. 빼앗지 않음. 【白】 막론하고. 상관하지 않고.

林白湖悌 氣豪不拘檢 : 백호 임제는 기상이 호방하여 법도에 얽매이지 않았다.(《星湖僿說》)

*不拘小節 = 不拘細節. 不拘細行. 不修小節 : 작은 일이나 사소한 예절 따위에 구애받지 않음.

不軌(따르다 궤) : 반역을 도모함. 법도를 벗어남.

雖有狡猾之民 無離上之心 則不軌之臣無以飾其智 而暴亂

141 伺候 : 웃어른을 찾아뵙고 문안을 드림.

之奸弭矣：비록 교활한 백성이 있더라도 주상을 떠난[142] 마음이 없다면, 반역을 도모한 신하가 그 간사한 지혜를 꾸밀 길이 없어서 포란의 간사함이 그쳐집니다.(漢 賈誼, 〈過秦論〉)

＊**謀圖不軌** = **謀爲不軌**：위법·반역 따위의 일을 도모함.

不起：생기지 않음. 발생하지 않음. 군대를 출동하지 않음. 일어나려 하지 않음. 병이 낫지 않음. 벼슬길에 나가지 않음.

山有猛獸 藜藿爲之不采 國有忠臣 奸邪爲之<u>不起</u>：산에 맹수가 있으면 명아주나 콩잎을 따지 못하고, 나라에 충신이 있으면 간사한 자들이 일어나지 못한다.(《漢書》〈蓋寬饒傳〉)

不佞(재주 녕)：말주변이 없음. 재주가 없음. 자기를 謙辭하여 이르는 말.

不撓(굴복하다 뇨) = **不橈**：흔들리지 않음.

德雨以特立<u>不撓</u>聞於世：德雨(朴潰)는 지조를 지키고[143] 굽히지 않기로 세상에 이름난 사람이다.(申翊聖, 〈懦軒說〉)

＊**不撓不折** = **不撓不屈**：뜻이 흔들리거나 꺾이지 않음(지조가 굳고 의지가 강함).

＊**百折不撓** = **百折. 百折不屈. 百折不挫. 百折不摧. 百折不回**：백 번 꺾이어도 굽히지 않음. 어떠한 난관에도 굴하지 아니함.

不料：헤아리지 못함(=不量). 예측하지 못함.

---

142 **離上**：임금을 등지고 떠남.

143 **特立**：확고한 의지와 지조가 있음.

自笑平生志氣饒 不料今日此蕭條:내 평소에 志氣가 넘치는 것을 비웃었더니, 오늘날 이다지 처량한 신세[144] 될 줄 몰랐다.(鄭蘊, 〈次聖求韻〉)

不謀而同 = **不謀而合. 不謀同辭**:사전에 의논을 하지 않았는데도 견해가 일치함.

宜近民 不謀而同:백성을 가까이하는 직[145]에 합당하다고 미리 의논한 것도 아닌데 견해가 일치하였다.(鄭道傳, 〈送宋判官赴任漢陽詩序〉)

ㅂ

不妨:무방함(상관없음). 뜻밖의. 대단히.

蘇氏文辭偉麗 近世無匹 若欲作文 自不妨模範:소씨의 위려한 문장은 근세에 필적할 자가 없으니 만약 글을 지으려면 모범으로 삼아도 자연 무방하다.(朱熹, 〈答程允夫書〉)

報本 = **報本反始**:은혜의 갚음을 생각하여 근본을 잊지 않는 일.

孔氏之廟 籩豆之事 則有司存 不敢干以私 蓋報本而已:공씨의 사당의 경우는 변두에 관한 일이라면,[146] 전담하는 관원이 별도로 있는 만큼 감히 사적으로 청탁할 수가 없으니, 이는 대개 본원을 잊지 않고 은혜에 보답하려는 목적으로 올리는 제사이기 때문이다.(李穀, 〈興王寺重修興教院落成會記〉)

---

144 **蕭條**(쓸쓸하다 소, 가늘고 길다 조):적막함. 쇠퇴함(초라함. 야윔). 한가롭게 노닒. 흩어짐. 결핍됨.

145 **近民**:郡守.

146 **籩豆之事** 則有司存:《논어》에 "변두에 관한 일이라면, 전담하는 관원이 별도로 있다.〔籩豆之事 則有司存焉〕"라는 뜻으로, 曾子가 孟敬子에게 충고해 준 말이 있다. **籩豆之事**는 竹器와 木器로 된 제기를 진설하는 등의 제사에 관한 일을 말한다.

*追遠報本 : 조상의 덕을 생각하여 제사에 정성을 다하고 자기가 태어난 근본을 잊지 않고 은혜를 갚음.

不屑(마음에 두다 설) : 개의치 않음. 할 만한 것이 못된다고 여김. 하찮게 여겨 마음에 두지 아니함.

教亦多術矣 予不屑之教誨也者 是亦教誨而已矣 : 사람을 가르치는 데에도 방도가 많으니, 내가 탐탁지 않게 여기는 태도를 보이는 가르침도 이 또한 가르침일 뿐이다.(《孟子》〈告子 下〉)

*不屑之教誨 : 달갑게 여기지 않는 가르침. 그 사람의 태도가 좋지 않아서 친절하게 가르쳐주지 않고, 거절함으로서 스스로 분별하도록 하는 가르침.

不翅(뿐 시) : ~뿐만이 아님(=不啻. 不適). 너무 많음. 날개를 펴지 않음.

心多不翅百車餘 日夕如麻未易虛 : 마음은 갈래가 많아 백 수레도 넘을 뿐만이 아니니, 밤낮으로 삼처럼 얽혀 비우기가 쉽지 않네.(宋時烈, 〈次權思誠寄示韻〉)

不揚 : 손상되지 않음. 발산하지 못함. 振作되지 않음. 용모가 준수하지 않음.

不揚之貌 又何寫爲 : 못난 내 얼굴, 그려 두면 무엇하나?(李齊賢, 〈益齋眞自贊〉)

*其貌不揚 : 사람의 용모가 뛰어나지 못함. 생김새가 평범하거나 못생김.

*海不揚波 : 바다에 파도가 일지 않는다. 【轉義】 임금의 善政으로 백성이 편안함. 周나라 成王 때 周公이 攝政하여 천하

가 태평해지자, 越裳氏가 交趾 남쪽에서 세 번의 重譯을 통해 와서 주공에게 白雉를 바치며, "저희가 우리나라 장로들의 말을 듣건대, '하늘에는 거센 바람과 궂은비가 없고 바다에는 큰 파도가 일어나지 않은 지 3년이 되었다. 이는 아마도 중국에 성인이 계시기 때문일 것이다.' 하였습니다.(吾受命國之黃耇 天無烈風淫雨 海不揚波 三年矣 意者中國有聖人乎)"라고 하자, 주공이 그들을 성왕에게 보내고 그 백치를 종묘에 올렸다는 고사에서 온 것이다.(《十八史略》)

ㅂ

不容 : 몸 둘 바를 몰라 함. 허락할 수 없음. 세상에 쓰이지 못하고 버림을 받음(너그러이 받아들이지 못함). 벗어나기 어려움.

~할 수 없다(=不能).

入公門 鞠躬如也 如<u>不容</u> : 대궐의 문[147]에 들어가실 적에는 몸을 굽히어 받아들이지 못하는 듯이 하셨다.(《論語》〈鄕黨〉).

***罪不容誅 = 罪不勝誅** : 誅殺을 당하고도 부족할 만큼 죄가 큼.

***間不容髮** : 머리카락 하나 들어갈 틈도 없음. 빈틈없이 빽빽하거나 매우 정밀함. **【轉義】** 사태가 매우 긴박하고 위급함.

***談不容口** : 침이 마르도록 칭찬함.

不遇 = 不偶. 不耦. 不諧 : 때를 만나지 못함. 세상에서 알아주지 않음.

吾之不遇魯侯 天也 臧氏之子焉能使予<u>不遇</u>哉 : 내가 노나라 임금을 만나지 못한 건 하늘의 뜻인 것이다. 장씨의 아들이 어찌 나로 하여금 〈임금을〉 못 만나게 할 수 있겠느냐?(《孟子》

---

147 公門 : 대궐의 外門. 관아.

〈梁惠王 下〉)

*懷才不遇 : 재능이 있으면서도 그 재능을 펼칠 기회를 만나지 못함.

*遇不遇 : 時運을 만남과 만나지 못함.

不違 : 어기지 않음. 멀지 않음. 그만두지 않음. 부합함.

回也 其心三月<u>不違</u>仁 : 顔回는 그 마음이 석 달을 인을 어기지 않는다.(《論語》〈雍也〉)

拂衣(떨치다 불) : 옷을 털고 일어나 돌아감(隱退함). 옷자락을 휘날림. **【轉義】** 매우 흥분되거나 격분해 하는 모양.

吏情更覺滄洲遠 老大徒傷未<u>拂衣</u> : 벼슬아치의 정 창주[148]가 멂을 새삼 깨달으니, 나이 먹음[149]에 옷 털고 일어나지 못함을 슬퍼하네.(杜甫, 〈曲江對酒〉)

不貳 : 두 마음을 갖지 아니함. 마음이 변치 아니함(=不二). 두 번 하지 아니함. 되풀이 하지 아니함.

같음. 차이가 없음. 어그러짐이 없음.

*不遷怒不貳過 : 이쪽에서 성낸 마음을 저쪽에 옮겨 성내지 아니하고, 한 번 저지른 잘못을 거듭 범하지 아니함.

*誓死不貳 : 죽어도 두 가지 마음을 갖지 않을 것을 맹세함.

*言行不貳 : 말과 행실이 서로 어긋나지 않음(언행이 一致).

---

148 **滄洲** : 물가(隱士의 거처). 魏나라 阮籍의, 〈爲鄭沖勸晉王箋〉에 "창주에 가서 지백에게 인사하고 기산에 올라가 허유에게 읍한다.〔臨滄洲而謝支伯 登箕山以揖許由〕"라는 구절이 있다.

149 **老大** : 나이가 많음.

不日 : 며칠 안에(=無日). 날로써 셀 수 없음(期間이 긴 것). 해가 보이지 않음(날이 흐려서 볕이 나지 않음). 날짜를 쓰지 아니함.

經始靈臺 經之營之 庶民攻之 不日成之 : 영대를 짓기 시작하여 공사를 벌이니, 서민들이 와서 일하는지라 하루도 못 되어 완공하였도다.(《詩經》〈靈臺〉)

*不終日而畢 : 하루가 되지 않아서 마치다.(白居易, 〈養竹記〉)

*不日送之 : 며칠 안으로 곧 보냄.

不日督捧 = 不日督刷 : 세납 따위를 독촉하여 지체 없이 거두어들임.

ㅂ

不着 : 【白】 ~할 수 없다. ~하지 못하다. 동사와 같은 서술어 뒤에 붙어서 목적을 이루지 못함을 나타낸다.

夜長不着睡 苦吟如怨歌 : 긴긴 밤에 잠 이루지 못하고서는, 시 읊으매 원망하는 노래 같구나.(金尙憲, 〈雜詠十首 答曹侍御〉)

不肖(닮다 초) : 서로 닮지 않음. 자식이 어버이를 닮지 아니함(不孝한 자손).

【轉義】 재능이 없는 사람. 소임을 감당하지 못하는 사람. 어리석은 사람(자기를 겸사).

居下位 不以賢事不肖者 伯夷也 : 낮은 지위에 있으면서 어짊으로써 어질지 못한 이를 섬기지 않은 이는 백이였다.(《孟子》〈告子 下〉)

不遑(겨를 황) = **不皇. 不偟** : 겨를이 없음. 여유가 없음.

*不遑暇食 = 不遑 : 밥 먹을 겨를이 없음. 몹시 긴장되거나 일이 바빠서 애쓰는 것.

*不遑啓處: 집 안에서 편히 쉴 틈이 없음.

不朽(썩다 후) = **不腐**: 썩어 없어지지 아니함. 영구히 傳함.

蓋文章經國之大業 <u>不朽</u>之盛事: 대개 문장은 경국의 큰일이요, 영원히 썩지 않는 성대한 일이다.(三國時代 魏 曹丕, 〈典論論文〉)

***永垂不朽**: 영원히 전해져 없어지지 아니함. 이름·事迹·제도·정신 따위가 오래 전하여 내려감.

***死且不朽**: 名聲이나 功業이 영원히 없어지지 않음. 죽을 때까지 잊지 못함. 죽더라도 썩어 없어지지 아니함.

三不朽 = 三立: 세 가지의 영원히 없어지지 아니하는 일. 立德·立功·立言을 가리킨다.

ㅂ

備具 = **備完. 備體. 備該. 完備. 具備**: 완전하게 갖춤. 빠짐없이 갖춤.

言辭動止猶未<u>備具</u>: 말과 행동이 여전히 아직 완전히 갖추지 못하였다. 익숙하지 못하다.(《三國遺事》)

匪躬: 자신의 몸을 돌보지 아니함(一身의 이해를 초월함).

王臣蹇蹇 <u>匪躬</u>之故: 왕의 신하가 충성을 다 바치려고 하는[150] 것은 자신의 몸 때문 아니다.(《周易》 蹇卦)

***匪躬之節**: 자기 개인의 利害를 돌아보지 아니하고 오로지 나라에 충성을 다하는 지조.

***蹇蹇匪躬**: 충직하여 자신의 몸을 돌보지 아니함. 임금과 나라를 위하여 충직하게 直諫함.

比年: 매년. 近年.

---

150 **蹇蹇**(충직하다 건): 충직한 모양.

比年入學 : 매년 학교에 들어가다.(《禮記》〈學記〉)

比隣 = 隣比 : 이웃.

隣比亦不得見其面者 數年矣 : 이웃조차도 그의 얼굴을 못 본 지가, 여러 해 되었다.(申光漢, 〈書齋夜會錄〉)

費辭(쓰다 비) : 말을 많이 함. 쓸데없는 말.

無乃傷于德而費於辭乎 : 덕을 손상하고 말을 너무 많이 하는 것이 아니겠는가?[151](韓愈, 〈爭臣論〉)

否泰 : 《周易》의 두 掛 이름.

천지가 어우러지고 모든 사물이 제 갈 길을 잘 가는 것이 泰이고, 천지가 서로 막히고 사물이 뜻을 펴지 못하는 것이 否의 뜻으로, 세상의 盛衰나 또는 운명의 순탄과 역경을 이른다.

人才如此其不齊也 一否一泰一進一退如此其不一也 : 사람의 재질이란 이처럼 일정하지 않고, 盛衰와 진퇴의 운세 또한 이처럼 일정하지 않다.(李穀, 〈臣說〉)

氷蘗(황벽나무 벽) : 얼음물을 마시고 황벽나무를 식용으로 함. 淸苦한 생활을 하며 節操를 지키는 것.

三年爲刺史 飮氷復食蘗 : 3년 동안 자사[152]로 있으면서, 얼음물을 마시고 황벽을 먹었네.(白居易, 〈三年爲刺史〉)

氷壺(항아리 호) : 얼음을 넣은 항아리.

---

151 無乃~乎 : '아마 ~일 것이다', '~이 아닐까?'로, 추측이나 반문을 나타내며 항상 어조사와 호응한다.

152 刺史 = 按使. 巡使. 巡相 : 觀察使.

【轉義】아주 깨끗하고 맑은 마음.

布衫漆黑手如龜 未害冰壺貯秋月 : 베적삼은 옻칠처럼 까맣고 손도 거북이처럼 까맣지만, 마음은 빙호에 가을 달 담겼으니 해될 것이 없다오.(蘇軾, 〈贈潘谷〉)

*冰壺秋月 : 얼음을 넣은 항아리와 가을 달. 【轉義】 청렴하고 결백한 마음.

〈ㅅ〉

辭去 : 작별을 고하고 떠나감. 죽음을 완곡하게 이르는 말(=捐背. 捐館. 謝世. 長往).

及秋 將辭去 : 가을이 되어 장차 떠나려 하였다.(韓愈, 〈與孟東野書〉)

四境 = **四邊. 四封** : 사방의 國境. 온 나라.

鷄鳴狗吠相聞而達乎四境 : 닭 우는 소리와 개 짖는 소리가 서로 들려서 사방 국경에 이른다.(《孟子》〈公孫丑 上〉)

使君 : 임금의 命을 받들고 외국에 나간 使臣의 존칭. 漢나라 때 지방 장관인 太守·牧使·刺史 등을 이르는 말.

拱北危樓作者誰 使君文彩想當時 : 높다란 拱北樓를 세운 이는 누구인가? 당시 수령의 아름다운 풍채를 상상해 보네.(閔思平, 〈題光陽樓〉)

惟時宋使君 堅壁守忠節 당시 사또 宋象賢께서, 성벽을 굳게 하고 충절을 지키셨네.(李安訥, 〈四月十五日〉)

思量:志趣와 器量. 헤아려봄. 그리워함. 생각.

性慈詳 能有<u>思量</u>:성품이 자상하고 헤아림이 깊다.(丁若鏞, 〈寄二兒〉)

肆力(부지런히 힘쓰다 사):있는 힘을 다함. 진력함.

發憤<u>肆力</u> 躬執耒鎛:발분[153]하여 있는 힘을 다해, 호미와 가래를 직접 손에 들었네.(任聖周, 〈祭韓汝能文〉)

辭令:임명장·해임장(=辭令書. 辭令狀. 辭狀). 응대하는 말(=辭命). 말·글.

有襲其傳 <u>辭令</u>儀章:선대의 家業을 잘 계승하여, 文章과 威儀가 훌륭하셨습니다.(李玄逸, 〈祭陶窩朴公文〉)

ㅅ

辭免:면직을 청함.

玆敢自載病軀 拜章闕下 陳乞<u>辭免</u>而已:이에 감히 스스로 병든 몸을 이끌고 대궐 아래에서 글을 올려[154] 辭免을 거듭 바라는 것일 뿐입니다.(李廷龜, 〈第三疏〉)

辭命 = 詞命:임금의 말이나 명령. 왕명으로 작성하는 외교 문서 등의 국가 문서.

사신이 명을 받아 외교적인 일을 할 때 하는 말.

古未有以文名 始於鄭之<u>辭命</u> 加草創討論修飾潤色之功 而致

---

153 **發憤**(성내다 분):열중하여 노력함. 몸과 마음을 다하여 애를 씀. 분발하여 떨쳐 일어남. 불만을 터뜨림. 원한을 품음. 분개함.

154 **拜章**:위로와 표창을 감사히 받음. 군주에게 올리는 上奏文(상주문)을 올림.

其美: 옛날에는 '文'이라는 이름이 없었는데, 鄭나라의 외교 문서부터 시작하여, 草創과 토론과 修飾과 潤色[155]의 공을 더하여, 아름다움을 극진히 하게 되었다.(王性淳, 〈麗韓十家文序〉)

斯文: 禮樂敎化와 典章制度. 文學(文人). 儒學者의 존칭.

【白】 고상하고 우아함.

文王旣沒 文不在玆乎 天之將喪斯文也 後死者不得與於斯文也 天之未喪斯文也 匡人其如予何: 〈공자가 일찍이 광에서 포위를 당했을 때 이르기를〉 "문왕이 이미 돌아가셨으니, 도가 나에게 있지 않느냐? 하늘이 禮樂敎化와 典章制度를 장차 없앨 작정이면 문왕의 뒤에 죽을 내가 禮樂敎化와 典章制度에 참여하지 못했을 테지만, 하늘이 禮樂敎化와 典章制度를 없애려 하지 않으시니, 광 사람이 나에게 어찌하겠느냐?"(《論語》〈子罕〉)

＊斯文掃地: 선비나 文人이 남아 있지 않음(文化나 文人이 존중받지 못함).

死士: 죽음을 각오한 군사. 죽음을 두려워하지 않는 용감한 군사.

簡死士五千人拒之: 죽음을 각오한 군사 5,000명을 뽑아 이를 막고자 하였다.(《三國史記》)

---

155 **草創討論修飾潤色**: 춘추시대에 鄭나라에서 국가의 辭命을 지을 때, 여러 대부들이 돌아가면서 역할을 맡아 상세하고 정밀함을 다하는 것을 두고, 공자가 말하기를 "외교 문서를 작성하는 데 있어서는, 비심이 초고를 만들고, 세숙이 이것을 토론하고, 행인인 자우가 이를 수식하고, 동리의 자산이 이를 윤색하였다.〔爲命 裨諶草創之 世叔討論之 行人子羽修飾之 東里子産潤色之〕"라 하였다.(《論語》〈憲問〉)

人

辭謝 : 사양하며 거절함. 사과함. 감사의 말을 함. 작별을 고함.

里中父老迭相邀 醉飽何曾更辭謝 : 마을 안 노인들이 번갈아 서로 초청하니, 취하고 배부르다고 어찌[156] 다시 사양하며 거절하겠는가?(李穡, 〈漣州歌〉)

四野 : 사방의 벌판. 사방.

四野盡爲狐兔窟 萬邦猶仰犬羊天 : 사방이 모두가 여우 토끼 굴 되었고, 온 나라들 오히려 오랑캐[157] 하늘 우러러보네.(《補閑集》)

四維(벼리 유) : 그물의 네 개의 큰 벼릿줄. 〈《管子》에 나오는〉 禮·義·廉·恥의 네 가지 德目.

사방. 사방의 변경. 동·서·남·북의 間方(남동·남서·북동·북서).

管子曰 禮義廉恥是謂四維 四維不張 國乃滅亡 : 관자는 "禮義廉恥를 四維다."라고 하는데, 사유가 반듯하게 펼쳐지지 않으면 나라가 멸망하고 만다.(《漢書》〈賈誼傳〉)

仕進 : 벼슬길에 나아감. 벼슬이 올라감. 벼슬을 하여 功名을 추구함. 출근함.

一時之輩 相招仕進 : 온 세상 사람들이 서로 초빙되어 벼슬길에 나가다.(鄭道傳, 〈讀東亭陶詩後序〉)

寫眞 : 사람의 얼굴을 그림. 초상화. 사실처럼 그려 냄.

公生時公友人有李杞者 亦一段奇人也 尤善寫眞 : 公(尙書 嚴

---

156 **何曾** : 어찌(曾=何). 무엇 때문에. 어찌 그럴 수가 있느냐. 언제(=何嘗).

157 **犬羊** : 개와 양. 개와 양. 포로나 죄수처럼 마음대로 유린할 수 있는 대상. 外敵을 경멸하는 말.

君)이 살아계실 때, 공의 友人 李杞라는 사람이 있었는데, 역시 한 명[158]의 奇人이었으며, 더욱이 초상화를 잘 그렸다.(李奎報, 〈與朴侍御犀書〉)

辭朝: 지방의 守令이 부임하기 위하여 서울을 떠날 때 임금에게 하직함. 조정을 하직함.

時堤上聞此言 再拜辭朝: 이때 朴堤上은 이 말을 듣고 두 번 절하여 임금에게 하직하다.(《三國遺事》)

事體: 일의 도리. 체통. 정황.

其不知事體之甚也: 그 일의 정황을 알지 못함이 심하도다.(徐居正《筆苑雜記》)

詞翰(붓 한): 詩文(詞章). 書札. 詩文과 書法.

未遑於詞翰: 문장을 일삼을 겨를이 없다.[159](李廷龜, 〈象村集序〉)

＊**詞翰客**: 詞章에 종사하는 文士.

伺候(엿보다 사, 살피다 후): 망을 봄. 적의 동정을 살핌. 남모르게 가만히 살핌. 웃어른을 찾아뵙고 문안을 드림.

【白】 시중을 듦·미리 마련하여 두고 기다림·하인.

不善伺候放蕩: 권세 있는 자의 집에 드나듦과 방탕[160]을 옳게 여기지 않았다.(《東賢事略》)

詞華: 文彩(문사가 화려함). 말재주.

---

158 **一段**(가지 단): 한 토막. 한 부분.

159 **未遑**(겨를 황) = **未皇**: 아직 돌볼 경황이 없음. 겨를이 없음.

160 **放蕩**: 얽매임 없이 멋대로임. 구속되지 않고 자유분방함.

ㅅ

功名著在方冊 而<u>詞華</u>則不傳 : 功名은 역사[161]에 드러났으나 문장은 전해지지 않다.(李廷龜, 〈象村集序〉)

辭陛(섬돌 폐) : 지방으로 떠나는 신하가 임금에게 하직 인사를 함.

及北兵使<u>辭陛</u> : 北兵使[162]가 임금에게 하직 인사를 함에 이르다.(李裕元, 〈東人論詩〉)

朔望 : 朔日(초하루)과 望日(보름). 매달 초하룻날과 보름날에 朝見하거나 제사지내는 예.

違遠墳墓 不得親<u>朔望</u>之祭 : 〈부모의〉 분묘가 멀어, 朔望에 제사를 친히 지낼 수 없다.(鄭道傳, 〈送宋判官赴任漢陽詩序〉)

＊朔望奠(제사 전) = **朔望祭** : 喪中에 있는 집에서 죽은 이에게 다달이 초하루와 보름날 아침에 간단히 차리어 지내는 祭奠.

人

散逸(잃다 일) : 이리저리 흩어짐(산실됨). 은거하여 한가하고 자유로움. 매우 뛰어남.

此豈天不使我慈闈手筆 終至於<u>散逸</u>埋沒之地耶 : 이것이 어찌 하늘이 우리 어머니의 친필로 하여금 끝내 흩어지고 땅속에 묻혀버리는 지경에까지는 이르게 하지 않으려고 한 것이 아닐까?(趙泰億, 〈諺書西周演義跋〉)

三徑 = 三逕 : 뜰 안에 있는 세 길. 隱遁者의 집. 漢나라 때 蔣詡가 뜰에 세 길을 만들고 松·菊·竹을 심은 故事에서 유래.

---

161 **方冊** = **方策** : 목판과 竹簡(典籍).

162 **北兵使** = **北閫. 北闕節度使, 北道兵使** : 咸鏡道 鏡城에 두었던 兵馬節度使.

<u>三逕</u>**就荒 松菊猶存** : 세 오솔길은 황폐해졌으나 소나무와 국화는 그대로 남아 있다.(陶潛, 〈歸去來辭〉)

三復 : 세 번 되풀이함(여러 번 반복함).

南容<u>三復</u>白圭 孔子以其兄之子妻之 : 남용이, 〈백규〉를 여러 번 반복해 외우자 공자가 형의 딸을 그에게 시집보냈다.(《論語》 〈先進〉)

***三復白圭** : 《詩經》의 〈白圭〉편을 세 번 되풀이하여 읽음(孔子의 제자 南宮縚의 故事. 言行을 조심함).

參商 : 參星과 商星. 삼성은 서쪽, 商星은 동쪽에 있으면서 한 쪽별이 뜨면 다른 별이 사라져 영원히 서로 보지 못함.

서로 대립하여 화목하지 못함. 절친한 친구가 떨어져 있어 서로 만날 수 없음. 차이·거리가 있음.

干戈滿天地 妻子各<u>參商</u> : 창과 방패[163]가 하늘과 땅에 가득한 때, 아내와 자식이 각자 떨어져 있다네.(崔岦, 〈奉別接伴使南令公東歸〉)

三才 : 세 가지 技藝. 하늘·땅·사람(=三極. 三靈. 三元. 三儀. 三材).

立天之道曰陰與陽 立地之道曰柔與剛 立人之道曰仁與義 兼三才而兩之 故易六畫而成卦 : 하늘의 도를 세워서 음과 양이라고 하고, 땅의 도리를 세워서 유와 강이라고 하고, 사람의 도를 세워서 인과 의라고 한다. 이 천지인 삼재를 합쳐서 둘로 하였기 때문에 역의 괘가 육획으로 이루어진 것이

163 干戈 : 방패와 창(무기의 총칭). 전쟁. 군대.

다.(《周易》〈說卦傳〉)

三歎 = 三嘆:여러 번 한탄함. 여러 번 감탄함.

清廟之瑟 朱絃而疏越 壹倡而三歎 有遺音者矣:종묘[164]의 비파는 붉은 줄[165]에 넓은 구멍을 밑바닥에 뚫었으며,[166] 한 사람이 연주를 하면 세 사람이 따라서 감탄하는데, 남긴 소리가 있는 것이다.(《禮記》〈樂記〉)

＊一倡三歎:훌륭한 음악이나 詩文을 칭찬하는 말. 한 사람이 먼저 부르면 세 사람이 화답함.

桑間:河南省 濮水 근처에 있는 고을 이름. 옛날 衛나라의 땅으로, 淫風이 유행한 곳임.

ㅅ

【轉義】 음란한 노래. 남녀가 밀회하는 곳.

鄭衛桑間昭虞象武者 異國之樂也:정·위의 상간[167]과 소우[168]와 상무[169]는 다른 나라 음악입니다.(李斯, 〈上秦皇逐客書〉)

＊桑間濮上:濮水 상류의 桑間 지방. 음란한 음악이 성행하였던 곳으로, 뒤에 음란한 음악을 이르는 말로 쓰였다.

---

164 清廟:왕의 종묘.

165 朱絃:종묘의 祭享에 쓰이는 琴瑟 등의 악기. 붉은 실로 만들기 때문에 이렇게 부른다.

166 疏越:瑟 밑의 구멍을 소통시켜 소리를 느릿하게 하는 일. 소리가 은은하면서 담긴 뜻이 깊음.

167 桑間:망해가는 나라의 음탕한 노래 이름. 보통은 〈桑間〉과 〈濮上〉을 연이어 놓고 亡國之音을 나타낸다.

168 韶虞:舜임금의 음악 이름.

169 象武:象은 周公이 지은 음악. 武는 周 武王의 음악 이름.

*陌上桑間 : 밭두렁 길과 뽕나무 숲속. 【轉義】 남녀가 은밀히 만나는 장소.

*桑間之音 : 음란한 음악.

相國 = 相臣. 大官. 大臣 : 宰相.

今相國元公嘗爲完山尹 : 지금 정승인 元斗杓가 全州府尹이 되다.(許穆, 〈索囊子傳〉)

上達 : 윗사람에게 글이나 말로 아뢰어 알려 드림. 하늘의 이치를 깨우쳐 나아감. 발전함.

신하의 뜻이 임금에게 전달됨. 위에 도달함.

不怨天 不尤人 下學而上達 知我者 其天乎 : 하늘을 원망하지 않으며 사람을 허물하지 않고, 아래로 배워서 위로 통하니, 나를 아는 이는 하늘일 것이다!(《論語》 〈憲問〉)

*下學上達 : 신변의 쉬운 人事를 배워 높고 심오한 天理를 깨달음.

相得(사이좋다 득) : 서로 짝을 이룸. 서로 어울림. 서로 연락함. 회합함.

詩酒皆所嗜 相値兩相得 : 시와 술은 다 즐기는 것이라, 서로 걸맞고[170] 서로 있어야 하네.(李奎報, 〈偶吟〉)

*相得無間 : 서로 뜻이 맞아 틈이 없음.

*相得益章 = 相得益彰 : 서로 어울리고 보완하여 서로의 장점이 더욱 잘 나타남.

ㅅ

170 相値 : 서로 만남. 서로 대등함.

商量:협의함. 일을 의논함. 잘 생각하여 헤아림(짐작함). 준비함. 의견(방법).

歐陽永叔謂 爲文有三多 看多做多商量多也:구양수가 생각하길, 문장을 지음에 있어 三多의 원칙을 주장했으니, 많이 보고 많이 짓고 많이 생각해야 한다는 것이다.(《后山詩話》)

尙論(올라가다 상):위로 古人의 일들을 논하고 따름.

以友天下之善士爲未足 又尙論古之人 頌其詩讀其書 不知其人可乎 是以論其世也 是尙友也:천하의 善士와 벗하는 것을 만족스럽지 못하게 여겨, 또다시 위로 올라가서 옛사람을 논하나니, 그 시를 외우며 그 글을 읽으면서도 그 사람을 알지 못한다면 되겠는가? 이 때문에 그 당세를 논하는 것이니, 이는 위로 올라가서 벗하는 것[171]이다.(《孟子》〈萬章 下〉)

人

桑麻:뽕나무와 삼. 【轉義】 농작물이나 농사일.

自斷此生休問天 杜曲幸有桑麻田:하늘에 묻지 않고 내 삶을 결정했는데, 두곡[172]에는 다행히 뽕밭과 삼밭 있네.(杜甫, 〈曲江〉) 【轉義】 벼슬을 그만두고 田園으로 돌아가 사는 것을 의미한다.

*桑麻之交:뽕나무와 삼나무를 벗 삼아 지내다. 【轉義】 전원에 은거하여 시골 사람들과 사귀며 지냄.

---

171 尙友(올라가다 상):위로 옛 사람과 벗함(故人을 벗으로 삼음). 자기보다 윗길인 사람과 교유함.

172 杜曲:長安 동남쪽에 있는 지명으로, 唐나라 때 명문대가인 杜氏가 대대로 자리 잡아 살던 곳이다.

相望: 서로 바라봄(끊임없이 이어짐을 형용하는 말. 곧 매우 많음을 이른다).

서로 마주함. 서로 떨어진 거리. 재상이 될 만하다는 명망.

隣國相望 雞犬之聲相聞 民至老死不相往來: 이웃 나라가 서로 바라다 보이고 닭과 개의 소리가 서로 들리지만, 백성들은 늙어 죽도록 서로 왕래하지 않는다.(《老子》 80장)

*項背相望: 앞뒤를 서로 돌아봄. 오가는 사람이 끊임없이 이어짐.

*冠蓋相望: 대대로 벼슬이 끊이지 아니함. 使臣이나 高官의 왕래가 끊이지 아니함.

上墓 = 上墳. 上冢. 省墓: 조상의 산소를 찾아가 돌보고 참배함.

尋春院落多遊騎 上墓郊原集亂鴉: 봄을 찾아 동산[173]엔 말 탄 이들 오가고, 성묘 가는 들판엔 떼 까마귀 모였네.(李詹, 〈寒食〉)

*徒不上墓: 刑을 받은 사람은 몸을 더럽혔기 때문에 조상의 墓에 참배하지 못함.

相符(들어맞다 부) = 相孚: 서로 잘 맞음. 서로 부합함.

至於名位 始卒亦略相符: 명성과 지위에 있어서도 그 처음과 끝이 대략 비슷하였다.(申翊聖, 〈芝峯集跋〉)

*名實相符: 이름과 실상이 서로 부합함.

上賓 = 上客. 貴賓: 존귀한 손님. 중요하거나 훌륭한 손님. 하늘의 손님이 됨(임금의 죽음). 【道】 신선이 되어 하늘로 올라감.

今論功而賞 曲突徙薪無恩澤 焦頭爛額爲上客邪: 이제 공을

173 院落(구석 락) = 院子: 뜰.

논의하여 상을 주면서, 굴뚝을 굽히고 땔나무를 옮기라고 한 사람은 은공에 대한 혜택이 없고, 머리를 그을리고 이마를 덴 사람만 윗자리의 손님으로 삼습니까?(《漢書》)

*龍馭上賓 = 龍去鼎湖:제왕이 세상을 떠남. 黃帝가 용을 타고 승천했다는 데서 유래하였다.

上舍:生員·進士에 합격한 사람. 進士. 좋은 저택. 학문하는 사람에 대한 존칭.

辛上舍永禧 有祖父文僖公詩稿:진사 신영희가 그의 할아버지 문희공의 시고를 가지고 있다.(《稗官雜記》)

傷生:목숨을 해침. 살아 있는 사람을 방해함. 살생함. 살아있음을 슬퍼함.

人

毁不滅性 不以死傷生也:喪中에 슬픔으로 몸을 손상할지라도 목숨을 잃는 데 이르지[174] 않게 하니, 이는 죽은 사람 때문에 산 사람을 해치지 않기 위해서이다.(《禮記》)

庠序(학교 상, 서):지방의 관립 학교. 학교의 범칭. 【轉義】침착하고 점잖음.

謹庠序之敎 申之以孝弟之義:학교의 가르침을 삼가서 孝悌의 義로써 거듭하다.(《孟子》〈梁惠王 上〉)

*庠序學校:학교. 夏나라에서는 학교를 校라고 하였고, 殷나라에서는 序라고 하였으며, 周나라에서는 庠이라고 하였다. 學이란 표현은 세 나라가 공통적으로 사용하였다.

---

174 滅性:부모 喪을 당하여 너무 슬퍼한 나머지 목숨을 잃음.

尙友(올라가다 상) : 위로 옛 사람과 벗함(故人을 벗으로 삼음). 자기보다 윗길인 사람과 교유함.

以友天下之善士爲未足 又尙論古之人 頌其詩讀其書 不知其人可乎 是以論其世也 是尙友也 : 천하의 善士와 벗하는 것을 만족스럽지 못하게 여겨, 또다시 위로 올라가서 옛사람을 논하나니,[175] 그 시를 외우며 그 글을 읽으면서도 그 사람을 알지 못한다면 되겠는가? 이 때문에 그 당세를 논하는 것이니, 이는 위로 올라가서 벗하는 것이다.(《孟子》〈萬章 下〉)

＊**讀書尙友** : 책을 읽음으로써 옛날의 현인들과 벗이 될 수 있음.

相左(서로 어긋나다 좌) : 왼손으로 주고받음. 서로 어긋남. 만나지 못함.

或出或處 義不相左 : 벼슬길에 나가거나 물러나거나, 의리에 서로 어긋나지 않았지요.(申欽, 〈祭鄭知事文〉)

相知 : 이해함. 서로 마음을 알아줌. 마음을 알아주는 벗(=知己).

樂莫樂兮新相知 : 즐거움 중에 새롭게 서로 알아주는 것만큼 즐거운 것은 없다.(《楚辭》〈九歌〉)

＊**恨相知晩 = 恨相見晩** : 서로 알게 된 것이 너무 늦었음을 한스러워함. **【轉義】** 친구간에 서로 마음이 맞음.

上天 : 하늘(=上穹. 上帝. 上倉. 上蒼. 上淸. 上玄. 天空). 天帝. 죽음(=上升). 겨울 하늘. 하늘에 오름(=升天).

李白騎鯨飛上天 江南風月閑多年 : 이백이 고래를 타고 하늘

ㅅ

---

175 **尙論**(올라가다 상) : 위로 古人의 일들을 논하고 따름.

에 오르고 나니, 강남의 풍월이 한가해진 지 오래로다.[176](宋 馬存, 〈燕思亭〉)

上下 : 윗사람과 아랫사람(임금과 신하. 어른과 어린아이). 하늘과 땅. 높고 낮음. 오고 감. 서로 엇비슷함. 優劣. 상대함. 쯤.

獨李相國詩 稍可相上下 : 오직 李奎報의 시만이 조금 우열을 논할 수 있을 것이다.(柳夢寅, 〈答崔評事書〉)

相許 : 서로 허용함, 허락함. 칭찬함.

心諾相許 : 마음속으로 허락하여 허용하였다.(《三國史記》)

相好 : 서로 사이가 좋음. 서로 그리워하고 사랑함(戀人).

兄及弟矣 式相好矣 無相猶矣 : 형과 아우들이여, 서로 화목하게 지낼 것이요, 서로 나쁜 점을 닮지 마라.(《詩經》 〈斯干〉)

人

庶幾 : 거의 가까움. 바라건대. 혹시(아마). 다행스러움. 뛰어난 인재.

回其庶幾乎 屢空 : 顔回는 거의 도의 경지에 접근하였다. 그는 자주 쌀독이 비는데도 태연하였다.(《論語》 〈先進〉)

*庶幾乎 : …에 가까움. 아마.

筮仕(점치다 서) : 관직에 나아가기 전에 길흉을 점쳐 봄. 처음으로 관직에 나아감.

仁祖末 始筮仕 : 인조 말년에 처음으로 관직에 나아갔다.(許穆, 〈權正郞墓誌〉)

---

176 多年 : 오랜 세월.

庶乎 = 幾乎 : …에 가까움. 거의 같음.

回也 其庶乎 屢空 : 顔回는 도에 거의 가까우나, 자주 〈쌀독이〉 비었다.[177](《論語》〈先進〉)

庶或 : 혹시. 아마.

庶或有資於徵信 : 아마 신임을 받는데[178] 도움이 될 것 같다.(柳得恭, 〈海東繹史序〉)

釋褐(베옷 갈) : 평민의 옷을 벗음. 처음으로 관직에 임명됨.

科擧에 합격하여 벼슬하게 되면 갈옷을 벗기 때문에 이렇게 말한다.

釋褐登朝 乙酉之春 : 관직에 임명되어 조정에 오름은, 을유년 봄이었습니다.(奇大升, 〈祭鄭校理文〉)

碩輔(크다 석, 돕다 보) : 어질게 보필하는 신하.

天生碩輔 必利其器 : 하늘이 보필하는 신하를 낼 때에는, 반드시 그릇을 날카롭게 한다네.(崔岦, 〈議政府…尹公神道碑銘〉)

釋奠(제사 전) : 예전에 學宮에서 先聖과 先師에게 올리던 祭禮.

每春秋釋奠 始出而陳之以祭 : 매양 봄과 가을의 석전 때에야 비로소 꺼내서 진열하여 제사를 지냈다.(金宗直, 〈安陰縣新創鄕校〉)

先考 = 先大夫. 先夫子. 先公. 先君. 先父. 先人. 亡父 : 자기의 죽은 아버지.

載其先大夫詩只絶句一篇 : 아버지의 시에서는 오직 절구 한

---

177 屢空 : 자주 텅 빔. 늘 빈곤함.

178 徵信 : 신임을 받음. 신용을 얻음.

편만을 실었다.(《稗官雜記》)

先正: 죽은 儒賢. 文廟에 配享된 儒賢. 전대의 훌륭한 신하·賢人.

舊本初出於先正臣李滉門人所記: 舊本은 돌아가신 儒賢 臣 李滉의 門人의 기록에서 비로소 나온 것이다.(宋浚吉, 〈語錄解跋〉)

旋卽(즉시 선): 곧바로(=隨卽).

雨而不雨誰之由 一點二點旋卽休: 비 오려다 안 오는 것은 누구 탓인가? 한두 방울 떨어지다 곧바로 그만일세.(李穡, 〈悶雨歌〉)

雪花 = 雪華: 눈송이. 쌀. 물보라. 흰 새. 흰 꽃.

燕山雪花大如席 片片吹落軒轅臺: 〈漁陽 땅〉 연산의 눈송이가 큰 것은 자리만 한데, 조각조각 나부끼며 헌원대 위로 떨어지네.(李白, 〈北風行〉)

涉獵(대강대강 훑어보다 섭, 렵): 책을 이것저것 널리 읽음. 관계함(접촉함).

涉若涉水 獵若獵獸 言歷覽之不專精也: 섭은 물을 건너는 것과 같고, 엽은 짐승을 사냥하는 것과 같다. 두루 돌아보아 오롯이 전심하지 않는 것이다.(《漢書》〈賈山傳, 顔師古 注〉)

成童: 15세.

李睟光의 글에 "사람이 처음 태어나면 영아라고 하고, 3세를 소아, 10세를 동자, 15세를 성동, 16세를 정, 20세를 약관(=勝冠), 30세를 장, 40세를 강, 50세를 애, 60세를 기, 70세를 모, 80세를 질, 90세를 황구, 100세를 기이라고 한다.〔人始生曰嬰兒 三歲曰小兒 十歲曰童子 十五歲曰成童 十六曰丁 二十曰弱冠 三十曰壯 四十曰彊 五十曰艾 六十曰耆 七十曰耄 八十曰耋 九十曰黃耉 百歲曰期頤〕"라고 하였다. 참고로 《禮記》에는 "사람이 나서 10세를 유학, 20세를 약관이라 하며, 30세는 장으로 아내를 맞이하며, 40세는 강으로 벼슬에 나아가고, 50세는 애로 관직의 정무政務를 보며, 60세는 기로 일을 지시하고 사람을 부리며, 70세는 노로 집안 일을 자식에게 넘기고, 80·90세는 모라고 한다.〔人生十年曰幼學 二十年曰弱冠 三十曰壯有室 四十曰强而仕 五十曰艾服官政 六十曰耆指使 七十曰老而傳 八十九十曰耄〕"라고 하였다.

成童舞象 學射御 二十而冠 始學禮 : 15세 象에 맞춰 춤을 추고 활쏘기 및 말 다루는 법을 배운다. 20세가 되면 冠禮를 행하고 비로소 禮를 배운다.(《禮記》〈內則〉)

聲律 : 漢字의 발음(平·上·去·入의 四聲 규칙에 의해 짓는 詩).

相離八九年 聲律窮磨礱 : 팔년 구년을 서로 떨어져있으면서, 시만 갈고 다듬기[179]를 다했네.(丁若鏞, 〈寄惺叟〉)

性命 : 만물이 하늘로부터 부여받은 것. 타고난 운명. 본성. 목숨.

乾道變化 各正性命 : 하늘의 도가 변화함에 각각 性命을 바르게 한다.(《周易》〈乾卦〉)

＊**苟全性命** : 구차하게 목숨을 보전함.

聲聞 : 소식. 명성.

聲聞過情 君子恥之 : 명성이 實情보다 지나침을 君子는 부끄

---

179 **磨礱**(갈다 롱) : 숫돌. 갈아서 다듬음(연마함). 괴롭힘.

러워한다.(《孟子》〈離婁 下〉)

*聲聞過情:명성이 실제보다 지나침.

盛事:성대한 일. 아름다운 일.

蓋文章經國之大業 不朽之盛事:대개 문장은 경국의 큰일이요 영원히 썩지 않는 성대한 일이다.(三國時代 魏 曹丕, 〈典論論文〉)

聲色:목소리와 얼굴빛. 음란한 음악과 女色. 아름다운 소리와 빛깔. 조급한 말투와 성난 얼굴빛. 말다툼함.

詩云 予懷明德 不大聲以色 子曰 聲色之於以化民 末也: 《시경》에 "나는 밝은 德의 음성과 얼굴빛을 대단찮게 여김을 생각한다." 하였는데, 孔子께서 말씀하셨다. "음성과 얼굴빛은 백성을 교화시킴에 있어 지엽적인 것이다."(《中庸章句》)

*裘馬聲色:가벼운 갖옷을 입고 살찐 말을 타며 歌舞에 심취하고 女色에 탐닉함. 【轉義】 향락을 탐하여 생활이 극도로 사치스럽고 부패함.

*狗馬聲色:좋은 개와 준마와 음악과 여색. 【轉義】 극도로 사치스러운 향락.

聲績(공 적):명성과 공적.

皆有聲績:모두 명성과 업적을 남겼다.(《高麗史》)

少間:병이 조금 나아짐. 잠시 멈춤. 잠시. 잠시 짬이 남. 잠시 주변 사람을 물리침.

少間卽相訪 共作海光遊:잠시 멈추었다가 곧 서로 만나, 함께 해광사를 유람하세.(金允植, 〈送尹從事率工徒分住南局〉)

消遣: 여유롭게 시간을 보냄. 기분을 전환함. 【白】 희롱함.

消遣積年愁 一旦如氷釋: 여러 해[180] 묵은 시름 풀어지는 것이, 하루아침에 얼음 녹듯 하네.(李奎報, 〈謝門生趙廉右留院持加耶琴來貺〉)

＊消遣歲月: 하는 일 없이 세월을 보냄. 어떤 것에 마음을 붙이고 세월을 보냄.

蕭索: 쓸쓸함. 쇠퇴함. 흩어짐. 냉담함. 비바람이 나뭇잎을 치는 소리.

西華已蕭索 北塞尙昏蒙: 서쪽 중국 이미 삭막해졌고 북쪽 변방 여전히 몽매하네.(陳澕, 〈奉使入金〉)

蕭瑟(쓸쓸하다 소, 슬): 바람이 나뭇가지를 흔드는 소리. 쓸쓸함. 드묾.

悲哉 秋之爲氣也 蕭瑟兮草木搖落而變衰: 슬프다, 가을의 기후여! 쓸쓸하여라! 초목은 낙엽이 져서 쇠하였도다.(宋玉《楚辭, 九辯》)

嘯詠(읊조리다 소) = **嘯咏. 歌詠**: 노래함. 읊조림.

飛羽觴嘯詠虛懷: 술잔을 주고받고 詩歌를 읊조리며 마음을 비웠다.(林椿, 〈中秋會飮序〉)

少日: 며칠 안 되는 날. 젊은 시절.

少日高才筆有花 中年拙宦鬢先華: 젊은 시절 높은 재주 붓

---

180 **積年**: 여러 해. 【白】 다년간 경험이 풍부한 사람. 세상 물정에 밝은 사람.

ㅅ

에 꽃 피더니, 중년에 낮은 벼슬 귀밑머리가 먼저 희네.(金昌協, 〈任監司挽〉)

小節 : 대수롭지 아니한 작은 예절. 大義가 아닌 지엽적인 작은 節操. 작은 일.

禮記內則篇所記 多飮食<u>小節</u> : 《禮記》 〈內則〉편에 기록되어 있는 내용 중에 음식에 관한 작은 예절이 많다.

***不拘小節 = 不拘細節. 不拘細行. 不修小節** : 작은 일이나 사소한 예절 따위에 구애받지 않음.

蕭條(쓸쓸하다 소, 가늘고 길다 조) : 적막함. 쇠퇴함(초라함. 야윔). 한가롭게 노닒. 흩어짐. 곁핍됨.

寂寞荒村隱少微 <u>蕭條</u>石逕接柴扉 : 적막한 시골[181]에 소미[182]가 숨었는데, 쓸쓸한 돌길이 사립문[183]에 닿아 있네.(林億齡, 〈用企齋韻 送聽松還山〉)

掃地(쓸다 소) : 땅을 깨끗이 쓺. 말끔함. 모두.

***焚香掃地** : 향불을 피우고 땅을 쓺. 맑고 그윽한 隱者의 삶.

***掃地俱盡 = 掃地無餘. 掃地無遺. 掃地以盡** : 깡그리 없어져 남은 것이 없음.

---

181 **荒村 = 荒落** : 궁벽하고 황량하여 인가가 드문 마을.

182 **少微** : 星座의 이름인데, 일명 處士星이라고도 하여 處士를 지칭하는 말로 쓰인다. 《晉書, 隱逸列傳》에, "달이 소미성을 침범하였다. 소미성은 일명 처사성이라고도 하여 점치는 사람들이 隱士를 거기에 해당시킨다."

183 **柴扉** : 사립문. 가난한 집안.

＊斯文掃地: 선비나 文人이 남아 있지 않음. 문화나 문인이 존중 받지 못함.

＊衣冠掃地: 의관으로 땅을 쓺. 사대부가 명예와 절조를 돌보지 않고 염치도 없음.

疏箚: 上疏와 箚子(임금에게 올리는 간단한 서식의 문서).

詩集不須急看 而疏箚墓文書牘之屬 須廣其眼目 : 詩集은 서둘러 볼 필요가 없으나, 상소문·箚子·墓文·편지 등을 읽어, 모름지기 안목을 넓혀야 할 것이다.(丁若鏞, 〈寄二兒〉)

素餐(헛되다 소, 먹다 찬) = **素飧. 素食. 素飽**: 아무런 功도 없이 祿을 먹음. 하는 일없이 거저 먹기만 함.

彼君子兮 不素餐兮 : 저 군자여, 공밥을 먹지 않도다!(《詩經》 〈伐檀〉)

＊尸位素餐 = **尸祿素餐. 尸祿. 尸利. 尸利素餐. 尸素**: 직책은 다하지 못하면서 자리만 차지하고 녹봉만 받아먹음.

疏斥(멀리하다 소, 배척하다 척): 멀리하여 배척함.

昔屈原賈誼雖被疏斥 其始莫不被君寵遇 : 옛날 屈原과 賈誼는 비록 배척을 당했으나, 그 처음에는 다 임금의 총애[184]를 입었다.(韓愈, 〈送李愿歸盤穀序〉)

束帶: 입은 옷 위에 단정히 띠를 맴. 의복을 반듯하게 차려 입음.(=官服. 公務.)

束帶立於朝 可使與賓客言也 不知其仁也 : 관대를 차고 조정

184 **寵遇**(대우하다 우): 임금의 극진한 대우.

ㅅ

에 서서 빈객과 함께 말하게 할 만하지만 그가 어진지는 모르겠다.(《論語》〈公冶長〉)

*束帶結髮: 단정히 띠를 매고 머리를 묶어 상투를 짬(벼슬하여 관청에 출근함).

*頂冠束帶: 관을 쓰고 요대를 두름(관리가 됨).

率多(모두 솔) = **類多. 率皆. 大率**: 대부분.

先希人爵 率多敗事: 먼저 인작을 바라나, 대부분 일을 망친다.(成俔, 〈右銘〉)

松楸(개오동나무 추): 소나무와 개오동나무. 【**轉義**】 무덤가에 많이 심기 때문에 무덤의 별칭.

深思罷官去 畢命依松楸: 깊이 생각하고 벼슬을 그만둔 뒤에, 목숨 다하도록 선산에 의지하고 있으려네.(韓愈, 〈赴江陵途中寄贈……翰林三學士〉)

灑落(뿌리다 쇄) = **灑落**: 흩어져 떨어짐. 소탈함. 시원스럽고 민첩함. 맑고 시원함.

人品甚高 胸懷灑落 如光風霽月: 〈黃庭堅이 周敦頤에 대해 일컫기를〉 "인품이 매우 높아서 가슴속의 시원함이 마치 광풍제월[185]과 같다."(《宋史》〈周敦頤列傳〉)

灑掃(뿌리다 쇄, 쓸다 소): 물을 뿌리고 비로 쓺. 청소함. 성묘함. 제거함.

---

185 **光風霽月**: 비가 갠 뒤의 맑은 바람과 밝은 달. 도량이 넓고 시원하여 거리낌이 없음을 비유한 말.

予獨喜焉 灑掃而處之 : 나는 홀로 즐거워하여 청소하고 거처하다.

*灑掃應對 : 물을 뿌려 쓸고 응대함. 【轉義】 집 안팎을 깨끗이 청소하고 웃어른의 부름이나 물음에 예의바르게 응대하는 유교의 기초교육을 이른다.

衰年 = 衰境 : 노쇠한 나이. 늘그막.

衰年觸事多成感 危涕無端忽滿襟 : 노년이라 매사[186]에 감회가 일어나니, 무단히[187] 눈물[188]이 홀연 옷깃을 적시네.(柳成龍, 〈感事〉)

衰叔 : 쇠퇴한 말세.

淵明生於衰叔之世 : 도연명은 말세에 태어나다.(鄭道傳, 〈讀東亭陶詩後序〉)

受命 : 임금에게 명령을 받음. 하늘의 명령을 받음(天子가 됨). 가르침을 받음. 생명을 얻음. 생명을 바침.

在昔成湯 旣受命 時則有若伊尹 格于皇天 : 옛날에 성탕이 천명을 받았을 때에, 이윤과 같은 이가 있어서 〈그 德化가〉 하늘에 이르렀다.(《書經》)

愁緖(끊임없는 생각 서) : 우울한 마음.

---

186 觸事 : 어떤 일을 직접 당함. 일에 맞닥뜨림.

187 無端 : 무던함. 시작도 없고 끝도 없음(두서가 없음). 아무런 원인이나 연고가 없음. 생길 까닭이 없음. 근거 없이 날조된 죄명. 아무런 생각이 없음. 까닭 없이 해를 끼침. 어떻게 할 수 없음. 無知함.

188 危涕(세차다 위) : 슬퍼하며 눈물을 흘림.

交情似水流難定 愁緒如絲亂更縈 :우정[189]은 물 같아 정처 없이 흐르고, 우울한 마음은 실과 같아 혼란스러웠다 다시 얽히네.(鄭澈, 〈臘月初六日夜坐〉)

水雲:물과 구름(주로 물과 구름이 서로 이어진 경치). 물 위의 구름.

水雲鄕 :물과 구름의 고향으로, 隱者가 사는 淸幽한 지방.

六年歸臥水雲鄕 本自無閑可得忙 :6년 만에 돌아와 수운향에 누우니, 본래부터[190] 한가함이 없는데 바쁠 수 있으랴?(宋 陸游, 〈秋夜遣懷〉)

須臾(잠깐 수, 유):잠시. 한가롭게 노닒. 겨우 延命함.

ㅅ

君子於其所不當爲 不敢須臾處 不忍故也 :君子는 자기가 마땅히 해서는 안 되는 일에 있어서는, 잠시라도 〈마음을〉 두지 않는 것은 차마 할 수 없기 때문이다.(《論語集註》〈八佾〉)

隨卽:곧. 당장.

蜂蠆入懷 隨卽解衣 :벌과 전갈이 몸에 들어오면 바로 옷을 벗어야 함. **【轉義】** 재앙이 닥치면 빨리 벗어나야 함.(《水滸傳》)

修葺(깁다 즙):가옥이나 城壁 따위를 보수함.

于時 朝廷有旨 令諸道 修葺學校 :이 때 마침 조정에서 분부가 내려 諸道로 하여금, 학교를 수리하게 하였다.(金宗直, 〈安陰縣新創鄕校〉)

---

189 交情 = 交誼. 友誼. 友情:사귀는 情誼. 교제의 친분 정도.

190 本自:본래부터. 줄곧.

酬唱 = 酬倡 : 詩詞를 주고받음.

往來<u>酬唱</u> : 왕래하며 시를 주고받았다.(洪良浩, 〈芸窩集跋〉)

叔季(말세 숙) : 어른과 아이(차별). 막내 아우(아우). 우열을 가리기 힘듦.

쇠퇴하고 혼란하여 망하게 될 세상(=叔代. 叔末. 叔葉. 末世. 叔世. 衰叔).

<u>叔季</u>歸來 道學不明 : 말세가 돌아와서 도학이 밝아지지 못하였다.(任聖周, 〈自序〉)

∗**伯仲叔季** : 형제간의 순서. 맏이를 伯, 다음을 仲, 그 다음을 叔, 막내를 季라 한다.

夙夜 : 아침과 저녁. 아침부터 밤까지. 이른 아침.

無奈有魔者 <u>夙夜</u>潛相隨 : 어찌할 수 없는[191] 詩魔가 있어, 아침 저녁으로 남몰래 따르네.(李奎報, 〈詩癖〉)

∗**夙夜不怠** = **夙夜匪懈** : 이른 아침부터 밤늦게까지 태만하지 아니함. 잠시도 게을리하지 아니함.

宿儒 : 학식과 덕행이 뛰어난 나이 든 선비.

苟知其正 雖老師<u>宿儒</u>爲時所宗者 且詰且折 確持不變 : 만약 그 바른 것을 알면, 비록 老師나 뛰어난 선비로서 당시에 존대 받는 사람이 힐난하고 논박하여도, 확고하여 변하지 않았다.(《東賢事略》)

∗**老師宿儒** : 나이가 많고 학식이 높은 선비.

---

191 無奈 = 無那. 無奈何 : 어찌할 방법이 없음.

旬月(열흘 순):1개월. 10개월. 10일에서 1달 사이(비교적 짧은 기간).

去國數日 見其所知而喜 去國旬月 見所嘗見於國中者喜 及期年也 見似人者而喜矣:본국을 떠나 며칠이 지나면 자기가 알고 있는 사람을 만나면 기뻐하고, 본국을 떠나 열흘이나 한 달이 지나면 전에 본국에서 잠깐 본 일이 있는 사람을 만나도 기뻐하고, 일 년이 지남에 이르러서는 자기 나라 사람 비슷한 사람만 보아도 기뻐한다.(《莊子》〈徐无鬼〉)

純熟(성실하다 순):숙련됨. 정통함.

若深知天命 渾融純熟 則毁譽榮辱 無可以動其心者:만약 깊이 천명을 알아 융합하고[192] 정통해지면, 비방과 칭찬·영화와 모욕은, 그 마음을 흔들 수 없다.(丁若鏞《論語古今註》)

述作:傳承과 創作. 전의되어 저술함, 또는 저술·저작.

述而不作 信而好古 竊比於我老彭:옛것을 전승만 하고 창작하지 않으며, 옛것을 믿고 좋아하는 나를 조심스럽게 우리 노팽에게 견주어 본다.(《論語》〈述而〉)

繩墨(먹줄 승):먹줄. 준칙. 법률.

大匠不爲拙工改廢繩墨 羿不爲拙射變其彀率:큰 목수는 졸렬한 목공을 위하여 먹줄과 먹통을 쓰는 방식을 고치거나 없애지 않으며, 명궁인 羿는 졸렬한 사수를 위하여 활을 잔뜩 당기는 규정을 바꾸지 않는다.(《孟子》〈盡心 上〉)

＊**規矩繩墨 = 規矩鉤繩. 規矩準繩. 規繩. 規繩矩墨**:걸음

---

192 **渾融**(전부 혼, 높다 융):완전히 합함. 융합함.

쇠·곱자·먹줄(지켜야 할 규범·법도).

承順:순종하며 뜻을 받듦. 공손히 모심.

色難者 謂承順父母顔色乃爲難:색난은 '부모의 얼굴빛을 받들어 順從하는 것이 어렵다는 것'을 말한다.(《論語註疏》)

***先意承順 = 先意. 先意承顔. 先意希旨**:부모의 뜻을 미리 알아서 행동함(전의되어 남의 비위를 잘 맞추는 것).

昇平(오르다 승):태평함.

朝家共賀昇平樂:조정[193]에선 모두 태평의 즐거움을 축하하다.(梁慶遇《霽湖詩話》)

蓍龜(시초 시):점을 칠 때 쓰는 蓍草와 龜甲(점을 침). 덕망이 높은 사람. 거울로 삼음.

探賾索隱 鉤深致遠 以定天下之吉凶 成天下之亹亹者 莫大乎蓍龜:깊은 것을 탐색하고[194] 먼 것을 오게 하여[195] 천하의 吉凶을 정하고 천하의 힘써야 할 일[196]을 이룸은 시초와 거북이보다 더 큰 것이 없다.(《周易》〈繫辭傳 上〉)

時序:계절의 차례. 철. 세월. 시대.

端居感時序 次第見霜氷:한가로울 때[197] 느끼운 건 변하는

---

193 朝家:국가. 朝廷. 황제.

194 探賾索隱(깊숙하다 색):깊고 은미한 이치를 더듬어 찾음.

195 鉤深致遠(낚아채다 구):깊은 곳의 사물을 찾아내고 먼 곳의 사물을 오게 함. 심오한 도리를 탐색함. 학문의 넓고 깊음.

196 亹亹(힘쓰다 미):부지런히 힘쓰는 모양.

197 端居:한가로이 거처함.

ㅅ

계절, 차례로 서리 내린 다음엔 얼음이 어는 것[198]을 보네.(金昌協, 〈次劍南韻〉)

詩律: 시의 律格(詩).

晩節漸於<u>詩律</u>細 : 늘그막에 점점 시율이 섬세해졌다오.(杜甫, 〈遣悶戲呈路十九曹長〉)

柴扉(섶 시, 문짝 비): 사립문. 가난한 집안.

雨餘庭院簇莓苔 人靜<u>柴扉</u>晝不開 : 비온 뒤 정원에 이끼[199] 무성하고, 인적 고요해 두 사립문 낮에도 열지 않네.(陳澕, 〈春晩題山寺〉)

人

施爲: 행위. 처리함. 행동함.

<u>施爲</u>欲似千鈞弩 磨礪當如百煉金 : 행위는 천균 쇠뇌를 쏘듯 하고, 수양은 쇠를 백 번 단련하듯 하라.(宋 邵雍, 〈何事吟寄三城富相公〉)

試場 = **課場. 試所. 試垣. 試院. 試圍. 禮圍. 禮闈. 場屋. 棘圍. 棘闈. 棘院**: 科擧 시험 보는 곳.

後入<u>試院</u> : 뒤에 과거 시험장으로 들어가다.(《白雲小說》)

市朝: 시장과 조정. 조정과 재야. 名利를 다투고 쫓는 곳. 시장. 조정.

上書諫寡人者 受中賞 能謗議於<u>市朝</u> 聞寡人之耳者 受下

---

198 霜氷: 서리를 보고 얼음을 안다. 【轉義】 조짐을 보고 결과를 미리 알 수 있음.

199 莓苔(이끼 매, 태): 푸른 이끼.

賞 : 글을 올려 과인의 잘못을 간하는 자는 中賞을 받을 것이며, 市井에서 비방하는 의논을[200] 해 그 소문이 과인의 귀에 들리게 하는 자는 下賞을 받게 되리라.(《戰國策》)

侍從 = 侍從臣. 侍從官 : 임금을 시종하던 弘文館의 玉堂·司憲府 또는 司諫院의 臺諫·藝文館의 檢閱과 注書 등을 통틀어 이르는 말.

公由是 由侍從出爲高靈縣監 : 공(洪翼漢)은 이로부터, 侍從을 거쳐 高靈縣監으로 나갔다.(宋時烈, 〈三學士傳〉)

時或 : 때로는.

時或從閭里惡少 : 때로는 혹 거리의 악동[201]들과 어울리다.(林椿, 〈孔方傳〉)

識得 : 앎. 이해함.

須先識得大要 : 먼저 大要를 이해해야 한다.(正祖, 〈文學〉)

神明 : 천지 사이에 있는 일체의 신령. 태양신. 밝은 지혜가 神과 같음. 사람의 정신·心思. 신성함(매우 뛰어남).

至治馨香 感于神明 : 지극한 다스림은 향내를 풍기는 것과 같아서, 천지의 신령을 감동시킨다.(《書經》 〈益稷 君陳〉)

信·隨·逐·縱·任·肆～ : ～대로. ～마다(信·隨·逐·縱·任·肆+명사)

---

200 謗議 : 비방함.

201 惡少 = 惡少年 : 품행이 나쁜 젊은이.

信馬:말 가는 대로.

隨處:이르는 곳마다.

逐畝:이랑마다.

縱步:발길 닿는 대로 걷다.

任爾取去:네 마음대로 가져가라.(《於于野談》).

肆意:뜻대로.

信宿(이틀 신):이틀 밤을 묵음. 이틀 밤.

信宿寧非穩 歸時却恨忙:이틀 밤 묵었으니 어찌 온당치 않으랴만, 돌아갈 적에 도리어 바삐 서둘러 유감이네.(蔡濟恭, 〈餘窩歸悵然有述〉)

ㅅ

晨昏(새벽 신, 저녁 혼):아침과 저녁. 아침과 저녁으로 부모의 안부를 묻고 시중드는 일(=晨昏定省).

晨昏溫凊:새벽에 문안드리고 저녁에 잠자리를 보살피다.[202](丁若鏞, 〈寄二兒〉)

室堂:주택. 升堂入室.[203]

由也升堂矣 未入於室也:子路는 마루에는 올랐으나, 아직 방에는 들어오지 못하였다.(《論語》〈先進〉)

失色:부끄러움이나 놀람·노여움으로 얼굴빛이 변함. 의젓하지 못함. 체면이 깎임.

---

202 **溫凊 = 冬溫夏凊**:겨울에는 자리를 따스하게 하고, 여름에는 부채질하여 자리를 시원하게 함.

203 **升堂入室**:학습하여 도달한 경지에 수준의 차이가 있음. 학문이나 기예 따위가 점점 높은 수준까지 이른 것을 칭찬하는 말.

＊相顧失色 = 相視失色 : 서로 쳐다보면서 얼굴빛이 변함. 몹시 놀라서 당황하거나 의아하게 여김.

＊垂首失色 : 머리를 숙이고 얼굴색을 잃음. 낙심하여 당황함.

＊大驚失色 : 매우 놀라 얼굴빛이 변함.

失聲 : 너무 울어서 소리를 내지 못함. 자기도 모르는 사이에 나오는 소리.

昔者孔子沒 三年之外 門人治任將歸 入揖於子貢 相嚮而哭 皆失聲然後歸 : 옛날 공자께서 돌아가시자, 삼년이 지난 다음 문인들이 짐을 챙겨[204] 장차 돌아갈 적에, 들어가 자공에게 읍하고 서로 향하여 통곡하여 모두 목이 쉰 뒤에 돌아갔다.《孟子》〈滕文公 上〉)

＊失聲號哭 : 너무 슬프거나 억울하여 목소리가 변하도록 울부짖음.

失火 : 잘못하여 불을 냄. 불씨가 꺼짐.

俄失火 鄉里共救之 : 잠시 뒤에 불이 나서 동네사람들이 함께 불을 껐다.《漢書》)

＊城門失火殃及池魚 = 城門魚殃. 池魚之災 : 까닭없이 禍를 입는 일을 비유하는 말. 춘추시대 宋의 성문에 불이 나서 성 밖의 못물을 퍼다가 불을 끄자 물이 말라 물고기가 말라 죽었다는 寓話.

心期 : 마음속으로 서로 허락함. 깊이 사귐. 서로 그리워함. 염원. 정서. 度量.

---

204 治任 : 行裝을 꾸림.

實欣<u>心期</u> 方從我遊: 진실로 마음속으로 서로 맞음 흔쾌하여, 지금 나를 따라 노닌다네.(陶淵明, 〈酬丁柴桑〉)

尋常: 보통(늘). 길이의 단위(尋은 8尺, 常은 1丈 6尺). 길거나 많은 것(짧거나 작은 것).

酒債<u>尋常</u>行處有 人生七十古來稀: 외상 술값이야 늘 어디에나 있지만, 일흔까지 사는 사람은 예로부터 드물었지.(杜甫, 〈曲江〉)

心術: 마음이 가지는 德이나 能力. 마음이 사물을 깨달아 대처하는 방법. 마음(=心曲). 마음의 지혜.

天下之紀綱不能以自立 必人主之<u>心術</u>公平正大 無偏黨反側之私 然後紀綱有所繫而立: 천하의 기강은 저절로 서지 못하고, 반드시 임금의 마음이 공명정대하여 편당하고 반측하는 사사로움이 없은 뒤에야 기강이 매일 데가 있어 서게 된다.(《性理大全書》)

人

心地: 마음씨. 속마음. 마음. 심정. 기량.

若勤勤不已 漸入佳境 <u>心地</u>稍開 精神稍朗: 만약 쉬지 않고 열심히 〈독서하여〉 점차 흥미를 붙여 깊이 들어간다면, 마음도 조금씩 넓어지고 정신도 조금씩 깨이리라.(李慶全, 〈梳說〉)

十室: 열 집. 집집마다. 十室之邑[205](작은 마을).

<u>十室</u>之邑 必有忠信如丘者焉 不如丘之好學也: 10가호 밖에 안 되는 작은 고을에도 반드시 나만큼 충신한 사람이 있지만,

---

205 十室之邑: 열 집이 사는 고을. 서른 집이 하나의 읍이 되므로 '작은 마을'을 뜻한다.

나처럼 배우기를 좋아하는 사람은 없다.(《論語》 〈公冶長〉)

*十室九空:10집에서 9집이 텅 빔. **【轉義】** 재해·전란·暴政 때문에 많은 사람이 죽거나 뿔뿔이 흩어짐.

雙鯉:두 마리의 잉어(書信).

客從遠方來 遺我雙鯉魚 呼童烹鯉魚 中有尺素書:나그네가 멀리서 찾아들어와, 나에게 한쌍 잉어 주고 가기에, 아이 불러 잉어를 삶게 했더니, 뱃속에는 한 자의 비단의 편지가 있네(古樂府, 〈飮馬長城窟行〉)

〈ㅇ〉

雅頌:《詩經》 六義 가운데 雅(조정의 樂曲)와 頌(종묘의 樂曲). 태평성세의 음악이나 廟庭의 음악. 《詩經》의 체제.

續千載雅頌之正:천년 雅頌의 바른 도를 잇고야 말겠다는 것이다.(崔恒, 〈八家詩選序〉)

齷齪(잔달다 악, 착):도량이 좁음(째째함). 협소함. 더러움. 비루함.

小人自齷齪 安知曠士懷:소인은 본디 째째하니, 어찌 도량이 넓은 사람[206]의 회포를 알리오?(南朝 宋 鮑照, 〈代放歌行〉)

雁行:기러기의 날아가는 대열(형제). 질서정연함. 조정에서의 班列. 앞장선 행렬. 몸을 옆으로 하여 들어옴.

---

206 曠士:가슴이 트인 사람. 도량이 넓은 사람.

ㅇ

【轉義】 공손하고 조심스러운 태도.

父之齒 隨行 兄之齒 雁行 朋友 不相踰:아버지의 연배에게는 그 뒤를 따라가고, 형의 연배에게는 기러기 줄처럼 나란히 가되 〈약간씩 뒤처져 걸으며〉, 친구 사이에는 서로 앞서가지 않는다.(《禮記》〈王制〉)

謁聖:임금이 文廟에 참배하는 일.

謁聖後製述取人:알성 후에 제술[207]로 인재를 취하다.[208](《遣閑雜錄》)

*謁聖試:임금이 文廟에 참배한 뒤에 보이는 科擧.

謁聖試 = **謁聖科**:임금이 文廟에 참배한 뒤에 보이는 科擧. 일정한 시기와 합격자의 정원이 없었고, 初試와 殿試의 구별이 있었으며, 시험 당일에 합격자를 발표하였다.

光海辛酉 中謁聖科:光海君 신유년(1621)에 謁聖科에 급제하였다.(宋時烈, 〈三學士傳〉)

巖穴 = **巖穴之士. 巖穴隱者. 巖岫士**:隱士.

巖穴之士 聞而慕之:바위나 굴에 있는 선비들이 그것을 듣고 사모하다.(韓愈, 〈爭臣論〉)

愛日:시일을 아낌(자식이 부모를 봉양하는 날). 겨울 햇볕(恩德).

不可得而久者 事親之謂也 孝子愛日:〈이 세상에서〉 오래가질 수 없는 것은 어버이를 모실 수 있는 시간이다. 그래서

---

207 製述:詩나 글을 지음. 과거의 시험 과목의 하나(과목은 크게 講書와 製述로 나뉘는데, 製述은 疑·表·論·對策 등 글짓기이다).

208 取人:인재를 골라 씀.

효자는 어버이를 봉양할 수 있는 동안에 날을 아낀다.(漢 揚雄《法言》)

*孝子愛日 : 효자는 어버이와 함께 할 날을 소중히 여겨 제때에 효도함.

哀毁 = **哀癯** : 喪을 당하고 매우 슬퍼하여 몸이 손상됨(居喪의 禮를 다함).

成童 遭母喪 哀毁逾禮 : 成童[209] 때에 어머니 상을 만나서는 슬퍼함이 지나쳐서 禮度에서 벗어날 정도였다.

***哀毁骨立** = **哀毁瘠立** : 부모의 喪을 당한 슬픔으로 뼈만 앙상한 모양.

鶯歌(꾀꼬리 앵) : 꾀꼬리의 울음소리가 노랫소리처럼 구성짐. 【轉義】 구성지고 듣기 좋은 노랫소리.

雨意欲成酣蟻戰 花姿方艶送鶯歌 : 개미들 싸우는 걸 보니 비가 쏟아지려나 봐, 꾀꼬리 노래가 또 농염한 꽃 속에 들려오네.(李穡, 〈園中〉)

***鶯歌燕舞** = **鶯歌蝶舞**. **鶯吟燕舞** : 노래하듯 하고, 제비가 춤추듯 함. 【轉義】 봄날의 경치가 아름답고 만물이 생동함. 형세가 매우 좋음.

***鶯歌燕語** : 꾀꼬리가 노래하고 제비가 지저귐(봄날의 아름다운 경치).

約禮 : 몸가짐을 예법에 맞도록 단속함. 禮制를 간략하게 함.

君子博學於文 約之以禮 亦可以弗畔矣夫 : 군자가 글을 널리

---

209 成童 : 15세.

ㅇ

배우고 예로써 요약한다면, 또한 〈道에〉 어긋나지 않을 것이다.(《論語》〈雍也〉)

＊**博文約禮 = 博約** : 고금의 典籍을 널리 보고 禮로써 자신을 檢束함.

藥石 : 약제와 돌침(여러 가지 약을 통틀어 이르는 말). 교훈이 되거나 훈계할 만한 일.

病之結 <u>藥石</u>以解之 : 병이 들면, 약과 침으로 푼다.(柳夢寅, 〈解辨〉)

若夫 = 至若 : ~에 있어서는. ~에 대해서는. 문장의 첫머리에 쓰여, 말을 시작하는 語氣를 나타낸다.

待文王而後興者凡民也 <u>若夫</u>豪傑之士 雖無文王 猶興 : 문왕을 기다린 뒤에 흥기하는 자는 일반 백성이니, 호걸의 선비에 있어서는 비록 문왕이 없더라도 흥기한다.(《孟子》〈盡心 上〉)

若是 : 이와 같이. 만약.

舜何人也 予何人也 有爲者亦<u>若是</u> : 〈顔淵이 말하기를〉 순임금은 어떠한 분이며 나는 어떠한 사람인가? 훌륭한 일을 하는 자는 역시 순임금과 같다.(《孟子》〈滕文公 上〉)

楊柳 : 버드나무(봄·이별〔折柳〕·美女를 상징). 侍妾이나 歌姬.

＊**楊柳風** : 봄바람.

＊**楊柳宮眉** : 버들잎처럼 길고 가늘게 그린 궁녀의 눈썹(미녀).

＊**楊柳陌**(길 맥) : 버드나무가 늘어선 길(이별 하는 곳).

＊**楊柳腰** : 여자의 가는 허리.

＊**楊柳戶** : 은둔한 선비의 집. 晉 陶潛이 지은, 〈五柳先生傳〉에 隱士인 오류선생이 문 앞에 버드나무 다섯 그루를 심었다

고 묘사한 글에서 비롯되었다.

養志 : 부모의 뜻을 잘 받들어 봉양하는 일. 고상한 뜻을 기름(주로 은거하여 영예나 이익을 추구하지 않음).

若曾子則可謂養志也 事親若曾子者 可也 : 증자와 같이 하면 뜻을 봉양한다고 이를 만하다. 어버이 섬김을 증자와 같이 하는 것이 좋다.(《孟子》〈離婁 上〉)

魚魯 : 비슷하게 생긴 문자를 잘못 쓰거나 잘못 인쇄함.

＊魚魯不辨 = 不辨魚魯. 魚魯莫辨 : '魚'자와 '魯'자를 식별하지 못함. 매우 무식함.

＊豕亥魚魯 = 豕魚. 豕虎傳譌. 魚魯帝虎 : 서적을 베끼거나 인쇄할 때 생긴 글자의 착오. 옛 서적에서 己亥를 三豕로 잘못 쓰고, 魚를 魯로 잘못 쓰는 경우가 있었던 데서 유래.

於是乎 = **於是而. 於是焉. 於是虖** : 그래서. 이리하여. 그리하여. 이에.

歷代述作紛然 可以汗牛 於是而選抄者出焉 : 역대의 저작은 많아서 소도 운반하면서 땀을 흘릴 정도다.[210] 그리하여 추려 뽑아서 실은 책이 나오게 되었다.(安鼎福, 〈百選詩序〉)

抑亦 = **抑又** : 혹은. 또한. 그렇지 않으면(말머리를 돌릴 때 쓰이는 말).

不逆詐 不億不信 抑亦先覺者是賢乎 : 남이 나를 속일거라고

---

210 汗牛 = 汗牛充棟 : 소가 책을 실은 수레를 끄느라 땀을 흘림. 【轉義】 저술이나 장서가 매우 많음.

넘겨짚지 말고, 남이 나를 불신한다고 억측하지 않아야 하지만, 또한 속이고 불신하는 것을 먼저 깨닫는 사람이 바로 현명한 사람인 것이다.(《論語》 〈憲問〉)

偃仰(눕다 언, 우러러보다 앙) : 고개를 숙였다 우러러보았다 함. 편안하고 즐겁게 노닒. 세속에서 하는 대로 따라 함. 교만하게 굶.

或不知叫號 或慘慘劬勞 或棲遲偃仰 或王事鞅掌 : 누구는 소리쳐 부르짖는 줄도 모르고, 누구는 참혹하게 고생을 하며, 누구는 집에서 편안히 누웠다 일어났다 하고, 누구는 나랏일로 정신없이 분주하누나.[211](《詩經》 〈北山〉)

＊**偃仰屈伸** : 엎드렸다 젖혔다 굽혔다 폈다 함. 몸을 자유로이 움직임.

業已(이미 업) = **業以** : 이미. 벌써.

兒業已死 : 아이는 이미 죽어 있었다.(朴趾源, 〈廣文者傳〉)

如流 : 순순히 따름. 빠름. 치마 자락을 땅바닥에 끄는 모습. 거침없는 모양.

今年寒食滯京華 節序如流苦憶家 : 금년 한식을 서울에서 묵으니, 철이 쉽게 갈수록 집 생각이 간절하네.(李詹, 〈寒食〉)

＊**日月如流** : 해와 달이 물 흐르듯이 흘러감(세월의 빠름).

＊**筆翰如流** : 문장이 물 흐르듯 막힘이 없음.

＊**從諫如流** : 선의의 권고를 따르는 것이 마치 물이 위에서 아래로 흐르듯이 막힘이 없음. 기꺼이 남의 의견을 받아들임을

211 **鞅掌**(지다 앙, 맡다 장) : 나랏일을 맡아 고생함.

형용한다. 흔히 제왕의 경우를 말할 때 쓴다.

廬墓(오두막집 려) = **廬居**:喪制가 무덤 옆에 여막을 짓고 居喪하는 동안에 무덤을 지키는 일. 고향집과 조상묘.

擔土廬墓今酬恩 :흙을 져다 여막을 지으니 이제 부모 은혜를 갚았네.(閔思平, 〈申孝子〉)

厲聲(사납다 려) = **勵聲**:언성을 높임. 높은 언성.

我與爾同病 胡爲厲聲咆 :나와 너는 같은 병을 앓는데, 넌 어찌하여 사납게 부르짖느냐?(李奎報, 〈奇尙書宅賦怒猿〉)

餘蘊(쌓다, 심오한 뜻 온):안에 감추어져 겉으로 드러나지 않음. 남은 것(미진한 것).

旣從師學 則自思其餘蘊 :이미 스승으로부터 배웠다면, 스스로 그 나머지의 심오함을 생각해야 한다.(《論語古今註》)

詩評 古人盡之 殆無餘蘊 :시평은 옛사람이 다하여 거의 미진한 것이 없다.(李睟光《芝峯類說》)

旅遊 = **旅游**:여행함. 유람함. 오랫동안 타향에 머묾.

旅遊孤島歲崢嶸 :유람하다 외로운 섬에 〈이르자〉 세월은 빠르다.[212](鄭澈, 〈臘月初六日夜坐〉)

如許:이와 같음. 이렇게 많음. 이만큼.

半畝方塘一鑑開 天光雲影共徘徊 問渠那得淸如許 爲有源頭活水來 :조그맣고 모난 연못에 한 거울이 열리어, 하늘빛 구름 그림자가 함께 배회하네. 묻노니 어찌하면 저처럼 맑을

---

212 **崢嶸**(가파르다 쟁, 가파르다 영):세월이 빨리 감.

까, 근원[213]이 있어서 살아 있는 물이 오기 때문이네(학문을 통해 심성을 수양하는 즐거움을 읊은 시이다).(朱熹, 〈觀書有感〉)

如或 : 마치. 만약.

子路曾皙冉有公西華侍坐……如或知爾則何以哉 : 子路와 曾皙과 冉有와 公西華가 공자를 모시고 앉아 있었는데, 〈공자께서 말씀하셨다. "……내가〉 만약 너희를 알아준다면 어떻게 하겠느냐?"(《論語》 〈先進〉)

閭巷 : 골목이나 거리. 마을. 평민.

淸爲倭所蹂躪 閭巷赤立不自持 : 淸州가 倭寇에게 유린[214]당한 나머지 마을에 남은 것이 없이 텅텅 비어[215] 스스로 생활을 유지할[216] 수가 없게 되었다.(李穡, 〈淸州牧濟用財記〉)

易簀(대자리 책) : 화려한 대자리를 바꿈.

曾子가 임종할 때에 大夫가 까는 대자리를 신분에 맞지 않는다고 하여 바꾸게 한 고사. 병이 위중하여 곧 죽게 되었거나 죽음.

至於易簀之時 : 죽음에 이르다.(張福樞, 〈月川講義〉)

力行 : 힘써 행함. 노력하여 실천함.

一家非之 力行而不惑者寡矣 : 한 집안이 비난하더라도 힘써 행하고 의혹하지 않는 자가 적다.(韓愈, 〈伯夷頌〉)

---

213 **源頭** : 물의 발원지.

214 **蹂躪**(밟다 유, 린) : 업신여김. 모욕함.

215 **赤立** : 알몸으로 섬. 아무것도 없음(극도로 곤궁함을 형용하는 말).

216 **自持** : 스스로 억제함. 스스로 유지함. 자신을 확고하게 지킴.

燕居(편안하다 연) : 조정에서 물러나 한가하게 지냄. 한가하게 지내는 곳.

仲尼燕居 子張子貢言游侍(鄭玄注 : 退朝而處曰燕居) : 공자가 조정에서 물러나 한가롭게 지낼 때 자장·자공·언유가 모셨다.(《禮記》〈仲尼燕居〉)

輦轂(수레 연, 곡) : 임금이 타는 수레. 京城(燕京). 황제.

俾晶照達幻二師走輦轂 以幹落成之會 : 晶照와 達幻 두 분 師로 하여금 燕京에 급히 가서, 낙성의 법회를 개최할 수 있도록 주선하게 하였다.(李穀, 〈興王寺重修興敎院落成會記〉)

*__輦轂下 = 輦下__ : 황제가 타는 수레의 아래(京城).

捐館(버리다 연) = **捐舍. 捐館舍** : 살던 집을 버리고 떠남. 사람의 죽음을 완곡하게 이르는 말.

自相國捐館 他人假居 : 재상이 죽음으로부터 타인이 빌려 거주하다.(白居易, 〈養竹記〉)

年來 : 근년 이래. 1년 이래. 해가 닥쳐옴.

汝今乳齒已傾觴 心恐年來必腐腸 : 이제 젖니[217]가 난 네가 벌써 술잔을 기울이니, 분명 근년 이래 장이 썩어버릴 듯해 마음으로 두렵구나.(李奎報, 〈兒三百飮酒〉)

*__年來歲去__ : 해가 오고 해가 감. 세월이 빠르게 흘러감.

鳶飛魚躍 : 솔개가 날고 물고기가 뛴다.

【轉義】 만물이 각기 제자리를 얻어 이치가 환히 드러남.

---

217 乳齒 : 젖니.

詩云 <u>鳶飛</u>戾天 <u>魚躍</u>于淵 言其上下察也 :《詩經》에 이르기를 "솔개는 날아서 하늘에 이르고 물고기는 연못에서 뛰논다."라 하였으니, 상하에 이치가 밝게 드러남을 말한 것이다.(《中庸章句》)

煙雲 : 연기와 운무. 은둔하여 사는 山林. 아스라이 먼 곳. 사라져 가는 사물.

日月浴臺前 <u>煙雲</u>生砌下 : 해와 달은 누대 앞에서 목욕을 하고, 연기와 구름은 섬돌 아래서 나도다.(鄭蘊, 〈登侍中臺〉)
＊**煙雲過眼** : 연기와 구름이 잠깐 스치고 지나감. **【轉義】** 外物을 중시하지 않음. 사물이 순식간에 지나가서 흔적을 남기지 않음.

淵源 : 물의 근원(사물의 근원). 학문이나 기예를 스승에게 배워 계승함. 깊음.

若其<u>淵源</u>精義之妙 則非臣等之所能發揮也 : 그 근원과 정밀한 뜻의 묘함은 신 등이 발휘[218]할 수 있는 것이 아니다.(鄭麟趾, 〈訓民正音序〉)
＊**家學淵源** : 집안의 학문이 대대로 전수되어 그 근원이 깊음.

年前 : 몇 해 전.

伏讀<u>年前</u>十一月新降詔條 : 삼가 지난해 11월에 새로 내리신 조서의 조목을 읽어보다.(李齊賢, 〈在大都上中書都堂書〉)
＊**五百年前** : 5백 년 전. **【轉義】** 하늘의 運勢가 5백 년마다 주기적으로 한 번씩 크게 뒤바뀐다는 데에서, 전의되어 前世를 이른다.(《史記》〈天官書〉"夫天(……五百載大變")

---

218 **發揮** : 재능, 힘 따위를 떨쳐서 드러냄. 생각이나 도리를 드러내어 밝힘.

沿革(물을 따라 내려가다 연) : 沿襲과 변혁. 사물의 변천 또는 변천해 온 내력. 제거함.

歷代沿革不同 而均之爲重祿而勸士也 : 역대의 변천은 같지는 않으나, 녹을 후하게 주어서 선비들을 권장했음은 같았다.(許筠, 〈厚祿論〉)

煙火 : 연기와 불. 밥 짓는 연기. 익힌 음식. 烽火. 전란의 불길. 화재. 불을 일으키는 재료. 향불. 후손. 불꽃.

歸人望煙火 稚子候簷隙 : 돌아가는 사람이 밥 짓는 연기를 바라볼 때, 아이들은 처마 밑에서 기다리네.(晉 陶潛, 〈歸田園居〉)
朝市風流變 郊墟煙火稀 : 조정과 시장에는 풍속조차 변해 버리고, 들녘에는 연기와 불이 드물게 이네.(權近, 〈有感〉)

炎涼(서늘하다 량) : 차고 더움(기온). 寒暑(세월). 부귀와 빈천. 인정이 이랬다저랬다 한결같지 않음.

안부를 묻는 인사말(=寒暄).
用舍非吾事 炎涼奈此時 : 등용함과 물리침은 내 일 아니고, 염량세태 이러한 때 어찌하리오?(申光弼, 〈挽章〉)

恬靜(편안하다 념) = **恬靖** : 마음이 고요하고 평안함. 물욕을 버리고 마음을 편안히 가짐.

吾友韓大淵上舍 性恬靜喜蓄書 : 나의 친구인 上舍[219] 韓大淵은 성품이 고요하고 서책을 간직하기를 좋아하였다.(柳得恭, 〈海東繹史序〉)

---

219 上舍 = 進士 : 성균관의 유생으로서 生員·進士 시험에 합격한 사람.

炎天:여름철. 더운 날씨. 南方.

好是炎天憩 宜於急雨遮:더운 날씨에는 휴식하기 좋으며, 소낙비[220] 피하기에도 좋네.(李奎報, 〈大樹〉)

恬退(편안하다 념):편안한 마음으로 은퇴함. 名利에 담담하고 편히 양보함.

恬退之節 萬古罕肩:은퇴한 절개는, 만고에 비견할 자 드무네.(洪汝河, 〈祭菊窓李公文〉)

令公 = **令監. 令鑑**:정3품과 종2품의 벼슬아치에게 대하여 이르는 존칭.

我不料令公久在此:제가 令公께서 여기 오래 계신 줄 몰랐습니다.(成俔, 《慵齋叢話》)

*上監(임금)→大監(정2품 이상)→令監→나으리(종3품 이하)

零落:시들어 떨어짐. 죽음. 쇠락함. 희미함. 완전하지 못함. 자투리. 타향을 떠돎. 어지럽게 흩어짐.

公所爲絶句古詩 多零落不傳於世:공이 지은 絶句와 古詩는 대부분 흩어져 세상에 전하지 않는다.(黃景源, 〈梅湖集序〉)

*零落掃地:지위나 부귀 따위가 쓸려 내려간 듯이 싹없어짐.

*毛羽零落:털과 깃이 떨어짐. 【轉義】 친근한 사람을 잃음.

領略(깨닫다 령, 통달하다 략):깨달음. 받아들임. 거들떠봄. 승낙함. 맛봄. 감상함.

至於老釋之說 其同異得失 亦頗領略 明知其不足惑也:老

---

220 急雨 = 驟雨:소나기.

莊과 釋迦의 설에 이르러서도, 그 同異와 得失[221] 여부도, 제법 깨달아, 그 설이 사람을 미혹시키기에 부족하다는 것을 분명히 알게 되었다.(李睟光, 〈學戒〉)

營繕(보수하다 선) : 건축물을 짓거나 보수함.

營繕非吾力所及 : 건물을 짓거나 수리하는 일은 내 힘이 미칠 바가 아니다.(金宗直, 〈安陰縣新創鄕校〉)

領袖(옷깃 령, 소매 수) : 옷깃과 소매(우두머리). 남의 모범이 됨.

當領袖後進 : 마땅히 후진에게 우두머리가 되다.(車天輅, 〈題芝峯詩卷後〉)

穎悟(뛰어나다 영, 총명하다 오) : 총명함.

公幼穎悟 : 공은 어려서 총명하였다.(《東賢事略》)

令胤(맏아들 윤) = **令嗣**. **令子** : 남의 아들의 높임말.

此乃天賚我令胤乎 : 이것은 바로 하늘이 나에게 후사를 내려 주신 것이다.(《三國史記》)

禮數 : 신분에 따라 각각 다른 禮의 대우.

非關使者徵求急 自識將軍禮數寬 : 〈嚴武가 사람을 시켜 杜甫를 부르지 않고 스스로 두보의 초당에 방문해 준 것에 대해〉 "사람 보내어 급히 부르는 것은 관계치 않으니, 장군의 예법이 관대함을 스스로 아노라."(杜甫, 〈嚴公仲夏枉駕草堂兼攜酒饌得寒字〉)

五更 = **五夜**. **五鼓** : 하룻밤을 다섯으로 나눈 시각의 통칭.

初更·二更·三更·四更·五更을 가리킨다. 更은 1更마다 밤에

---

221 得失 : 옳고 그름. 이로움과 폐단.

번드는 사람이 교대한다는 뜻이다. 밤새. 오전 4시 전후.

千里音書何日到 五更燈火爲誰明 : 천 리의 소식[222]은 어느 날 이르며, 밤의 등불은 누굴 위해 밝은가?(鄭澈, 〈臘月初六日夜坐〉)

梧桐 : 오동나무(가을·가구·棺·거문고·벼슬을 상징).

月到梧桐上 風來楊柳邊北宋 : 달은 오동나무 위에 올라오고, 바람은 버드나무 가에 불어오네.(宋 邵雍, 〈月到梧桐上吟〉)

***梧桐一葉落 = 一葉知秋** : 가을이 왔음. 가을이 되면 오동잎이 가장 먼저 떨어지기 때문이다. (《詩傳名物集覽》 "梧桐一葉落 天下盡知秋") 【轉義】 사물이 쇠락하는 징조.

汙隆(낮다 오, 높다 륭) : 오르고 내림(쇠퇴와 융성). 지형의 높고 낮음.

○ **才之卓卓者 不繫世之汙隆** : 탁월한 재주는 세상의 치란에 매이지 않는다.(車天輅, 〈題芝峯詩卷後〉)

烏紗 = **烏紗帽** : 검은 깁으로 만든 冠帽[223]. 관직.

一頂烏紗慵不整 醉眠花塢夢江南 : 머리 위의 오사모는 귀찮아서 그냥 둔 채, 취해서 꽃 언덕에 자면서 강남 꿈을 꾼다네.(鄭知常, 〈醉題〉)

吾人 : 우리들. 이 사람. 우리 백성. 나.

會桃李之芳園 序天倫之樂事 群季俊秀 皆爲惠連 吾人詠歌 獨慚康樂 : 복사꽃과 오얏꽃이 핀 아름다운 동산에 모여 天

---

222 音書 : 편지. 소식.

223 冠帽 : 관원이 쓰는 모자. 혼례 때 신랑이 쓰는 모자.

倫의 즐거운 일을 펴니, 준수한 여러 아우들은 모두 謝惠連이 되었는데, 나의 읊고 노래함은 홀로 謝康樂에 부끄럽다.(李白, 〈春夜宴桃李園序〉)

五鼎: 大夫의 제사 때에 다섯 가지의 고기(양·돼지·切肉·생선·포)를 담는 다섯 鼎.

다섯 鼎에 담은 음식을 먹음. 고관 귀족의 호사스러운 생활·많은 봉록.

辛勤守一經 菽水賢五鼎: 애써 부지런히 일경을 지킬지니, 가난해도[224] 정성껏 봉양하는 것이 진수성찬보다 나으니라.(蘇軾, 〈送程建用〉)

惡乎(어찌 오) = **惡虖**: 어떻게(어느 곳. 무엇). 아!

辭尊居卑 辭富居貧 惡乎宜乎 抱關擊柝: 높은 자리를 사양하고 낮은 자리에 처하며 부를 사양하고 가난한 데 처하려면, 어떤 자리가 마땅한가? 관문을 지키고 목탁을 치는[225] 것이 좋다.(《孟子》 〈萬章 下〉)

玉京: 【道】 天帝가 사는 곳. 신선이 사는 곳. 수도(=王京).

天上白玉京 十二樓五城: 하늘 위에 있는 백옥경에는, 열두 개의 누각에다 다섯 성 있네.(李白, 〈經亂後天恩流夜郎憶舊游書懷〉)

*白玉京: 玉皇上帝가 산다는 곳.

玉堂: 弘文館. 옥으로 장식한 殿堂. 妃嬪의 처소. 신선이 거처

---

224 菽水: 콩과 물이(검소한 음식).

225 抱關擊柝: 관문을 지키고 목탁을 치는 미관말직의 벼슬(부모의 봉양을 위해 부득이하게 하는 벼슬).(《孟子》 〈萬章 下〉)

ㅇ

하는 곳. 부귀한 집.

玉堂唱酬之作 雄俊淸麗 : 홍문관에서 수창[226]한 작품은 힘차고 뛰어나며 맑고 곱다.(黃景源, 〈梅湖集序〉)

＊金馬玉堂 : 金馬門과 玉堂署[227]. 관리가 됨.

玉人 : 옥장이. 옥처럼 아름다운 사람. 아름다운 여자·친한 사람이나 사랑하는 이에 대한 애칭. 옥으로 조각한 인형. 仙女.

今有璞玉於此 雖萬鎰 必使玉人彫琢之 : 지금 여기에 옥덩이가 있으면, 비록 많은 돈[228]이 들더라도, 반드시 옥장이로 하여금 아로새기게[229] 하실 것이다.(《孟子》〈梁惠王 下〉)

＊玉人吹簫(불다 취, 퉁소 소) : 남녀가 서로 사모함. 春秋時代 秦穆公의 딸 弄玉이 피리를 잘 부는 蕭史를 사모한 나머지, 결혼하여 봉황의 소리를 배운 뒤 봉황을 타고 날아갔다는 전설에서 유래하였다.

ㅇ

蘊奧(쌓다 온, 깊다 오) : 깊고 오묘함.

夙好學而厲志 究聖賢之蘊奧 : 일찍이 학문을 좋아하고 뜻을 다져서[230] 성현의 심오한 경지 탐구하였네.(許穆, 〈寒岡鄭先生挽

---

226 唱酬(먼저 부르다 창, 보답하다 수) = 酬唱. 酬倡 : 詩文을 지어 서로 주고받음.

227 玉堂署 : 漢代에 學士가 詔命을 기다리던 곳. 후대에는 翰林院이나 翰林學士를 이르는 말로 썼다.

228 萬鎰 (20냥 일) : 많은 값.

229 彫琢(새기다 조, 쪼다 탁) : 옥이나 돌을 다듬고 조각함. 【轉義】 문장을 다듬고 수식함).

230 厲志(갈다 려) : 意志를 더욱 굳게 함.

詞〉)

雍容(화락하다 옹):몸가짐이 얌전하고 조용함. 화락하고 느긋함. 화려하고 威儀가 있음.

君子恭遜 不與人爭 惟於射而後有爭 然其爭也雍容揖遜 乃如此 則其爭也君子而非若小人之爭也 :君子는 공손하여 남과 다투지 않지만, 오직 활쏘기를 거행하는 일이 있은 뒤에야만 다툼이 있다. 그러나 그 다툼의 온화한 모양과 揖하고 겸손함이 마침내 이와 같으니, 그 다툼은 君子다운 것이어서 小人의 다툼과는 같지 않다.(《論語集註》)

玩索(감상하다 완, 찾다 색):반복하여 음미하고 탐색함.

既立矣 加以十年玩索涵養之功 而知見明哲 無所滯礙也 :〈서른 살에〉 이미 자립하였고, 10년 동안 음미하고 탐색하며 함양의 공부를 더하여 지견이 명철해져서 막히는 바가 없다.(《論語》〈爲政 集註〉)

玩繹(감상하다 완, 풀다 역):음미하며 깊이 탐구함.

不過一句半句 而玩而繹之 則意趣無窮 :시가 一句·半句에 불과한데도 완미하여 풀이해 보면, 뜻이 무궁하다.(柳成龍, 〈詩教說〉)

玩好(감상하다 완):玩賞과 취미. 보고 즐기는 진기한 물품.

必秦國之所生然後可 則是夜光之璧不飾朝廷 犀象之器不爲玩好 :반드시 진나라에서 생산되는 것이어야 한다면, 이는 야광주가 조정에 꾸며지지 못할 것이고, 무소뿔과 상아[231]로

231 犀象(코뿔소 서):무소와 코끼리. 무소뿔과 상아.

만든 기물들이 좋아하고 즐기는 것이 되지 못할 것이다.(李斯, 〈上秦皇逐客書〉)

王事: 왕이 명령한 공무(나랏일). 朝聘·會盟·征伐 등 왕조의 큰일.

王事多難 不遑啓居: 나랏일이 어려움이 많아, 편안히 쉴[232] 수가 없네.(《詩經》〈出車〉)

王佐(돕다 좌): 왕을 보좌하는 신하. 임금을 도와 왕업을 이룬 사람.

時稱王佐之才: 당시에 제왕을 보좌할 만한 재목이라 일컬어졌다.(奇大升, 〈天使許(國)魏(時亮)問目條對〉)

*王佐才: 왕을 보좌하여 나라를 세우고 통치할 수 있는 재능.

○ **王化**: 왕의 教化.

周南召南 正始之道 王化之基: 《《詩經》의〉〈주남〉과, 〈소남〉은 시작을 바로잡는 도이고, 왕의 교화의 터전이다.(春秋戰國時代 卜商, 〈毛詩序〉)

外官: 지방 각 관아의 벼슬(地方官). 변방을 지키는 관원.

且爲外官: 또 지방관이 되다.(李宜顯《陶峽叢說》)

*京外官: 서울과 외방의 벼슬아치.

外物: 자신의 心身 이외의 온갖 사물(富貴·名利 따위). 物欲을 초월함.

---

232 啓居(책상다리하다 계): 집에서 편하게 지냄.

彼惟不務於實而求於外物故也：저들은 실제에 힘쓰지 아니하고 부귀만 추구했기 때문이다.(韓章錫, 〈原號〉)

僚屬(관리 료) = **僚吏. 僚友. 僚佐. 屬官. 屬吏**：하급 관리.

公之撰東國通鑑 承乏僚屬：공이 《동국통감》을 편찬할 때에 내가 하급관리에 임명되었다.[233](《筆苑雜記》)

窈窕(얌전하다 요, 예쁘다 조) = **窈窱**：얌전하고 정숙한 모양. 요염한 모양. 미녀. 재능이 뛰어난 사람.

關關雎鳩 在河之洲 窈窕淑女 君子好逑：끼룩끼룩 물수리는 강가 모래섬에 있네. 요조숙녀는 군자의 좋은 짝이로다.(《詩經》〈關雎〉)

要之：요컨대. 결국.

要之死日 此慟可釋：요컨대 죽는 날이 되어야, 이 비통함이 풀리리라.(金壽恒, 〈亡女大祥前二日祭文〉)

要害(험준한 곳 해)：조금만 다쳐도 생명에 지장을 주는 몸의 중요한 부분(급소). 사물의 가장 중요한 곳.

일의 관건이 되거나 치명적인 부분. 지리적으로 아주 중요한 곳. 군사상의 요충지.

先使數萬人分登左右峯 欲爭要害：먼저 수만 명을 좌우 봉우리에 나누어 오르게 하여 요충지를 차지하려 하다.(李齊賢, 〈門下侍郎平章事 判吏部事 贈謚威烈公金公行軍記〉)

---

233 **承乏 = 承闕**：빈 직위를 이어받음. 관직에 임명됨을 뜻하는 겸사로 쓰인다.

ㅇ

羽翼(날개 익):새의 날개. 낢. 보좌함. 같은 무리.

君今在羅網 何以有羽翼 :그대는 지금 죄의 그물에 걸렸는데, 어떻게 날개가 있어 날아왔나?(杜甫, 〈夢李白〉)

*天生羽翼:兄弟(형제는 마치 새의 날개처럼 서로 돕는다).

*羽翼已成 = 羽翼旣成. 羽翮已就:날개가 이미 완성됨. 【轉義】 세력이 이미 갖추어짐.

用工:공부를 함. 공력을 들임(공력을 들여야 할 곳).

先生自少時 篤好古文 至白首如一日 用工深至 不作秦漢以下人 :선생은 소싯적에 고문을 독실하게 좋아하여 白首가 되도록 하루 같았고, 공력을 들임이 깊어지자, 秦·漢 이후의 경지를 넘어섰다.(許薰, 〈書記言後〉)

用度:씀씀이(비용). 쓸모.

於國家用度 泰山之微塵 :국가의 용도에 있어, 마치 泰山의 먼지와 같다.(李齊賢, 〈在大都上中書都堂書〉)

用力:힘을 씀. 재능을 발휘함. 작용과 효력.

用力之久 庶乎一旦廓然而有以知仁矣 :힘쓰는 것이 오래되면 거의 하루아침에 탁 트여 인을 알 수 있을 것이다.(《朱子大全》〈答張敬夫〉)

用兵:武器를 사용함. 무력을 써서 전쟁을 벌임.

吾欲用兵 誰可伐者 :내가 전쟁을 벌이고자 하니, 어디를 정벌하는 것이 좋겠는가?(《韓非子》)

用事:군사를 일으킴. 執政함(권력이나 실권을 장악함). 어떤 일을 하는 바가 있음.

법에 따라 刑을 집행함. 祭祀의 일을 거행함. 문학 작품 속에서 典故를 인용함. 계절에 어울림.

昔秦時趙高用事 有正先者 非刺高而死：옛날 진나라 때 조고가 권세를 휘두르자, 정선이란 자가 조고를 비판하다가 죽었다.(《漢書》)

容儀：용모와 행동거지. 용모와 풍채. 禮儀.

雖去千載之遠 如聞其謦咳而接見其容儀也：그와 1천 년이 떨어져 있는데도, 그 말소리[234]를 듣는 듯하며 그 용모와 풍채를 보는 듯하였다.(鄭道傳, 〈讀東亭陶詩後序〉)

一人白衣綸巾 容儀玉雪：한 사람은 白衣를 입고 윤건[235]을 썼는데, 용모와 풍채가 흰 옥과 흰 눈처럼 깨끗했다.(申光漢, 〈書齋夜會錄〉)

用意：마음을 씀. 어떤 일을 하려고 마음을 먹거나 문제를 처리함. 의도. 주의를 기울임.

文如翻水成 初不用意爲：문장은 물을 뒤집듯 쉽게 이루어, 애당초 짓는데 마음을 쓰지 않았네.(韓愈, 〈寄崔二十六立之〉)

用人：인재를 임용함. 사용하는 사람. 민중을 부려 씀. 사람을

---

234 **謦欬**(기침 경, 기침 해)：윗사람에게 뵙기를 청할 때 자기가 있음을 알리기 위하여 하는 기침. 윗사람을 공경하여 그의 '기침 소리'나 '말씀'을 이르는 말.

235 **綸巾**(굵은 실 륜)：청색 실로 짠 頭巾. 일설에는 청색 실이 배합된 두건이라고 한다. 諸葛亮이 軍營에서 썼다 하여 諸葛巾이라고도 한다.

죽여 제사지냄. 하인.

用人惟取才德 而不問其地閥 : 인물을 등용함에 오직 재주와 덕으로 취하고, 문벌은 묻지 않았다.(金澤榮, 〈新高麗史序〉)

容或(혹시 용) : 혹시. 아마(=意者). 어쩌면.

容或有閒漫之作 : 혹시 한만[236]한 작품이 있을 수 있다.(李宜顯 《陶峽叢說》)

寓居(붙어 살다 우) : 더부살이함. 객지에 붙어 삶.

今余科文風月 皆非所事 寓居山中 其窮益甚 : 지금 나는 과거 문장이나 풍월을 다 일삼지 않고, 산속에 머물러 살아가니, 그 궁색함이 더욱 심하다.(金樂行, 〈織席說〉)

寓目(부치다 우) : 눈여겨 봄. 주목함.

因記興國寺法泉方丈 獲嘗寓目是集 : 예전에 興國寺 法泉의 方丈室[237]에서 이 책을 얻어 보았다.(李穡, 〈十韻詩序〉)

＊游心寓目 : 유의하여 봄. 자세히 살펴봄.

雨濕(젖다 습) : 비가 내려 공기가 눅눅함.

行忙雨濕歸程遠 不與高門談笑然 : 바쁜 걸음에 비가 내려 눅눅하고 돌아갈 길 멀어, 당신[238]과 더불어 얘기하지 못하오.(《松窩雜說》)

---

236 閑漫 : 대수롭지 않고 보잘 것 없음.

237 方丈 : 사방 1장의 넓이. 사방 1장에 차린 음식(아주 많이 차린 음식). 절. 주지가 거처하는 방.

238 高門 : 훌륭한 집이나 가문.

憂虞(근심하다 우) : 걱정하고 두려워함.

動必以時知進退 貧而樂道絶憂虞 : 행동은 반드시 적절한 때에 하니 진퇴를 아는 것이고, 가난하되 도를 즐기니 걱정이 없네.(閔思平, 〈復次前韻〉)

優遊(여유있다 우) = **優游** : 한가로이 지냄.

느긋함. 노닐며 구경함.

優游以卒歲 : 한가하게 지내며[239] 세월을 보내다.[240](李穀, 〈興王寺重修興教院落成會記〉)

＊**優遊卒歲** : 여유롭고 한가로이 나날을 보냄.

＊**優遊自適** : 느긋하게 만족스러워함.

迂闊(사리에 어둡다 우, 활) : 사리에 어둡고 세상 물정을 잘 모름.

託吾儒之迂闊 : 우리 儒者의 우활한 점에 몸을 기대다.(李穀, 〈賀崔寺丞登第詩序〉)

雲孫 : 8代孫(子 1대, 孫 2대, 曾孫 3대, 玄孫 4대, 來孫 5대, 昆孫 6대, 仍孫 7대, 雲孫 8대).

第恐百世之後 日月寢悠 丹青漫暗 則雖雲孫 有不識誰像者 況他人哉 : 다만 오랜 세대 뒤에, 세월이 점차 멀어져 丹青이 퇴색하여지면,[241] 비록 후손들일지라도, 누구의 초상인지 모르는 사람이 있을 것인데, 하물며 다른 사람이리까? (李奎報, 〈與朴侍御犀書〉)

---

239 **優遊** = **優游** : 하는 일 없이 한가롭고 편안하게 지냄.

240 **卒歲** : 세월을 보냄. 한 해를 보냄.

241 **漫暗**(흐릿하다 만) : 흐릿함.

雲樹:구름과 나무. 높이 솟은 나무. 친구 간에 멀리 떨어져 있음. 杜甫가 멀리 있는 李白을 그리며 지은 시에서 유래하였다.

渭北春天樹 江東日暮雲 :위수 북쪽엔 봄 하늘에 우뚝 선 나무, 강 동쪽엔 저문 날 구름.(杜甫, 〈春日憶李白〉)

＊雲樹遙隔:두 곳이 서로 멀리 떨어짐.

＊雲樹之懷:구름 위로 높이 솟은 나무를 그리워하는 마음. 【轉義】 마음속에 품어 두고 그리워하는 생각.

云爾:이와 같을 뿐이다. 이와 같이 말함.

子曰 女奚不曰 其爲人也 發憤忘食 樂以忘憂 不知老之將至云爾 :공자께서 "너는 어찌 그의 사람됨이 분발[242]하면 먹는 것도 잊고, 〈이치를 깨달으면〉 즐거워 근심을 잊어, 늙음이 장차 닥쳐오는 줄도 모르는 것이 이와 같을 뿐이라고 말하지 않았는가?(《論語》〈述而〉)

云何 = 云胡:왜(무엇 때문에). 어떠한가(=如何).

陟彼砠矣 我馬瘏矣 我僕痡矣 云何吁矣 :저 바위산에 올라가려니, 내 말이 병들고 내 하인도 병이 났네. 아! 어찌하면 좋을까?(《詩經》〈卷耳〉)

雲漢:은하수. 높은 하늘. 왕의 미덕·문장. 무더운 여름날의 가뭄.

周 宣王이 가뭄이 들자 맑은 날의 밝은 은하수를 바라보며 비가 오기를 빌었다는 데서 유래하였다.

---

242 **發憤**(성내다 분):열중하여 노력함. 몸과 마음을 다하여 애를 씀. 분발하여 떨쳐 일어남. 불만을 터뜨림. 원한을 품음. 분개함.

雲漢猶堪任意飛 稻田胡自蹈危機:높은 하늘에선 오히려 마음대로 날수 있는데, 어찌하여 벼 밭의 위험함[243]을 스스로 밟는가?(權思復, 〈放雁〉)

源流:물의 근원과 支流. 근원. 사물의 기원과 推移. 親屬이나 世系. 옛날과 지금.

爰有五世顯刻 可考其姓系源流:이에 5대의 묘비[244]가 있어 그 성씨의 근원과 지류를 상고해 볼 수 있다.(金昌翕, 〈墓誌銘〉)

原隰(진펄 습):넓고 평탄한 지역과 낮고 습한 지역(사신의 임무를 수행하는 어려움).

皇皇者華 于彼原隰 駪駪征夫 每懷靡及:반짝반짝 빛나는 꽃들이여, 저 언덕이랑 진펄에 〈피었네〉. 부지런히 달리는[245] 사나이는, 행여 못 미칠까 염려하도다〔이 시는 使命을 받고 떠난 신하가 행여라도 임금의 뜻에 미치지 못할까 매양 염려하는 뜻을 노래한 것이다〕.(《詩經》〈皇皇者華〉)

原任 = 元任:前官.

余以原任吏部郞 差防禦從事官赴嶺南:나는 전임 이조 郞官[246]으로서 防禦從事官에 차임되어 嶺南으로 갔다.(李睟光, 〈年豐傳〉)

＊**原任大臣**:前任의 대신.

---

243 **危機**:위험한 때나 고비. 잠재된 위험.

244 **顯刻**:글씨나 문장을 환히 드러나게 새긴 것(墓碑).

245 **駪駪**(말이 많다 선):말이 떼를 지어 빨리 달리는 모양.

246 **郞官**:六曹의 5~6품관인 正郞이나 佐郞의 자리에 있던 사람.

月華:달. 달빛. 달 주위를 감싼 오색 빛의 고리.

銀河清淺<u>月華</u>饒 也喜神仙會此宵 :은하수는 맑고[247] 달빛은 풍요로운데, 신선이 이 밤에 만나는 것 또한 좋구나.(林椿, 〈七夕〉)

秋陰散盡<u>月華</u>清 一夜天公似有情 :가을 흐린 날씨[248] 다 흩어지고 달빛이 맑아, 하룻밤에 천공[249]도 정이 있는 듯하네.(權韠, 〈卽事〉)

危機:위험한 때나 고비. 잠재된 위험.

誓墓那因一懷祖 人間處處是<u>危機</u> :은거[250]가 어찌 한갓 조상이 그리워서겠는가? 세상이 곳곳마다 위기로다.(陸游, 〈上書乞祠〉)

委靡(시들다 위, 미):기가 꺾임(풀이 죽음). 유순함.

俗習卒至於<u>委靡</u>而不回 :속습이 끝내 시들해져서 회복하지 못하는 데 이르렀다.(成俔, 〈濡溪詩集序〉)

*委靡不振:쇠퇴하여 힘차지 못함.

喟然(한숨 쉬다 위) = **喟焉. 喟爾**: 감탄하거나 탄식하는 모양.

余於是<u>喟然</u>而嘆 :나는 이에 휴하고 탄식하였다.(河受一, 〈病竹說〉)

危坐:꿇어앉음(=跪坐). 단정하게 앉음(=正坐).

神遊古今常<u>危坐</u> 志在乾坤不掃門 :정신은 고금에서 놀아 늘

---

247 清淺:물이 맑고 얕음. 은하수(李白, 〈遊太山〉 "擧手弄清淺 誤攀織女機" 【王琦 注】 古詩 河漢清且淺).

248 秋陰:가을의 흐린 날씨. 가을의 나무 그늘.

249 天公:하느님.

250 誓墓:벼슬을 내놓고 고향으로 돌아가 은거하는 것.

똑바르게 앉고, 뜻은 건곤에 있어서 문을 쓸지 않네.(宋翼弼, 〈閑中〉)

*整襟危坐 : 옷깃을 여미고 단정하게 앉음(엄숙하고 謹愼함).

韋布(가죽 위) : 가죽 띠와 베옷. 【轉義】 벼슬하지 않은 선비나 평민의 초라한 옷차림. 가난한 선비나 평민.

帝王之學 雖與韋布不同 經綸之業 固與章句有異 然其本末之序 愚竊以爲無二道也 : 제왕의 학문은 비록 벼슬하지 않은 선비와 다르고, 경륜하는 사업은 진실로 장구나 해석하는 것과 다른 점이 있습니다만, 그 본말의 순서로 치자면 저는 서로 다른 도가 없다고 생각합니다.(《朱子大全》〈答張敬夫〉)

*韋布交 : 지위나 형세를 버리고 평민 신분으로 벗을 사귀고 만나는 일.

有故 : 특별한 사정이 있음. 變故가 있음. 오랜 교분이 있음.

今也爲臣 諫則不行 言則不聽 膏澤不下於民 有故而去 則君搏執之 : 지금엔 신하가 되어 간하면 행하지 않으며 말하면 들어주지 아니하여 은택이 백성들에게 내려지지 못하고, 연고가 있어 떠나가면 군주가 그를 속박한다.(《孟子》〈離婁 下〉)

有年 : 豐年. 여러 해. 장수를 누림.

此女家貧 乞啜而反哺 有年矣 : 이 여자의 집이 가난하여, 끼니를 구걸하여[251] 부모의 은혜를 갚은 지,[252] 여러 해입니

251 乞啜(먹다 철) : 음식을 구걸함.

252 反哺(음식물 포) : 새끼 까마귀가 먹이를 물어다가 어미 까마귀에게 먹임. 【轉義】 자식이 부모가 길러준 은혜를 갚는 효성을 비유하는 말.

다.(《三國遺事》)

幽堂 : 깊고 고요한 대청. 무덤(=幽宮. 幽扃. 幽室. 幽臺. 幽竁. 幽墟. 丘壠. 丘塋).

納銘幽堂 以告無疆 : 무덤 속에 墓誌銘을 넣어, 영원히 알리노라.(尹拯, 〈刑曹參議李公墓誌銘〉)

流落 : 零落하여 객지를 떠돎. 쇠락함. 유실됨. 뜻을 이루지 못함.

流落既久 : 쇠락한지 이미 오래되다.(林椿, 〈中秋會飮序〉)

流離 : 재해나 전란 등으로 정처 없이 떠돌아다님(=流移). 줄줄 흐름.

광채가 현란한 모양. 문장 따위가 유창하고 文彩가 뛰어남. 감아 도는 모양. 새를 그물로 잡아 도망할 수 없게 가둠(놓아줌).

瑣兮尾兮 流離之子 : 자잘하고 자잘한,[253] 저 떠돌아다니는 사람들이로다.(《詩經》〈旄丘〉)

幽明 : 有形과 無形의 사물. 晝夜(=陰陽). 生과 死. 사람과 귀신. 善惡. 賢愚.

其何顔立於幽明之間耶 : 무슨 면목으로 지하에서 마주하겠는가?(金富軾, 〈金后稷傳〉)

三載考績 三考 黜陟幽明 : 3년마다 근무 성적을 考課하고,[254] 세 번을 고과한 뒤에 무능한 자를 내치고 유능한 자를 승진시켰다.(《書經》〈舜典〉)

---

253 **瑣尾**(자잘하다 쇄) : 자잘함.

254 **考績**(공 적) : 일정한 기준에 따라 관리의 치적을 심사하는 일.

流放 = 流極. 流竄. 流逐 : 죄인을 변방으로 귀양 보냄. 죄인을 먼 곳으로 쫓아냄.

竝遊諸人 相繼流放 : 교유하던 사람들이, 서로 이어서 유배되었네.(申欽, 〈諭祭文〉)

流散 : 의지할 곳을 잃고 흩어져 떠돎. 사라짐

其人之流散死亡 皆莫之恤 : 그 사람들이 떠돌다가 사망하는 것을 모두 아랑곳하지 않는다.(鄭道傳, 〈登羅州東樓 諭父老書〉)

柳絮(솜 서) : 버들개지(=柳綿. 柳花. 모양이 솜과 비슷하며 바람에 날려 흩어지기 때문). 눈꽃.

【**轉義**】 文才가 있는 여자나 아름다운 詩句. 晉나라 謝安의 질녀 道蘊이 눈 내리는 것을 '柳絮가 바람에 날리는 것과 같다'고 한 구절에서 비롯되었다.

顚狂柳絮隨風舞 輕薄桃花逐水流 : 미친 버들개지는 바람 따라 춤을 추고, 경박한 복사꽃은 물을 따라 흐르누나.(杜甫, 〈絶句漫興〉)

＊**柳絮風** : 버들개지가 날릴 무렵에 부는 바람(봄바람).

諭書(깨우치다 유) : 임금이 백성들에게 깨우쳐 알도록 타이르는 말을 적은 글.

임금이 觀察使·節度使·防禦使 등에게 내리는 명령서.

未幾 聖上聞侯治績爲一道之最 下諭書褒獎 : 오래지 않아 임금이 尹孝孫의 치적이 한 도에서 으뜸이라는 것을 듣고 글을 내려 포상하여 장려하다.(徐居正, 〈璽書褒獎記〉)

ㅇ

有素(본디 소) : 본디부터 있음. 유래가 오래됨. 오랜 교분이 있음. 평소와 마찬가지임. 일정한 소양을 갖춤.

蓋必平日 莊敬誠實 涵養有素 方能如此 : 대개 평상시에도 반드시 공경하고 성실하여, 함양함이 본디부터 있어야 만이, 바야흐로 이렇게 할 수 있다.(《朱子全書》)

儒術 : 儒家의 학설·사상.

外設鄕校 以興儒術 : 밖으로는 〈전국에 걸쳐〉 향교를 설치하여 儒術을 진흥시켰다.(奇大升, 〈天使許(國)魏(時亮)問目條對〉)

有時 : 때로. 이따금. 때가 있음. 제때나 제철이 있음.

仕非爲貧也 而有時乎爲貧 : 벼슬함은 가난 때문이 아니지만 때로는 가난 때문에 벼슬하는 경우가 있다.(《孟子》〈萬章 下〉)

＊**有時乎** : 어떤 때에는.

○

留心 : 머물러 있으려는 마음. 마음을 쏟음(관심을 가짐).

須留心實用之學 : 모름지기 실용적인 학문에 마음을 쏟아야 한다.(丁若鏞, 〈寄二兒〉)

儒雅 : 학식이 해박하고 품행이 단정한 선비나 문인. 학문이 깊고 넓음. 儒術. 고상하고 멋이 있음. 典雅함.

文宗繼緖 篤志儒雅 : 문종이 왕위를 계승한[255] 뒤로는 단정한 선비에 뜻을 두었다.[256](曺偉, 〈讀書堂記〉)

---

255 繼緖 = 繼序 : 선조의 功業을 계승함.

256 篤志 : 온 마음을 기울임. 뜻을 바꾸지 않음.

誘掖(달래다 유, 부축하다 액) : 인도하고 부축함. 이끌고 도와줌.

已知復齋賢 誘掖感其衷 : 이미 복재의 어짊을 알고는, 이끌고 도와 준 그 마음에 감격하였네.(申欽, 〈復齋傳筆歌〉)

悠然(아득하다 유) : 한적한 모양. 담박한 모양. 深遠한 모양. 오래된 모양. 멀고 광활한 모양. 근심하고 슬퍼하는 모양.

採菊東籬下 悠然見南山 : 동쪽 울타리 아래에서 국화를 따다가, 유유히 남산을 바라보네.(陶潛, 〈雜詩〉)

有爲 : 일을 함이 있음. 큰일을 함.

君子將有爲也 將有行也 問焉而以言 : 군자가 장차 일을 하고 장차 행동을 하려 할 때에, 물으면 말로써 제시해준다.(《周易》〈繫辭傳 上〉)

＊有爲之才 : 큰일을 할 수 있는 재주.

留意 : 마음에 둠. 관심을 가짐.

副使不留意 : 부사가 마음에 두지 않았다.(《高麗史》)

遺意 : 죽은 사람이 남긴 뜻. 前人의 염원이나 의견. 前人이 남기거나 옛 사물에 담겨 있는 의미.

蓋其詩之所以冠冕百家者 以得三百篇遺意也 : 그의 시가 백가의 으뜸[257]이 되는 까닭은 《시경》의 남긴 뜻을 얻었기 때문이다.(丁若鏞, 〈寄淵兒〉)

幽人 = 隱士.

---

257 冠冕 : 옛날 帝王이나 벼슬아치들이 쓰던 冠(벼슬). 첫째. 윗자리를 차지함. 장엄하고 당당함.

ㅇ

幽人偏愛靑山好 爲是靑山靑不老 : 隱士가 몹시도 청산을 사랑하니, 청산이 늘 푸르러 늙지 않기 때문일세.(胡宏, 〈跋胡五峰〉)

遺逸:은거함(隱士). 잃어버림. 선발에서 빠진 인재(버려져 등용되지 못함). 전 왕조부터 살아온 사람.

近世遺逸 除拜不過冗官 : 근세의 隱士인데도 제수한 벼슬[258]은 보잘것없는 관직에 불과하다.(趙任道, 〈書南冥先生次花潭詩後〉)

流傳:전해 내려옴. 퍼져나감.

率然著出孺茶詩 豈意流傳到吾子 : 우연히[259] 작설차[260]의 시를 지었는데, 어찌 그대에게 전해짐을 뜻했으리?(李奎報, 〈孫翰長復和 次韻寄之〉)

猶且:똑같음. 여전히. 오히려.

猶且充滿天下 : 여전히 천하에 가득하다.(韓章錫, 〈焚稿識〉)

遺風:전대부터 전해 내려오는 풍속과 교화. 매우 빠르고 거세게 부는 바람. 駿馬.

仰聖德而歌遺風 : 聖德을 우러르며 전해오는 풍속과 교화를 노래하다.(鄭道傳, 〈登羅州東樓 諭父老書〉)

六經 = 六藝. 六籍:《詩經》·《書經》·《周易》·《春秋》·《禮記》·《樂記》.

---

258 除拜:벼슬을 줌. 옛 벼슬에서 면직시키고 새 벼슬을 줌.

259 率然:갑작스러운 모양. 경솔한 모양.

260 孺茶:雀舌茶를 가리킴.(《大東韻府群玉》 "晉州花溪 有早芽茶 今之雀舌茶也 李奎報號爲孺茶")

詩書六藝 皆經術也 : 시서육예는, 모두 경술[261]이다.(金宗直, 〈尹先生祥詩集序〉)

六義 = 六詩. 六情 : 《詩經》의 風·雅·頌·賦·比·興을 가리킨다. 風은 각 나라의 민요이고, 雅는 周나라 王畿의 歌曲이며, 頌은 宗廟 제사 때의 음악으로, 《詩經》의 세 體制이다. 賦는 그 사실을 상세히 서술한 것이고, 比는 사물을 들어 비유한 것이며, 興은 사물을 빌어 感興을 일으키게 하는 것으로, 《시경》의 내용에 대한 세 가지 표현 방법이다.

一篇一句皆寓意 詩之六義於此備 : 한 편 한 구절이 모두 뜻 있으니,[262] 시의 육의 이에 갖추었구나.(李奎報, 〈孫翰長復和 次韻寄之〉)

六合 = 六幕. 六漠. 六幽. 六宇. 六際 : 天地와 四方.

放之則彌六合 卷之則退藏於密 : 〈中庸의 이치를〉 놓아두면 천지 사방에 가득 차고 거두면 은밀한 데에 감추어진다.(《中庸章句》 註)

倫紀 : 윤리와 紀綱.

責倫紀綱常之道 : 倫紀와 綱常(三綱五倫)의 도를 맡고 있다.(張顯光, 〈文說〉)

律身(단속하다 률) : 자기가 자신을 잘 단속함.

君子律身 如處女然 : 군자가 자기 몸을 단속할 적엔, 처녀처

---

261 經術 : 經書를 연구하는 학문. 經學.

262 寓意 : 어떤 뜻을 직접 말하지 않고 다른 사물에 빗대어 나타내는 일. 가탁하거나 넌지시 담아낸 뜻.

럼 행동을 해야 하네.(李植, 〈接物箴〉)

融會(통하다 융, 이해하다 회) : 어우러져 하나가 됨. 종합하여 총체적으로 이해함.

融會於吾之胸中 : 내 가슴속에서 총체적으로 이해될 수 있다.(金宗直, 〈尹先生祥詩集序〉)

***融會貫通 = 融貫. 融釋貫通. 融液貫通. 融治. 融會通浹** : 여러 가지 지식이나 도리를 융합하여 총체적으로 철저히 이해함.

殷勤 = **慇懃** : 정이 깊고 두터움. 아첨함. 속마음. 情意가 간절함(간곡함). 禮物. 관심을 가짐. 반복함. 신신당부함. 근면함.

殷勤小梅花 髣髴吳姬面 : 은근하게 말 건네는 작은 매화여, 오희[263]의 얼굴과 비슷하구나.(蘇軾, 〈王伯敭所藏趙昌花二首梅花〉)

銀臺 : 承政院. 西王母가 산다는 곳. 은색 촛대.

玉皇召入蓬萊宮 揮毫吮墨銀臺裏 : 임금님[264]이 宮闕[265]에 불러들여, 은대의 要職에 등용하였네.[266·267](李奎報, 〈孫翰長復和次韻寄之〉)

隱映 : 보였다 안보였다 함.

隔簾人隱映 晴雹散紋枰 : 발 넘어 사람 그림자 보였다 안보였

---

263 **吳姬** : 吳 지방의 미녀. 吳 지방의 여인.

264 **玉皇** : 황제. 玉皇上帝.

265 **蓬萊宮** = **蓬萊. 蓬萊殿** : 唐代에 長安에 있던 궁전 이름.

266 **揮毫**(휘두르다 휘, 붓 호) = **揮翰** : 붓을 휘두름. 글씨를 쓰거나 그림을 그림.

267 **吮墨**(빨다 연) : 붓을 먹물에 적심(곧 글을 짓거나 그림을 그림).

다 하는데, 갠 날 우박이 바둑판[268] 위에 흩어진다.(李奎報, 〈路中 聞樓上棊聲〉)

恩遇 = **恩接**. **恩知**. **恩合**: 임금에게 입는 知遇. 임금의 알아줌.

平生恩遇 報效無地: 평생에 받은 은혜, 갚을 길이 없네.(金台重, 〈祭文〉)

音書 = **音信**. **音耗**. **音詞**. **音息**. **音旨**: 편지. 소식.

千里音書何日到 五更燈火爲誰明: 천 리의 소식은 어느 날 이르며, 오경[269]의 등불은 누굴 위해 밝은가?(鄭澈, 〈臘月初六日夜坐〉)

***杳無音信** = **杳無消息**. **杳無信息**. **杳無音耗**: 소식이 전혀 없음.

衣冠: 옷과 관(士 이상의 신분만 관을 썼기 때문에 士 이상의 복장). 사대부와 벼슬아치. 文明과 禮敎. 입는 것과 쓰는 것을 두루 이르는 말.

***衣冠客**: 벼슬아치가 된 사람.

***衣冠禽獸** = **衣冠土梟**: 의관을 갖춘 짐승. **【轉義】** 짐승과 다름없는 행동을 하는 사람.

***衣冠掃地**: 의관으로 땅을 쓺. **【轉義】** 사대부가 명예와 절조를 돌보지 않고 염치도 없음.

***衣冠優孟** = **優孟衣冠**: 배우가 무대에 등장하여 연기함. 옛것을 흡사하게 모방함. 전국시대 楚의 재상 孫叔敖가 죽은 뒤

---

268 紋枰(바둑판 평): 바둑판.

269 五更: 오전 4시 전후.

優孟이 그의 의관을 입고 그를 흉내내자, 楚 莊王과 신하들이 손숙오가 되살아났다고 여긴 故事에서 비롯되었다.

*衣冠楚楚 = 衣冠濟濟. 衣冠齊楚. 衣冠濟楚. 衣妝楚楚:옷차림이 깔끔하고 단정함.

依舊 = 依然:예전과 다름이 없음. 예전 그대로임.

去年今日此門中 人面桃花相映紅 人面不知何處去 桃花依舊笑東風:지난해 오늘 이 문 안에는, 사람 얼굴과 복숭아꽃이 서로 비춰 붉었다오. 사람은 어디로 갔는지 알 수 없고, 복숭아꽃만 예전처럼 봄바람에 웃고 있네〔여기서 남녀가 정을 나누고 헤어진 뒤 옛일을 추념하는 뜻의 '人面桃花'란 단어가 생겼다고 한다.〕(唐 崔護, 〈桃花依舊嘆春風〉)

ㅇ

依歸:의탁함. 높이 받듦. 목적(핵심).

生死將焉依歸:살아서나 죽어서나 장차 어디로 돌아가 의지한단 말인가?(柳夢寅, 〈答崔評事書〉)

*無所依歸:의지하거나 歸附할 곳이 없음.

意者:대개·아마(추측). 아니면·또는(선택).

天之不迅風疾雨也 海不波溢也 三年於玆矣 意者中國殆有聖人 盍往朝之:〈周나라 成王 때에 周公이 섭정하여 천하가 태평해지자, 越裳氏가 와서 주공에게 '흰 꿩〔白雉〕'을 바치며 우리나라 노인들이 말하기를〉 "하늘에 풍우가 거세지 않고 바다에 해일이 일지 않은 지 지금까지 3년이 되었다. 아마 중국에 성인이 계신 듯한데, 어찌하여 가서 조회하지 않는가?"(《韓詩外傳》)

依俙 = 依約. 依希. 依稀. 髣髴 : 비슷함. 어렴풋함.

弄權宰相不記名 依俙憶得楊與李 : 권력 농단한 재상 이름을 기억하지 못하지만, 어렴풋이 楊國忠과 李林甫라고 기억하네.(唐 元稹, 〈連昌宮辭〉)

以故 = 是故. 是以. 以是. 以此. 因此 : 그러므로. 이 때문에.

以故鏡不言 : 그러므로 거울은 말하지 않는다(李奎報, 〈鏡銘〉)

夷考(평평하다 이) : 고찰함.

其志嘐嘐然曰古之人古之人 夷考其行而不掩焉者也 : 〈맹자가 狂者를 설명한 말 가운데〉 그 뜻이 커서[270] 말하기를 "고인이여! 고인이여!"라고 하지만, 그 행실을 살펴보면 미치지 못하는 사람이다.(《孟子》 〈盡心 下〉)

泥塗(진흙 니, 도) : 진흙(재난·곤경·낮은 지위). 질척한 도로. 업신여김. 재난이나 곤경에 빠짐.

使吾子辱在泥塗久矣 武之罪也 : 〈춘추시대에 杞나라의 성을 쌓을 때 絳縣에서 동원되어 공사장에 나온 노인에게 趙武가 말하였다.〉 "당신을 욕되게도 진흙에 오래 있게 하다니, 이는 저의 죄입니다."(《春秋左氏傳》)

利鈍(무디다 둔) : 날카로움과 무딤. 勝敗. 吉凶.

今君赴試去 利鈍非吾量 : 자네가 지금 과거에 응시하러 간다마는, 급제를 하고 못 하는 건 나의 관심 밖의 일이네.(崔岦, 〈送朴秀才汝彬東歸〉)

---

270 嘐嘐(큰소리 효) : 큰소리치는 모양.

*成敗利鈍 = 成敗得失:성공과 실패, 순리와 좌절. 결과의 좋고 나쁨.

籬落(울타리 리):울타리. 방어벽.

山日翳將墜 籬落異前夕 :산의 해는 장차 지는데, 울타리가 어제 저녁과 다르네.(李建昌, 〈峽村記事〉)

邇來 = 爾來:그때 이후. 근래(=比來).

馬上誰家白面生 邇來三月不知名 :말 탄 백면서생[271] 뉘 집 사람인가? 근래 석 달 동안 이름도 몰랐네.(《高麗史》)

彜倫(떳떳하다 이) = 彝倫:사람이 항상 지켜야 할 道理. 常道.

彝倫攸斁 :常道가 무너지다.(《書經》〈洪範〉)

離索(쓸쓸하다 삭):쓸쓸함. 離群索居(벗들을 떠나 쓸쓸히 홀로 삶).

吾離群而索居 亦已久矣 :내가 벗을 떠나 쓸쓸히 홀로 지낸 지가, 오래이다.(《禮記》)

移書:옮겨 씀. 편지를 보냄. 공문을 발송함. 널리 알림.

如相如使蜀 亦移書責父老 :사마상여가 巴蜀에 사신으로 갔을 때에도 글을 보내 그 부로들을 꾸짖었다.(《近思錄》)

以謂:…라고 생각함(=以爲. 以意. 意謂). …라고 말함.

臣以謂所修善政 莫先於置名師興學校 以養人材 :신이 생각

---

271 白面生 = 白面書生. 白面. 白面郎君. 白面書郎. 白面兒. 白面儒冠. 白面儒生:한갓 글만 읽고 세상일에 경험이 없는 사람. 책만 읽기 좋아하는 사람.

건대 善政을 닦는 것 중에 이름난 스승을 두어 학교를 흥기시켜 인재를 기르는 것보다 앞서는 것은 없습니다.(《宋名臣奏議》〈上哲宗乞擇名師主太學〉)

釐正(정리하다 리) : 고증하여 바로잡음.

我殿下命之釐正者 爲是也 : 우리 전하께서 改正을 명하신 것이 이것 때문이다.(宋浚吉, 〈語錄解跋〉)

而止 : ~하고서 그치다. ~뿐이다(=而已).

喪致乎哀而止 : 초상은 슬픔에 지극히 할 따름이다.(《禮記》)

移牒(공문서 첩) : 동급 기관이나 사람에게 정식 공문으로 통지함.

時巡問使宋國瞻移牒於碩 令修山城 : 당시 巡問使 宋國瞻이 庾碩에게 공문을 보내어 산성을 수축케 하였다.(《高麗史》)

麗澤(이어지다 리) : 두 연못이 연결되어 있음.

【轉義】 벗끼리 서로 도와 학문을 강론하고 연마함.

麗澤兌 君子以 朋友講習 : 두 개의 연못이 나란히 붙어 있는 것이 태괘이니, 군자가 이 괘를 써서 붕우 간에 학문을 강습한다.(《周易》〈兌卦〉)

夷險(평평하다 이) : 음흉한 자들을 평정함. 평탄함과 험준함. 공정함과 치우침. 곤란함. 험준함.

君子見其節 則思砥礪名行 夷險一致者 : 군자는 그(대나무) 마디를 보면, 이름과 행실을 다듬어,[272] 평탄하거나 험하거나 일치하게 할 것을 생각한다.(白居易, 〈養竹記〉)

---

272 **砥礪**(숫돌 지, 려) = **砥厲** : 숫돌. 숫돌에 갊. 연마함. 격려함.

以後 = 以降. 以來. 以往. 以下. 以還. 爾後. 而後: 이후.

啓予足 啓予手 試云 戰戰兢兢 如臨深淵 如履薄氷 而今以後吾知免夫 :〈曾子가 운명하기 직전에 제자들에게〉 "이불을 걷고 자신의 손과 발을 보라. 《시경》에 이르기를 '전전긍긍하여 깊은 못에 임한 듯이 하고 얇은 얼음을 밟는 듯이 하라.'라고 하였으니, 지금 이후에야 나는 그런 근심을 면하게 되었음을 알겠다!"(《論語》〈泰伯〉)

引見: 안내하여 서로 만나게 하거나 소개함. 접견함. 황제가 신하나 빈객을 접견할 때 대신이 데리고 들어가 뵙게 하는 일.

五歲我莊憲王引見 : 5세 때는 우리 世宗께서 김시습을 접견하였다.(奇大升, 〈天使許(國)魏(時亮)問目條對〉)

人望: 사람들의 所望이나 囑望. 사람들이 우러러 사모하는 사람.

見除目 達官或非人望 則必哭曰 斯民何罪 此人當此任耶 : 관직을 제수하는 문서[273]에서 인망 없는 인물이 고위 고관[274]에 임명되었다는 것을 알게 되면, 반드시 통곡하되 "이 백성이 무슨 죄가 있어서 이 사람이 이 책임을 맡게 되었나?" 하였다.(李珥, 〈金時習傳〉)

＊**不人望**: 세상 사람이 따르고 우러러볼 만한 덕망을 갖추지 못함.

湮沒(묻히다 인): 없어짐. 매몰됨. 물에 잠김.

湖中佳麗地 湮沒世無聞 : 호서의 아름다운 곳, 묻혀 있어 세

---

273 除目: 관직을 제수하는 문서.

274 達官: 높은 벼슬.

상사람 아무도 모르지.(柳得恭, 〈釵山隱君詩〉)
∗湮沒無聞 : 파묻혀 알려지지 아니함.

因循 : 꾸물댐. 계승함. 옛것을 지킴. 경솔함. 머뭇거리며 떠나지 못함. 떠돌아다님.

因循而莫之矯 吾且奈何哉 : 옛것만을 지키면서 이를 바로잡지 못하니, 낸들 어떻게 할 수 있겠는가?(丁若鏞, 〈奸吏論〉)
∗因循姑息 : 낡은 관습이나 폐단을 벗어나지 못하고 당장의 편안함만을 취함.
∗苟且因循 : 그럭저럭 보내며 옛 것을 따름.

因襲(그대로 따르다 습) : 前例를 답습함. 앞뒤 연이음.
反循前代因襲之弊 : 도리어 전대의 답습한 폐단만 따르다.(權近, 〈壽昌宮災上書〉)

一端 : 한 끝. 한 부분. 피륙 반 필.
異端 非聖人之道而別爲一端 : 異端은 聖人의 道가 아니고 따로 한 부분이 된 것이다.(《論語集註》)
∗一段雲 : 한 무더기의 구름(숱이 많은 머리를 비유).
∗一段春 : 한 조각의 봄 경치.

一帶 : 하나의 띠. 길게 뻗은 강이나 산줄기. 일정한 범위.
沙汀立馬待回舟 一帶煙波萬古愁 : 모래밭에 말 세우고 돌아갈 배 기다리나니, 한 가닥 물안개가 만고의 시름이네.(崔致遠, 〈題芋江驛亭〉)

一得 : 취할 만한 한 가지(한 가지의 장점). 한 가지를 얻음. 모

두 얻음. 언젠가는 할 수 있음.

***愚者千慮必有一得 = 愚者千慮亦有一得. 愚者千慮或有一得**:아무리 어리석은 사람이라도 생각을 거듭하다 보면 좋은 계책을 생각해 낼 수 있음(자기의 의견에 대한 謙辭).
***一得之愚**:어리석은 사람이라도 1천 번 생각하면 한 가지 취할 만한 견해가 있음(자기의 의견을 謙辭).
***愚者一得**:어리석은 사람이라도 잘하는 것이 있음.

一例:한 가지 규칙. 한결같음(=一味. 一向. 一直. 一何). 하나의 보기.

一例以褒美語作序而送之:한결같이 아름다운 말로 기려서 글을 지어 전송하였다.(李宜顯《陶峽叢說》)

一抹(미미한 자국 말):한 가닥. 한 조각. 한 줄기. 한 번 번득 스쳐감. 동시에. 한꺼번에 지워 버림.

谿上青山三百疊 快馬輕衫來一抹:계곡 위에는 푸른 산이 삼백 겹, 날랜 말에 저고리[275]로 순식간에 지나왔네.(蘇軾, 〈自興國往筠宿石田驛南卄五里野人舍〉)

一命:周代의 一命에서 九命까지의 官階 중 가장 낮은 관계. 가장 낮은 관직. 처음 관직을 받음(=初仕. 筮仕).

같은 운명. 한 사람의 목숨.
一命而僂 再命而傴 三命而俯 循牆而走 亦莫余敢侮 饘於是鬻於是 以餬余口:〈孔子의 선조인 正考父는〉 첫 번째 벼슬을

275 輕衫:여름철에 입는 얇고 말쑥한 저고리.

받자 머리를 숙였고, 두 번째 벼슬을 받자 몸을 굽혔고, 세 번째 벼슬을 받자 허리를 굽혔다.(《春秋左氏傳》)

*一命之士 : 아주 낮은 벼슬에 있는 사람.

逸民(숨다 일) = **逸人** : 세상을 등지고 은거하는 사람.

自喜淸時作逸民 還嫌投刺謁邦君 : 맑은 세상에 숨어 사는 사람 된 것 스스로 기뻐하고, 명함 내밀어[276] 임금 뵙는 일 도리어 꺼린다네.(徐敬德, 〈次留守沈相國彦慶韻〉)

一分 : 한 푼. 전체의 일부분. 매우 작은 부분이나 적은 분량.

↔ **十分** : 부족함이 없이 충분함. 전부.

有何一分裨補 : 어찌 〈世敎에〉 한 치의 보탬이 되겠는가?[277](李宜顯《陶峽叢說》)

逸豫(즐기다 일, 즐거워하다 예) : 놀며 즐김.

惟日孜孜 無敢逸豫 : 매일 부지런히 힘쓸 것이요 감히 놀지 마라.(《書經》〈君陳〉)

一依 : 한결같이 ~에 의거함.

溪山一依舊 風物頗殊矚 : 산천은 한결같이 옛날 모습 그대론데, 풍물은 모습이 제법 많이 바뀌었네.(黃玹, 〈沙谷訪李耕齋〉)

一任 : 한 차례의 임기. 전적으로 맡김.

斜風細雨醉不歸 一任江湖知姓名 : 비낀 바람과 가랑비에 취

---

276 **投刺**(명함 자) : 명함을 전해 올림(곧 뵙겠다는 뜻을 전하는 것). 명함을 남겨 둠(벼슬에서 물러나 은퇴함).

277 **裨補**(돕다 비) : 도와서 보완함. 보태고 늘여 도움이 되게 함.

해 돌아오지 않으니, 강호에 내 성명을 알아줌을 전적으로 맡기네.(姜希孟, 〈題四佳漢都十詠屛風〉)

一自:~로부터. 어떤 행동이나 현상의 시발점을 나타낸다.

一自以後 別加善待矣:그 후로부터 지금까지 더욱 각별히 대접하였다.(《靑邱野談》)

**一自以後*:그 뒤부터 지금까지.

日者:天文이나 卜筮로써 길흉을 점치는 사람. 지난날. 어느 날. 근래.

日者言今年歲裏年月最吉:日者가 "올해가 가장 길한 해"라고 하다.(李玄逸, 〈乞假疏〉)

一場:한 장소. 한바탕(한 번). 科場에서 한 차례 보이는 시험.

***一場春夢**:한바탕의 봄 꿈(헛된 영화나 인생의 덧없음).

***一場風波**:한바탕의 심한 야단이나 싸움을 비유적으로 이르는 말.

ㅇ

一錢:한 푼의 돈(얼마 안 되는 돈). 무게의 단위인 한 전(한 兩의 10분의 1).

***不直一錢 = 不直一文. 不値一錢**:한 푼의 가치도 되지 못함(남을 멸시하는 말).

***不名一錢 = 不名一文**:한 푼의 돈도 가진 것이 없음(매우 가난함).

***一錢如命**:한 푼의 돈을 생명과 같이 여김(매우 인색함).

***一錢太守**:後漢의 淸白吏 劉寵의 별명. 그가 會稽太守를 그만두고 떠날 때 그 지방 父老들이 돈 1백 전씩을 노자로 주었으

나 한 사람 당 大錢 한 잎씩만 받았다는 고사에서 나온 말.

一節: 한 단락. 한 조목. 변함이 없는 절개. 임금이 사신이나 장수에게 주는 信標.

一節夷險際 誓心濟時屯: 평탄하건 험난하건 한결같은 절개로서, 국가의 어려움을 구제하려 맹세했네.(許穆, 〈完陽君改葬哀詞〉)

*白首一節: 나이는 늙었지만 志節은 쇠하지 않았음.

一至於此 = 一至於斯. 至於此: 마침내 이에 이름. 드디어 이 지경에 다다름.

一着不暫捨 使我至於斯: 한번 몸에 붙자 잠시도 놓아주지 않아, 나를 이 지경에 이르게 하였네.(李奎報, 〈詩癖〉)

一何: 어찌하여. 한결같이. 어찌도 그리.

失子將何尤 吾將上尤天 女實主下人 與奪一何偏: 자식 잃은 것을 누구를 탓할까? 내 올라가 하늘을 탓하리라. 당신은 실로 아래 인간 세상의 주재자인데, 생살여탈 어찌 그리 편향되었느냐고.(韓愈, 〈孟東野失子〉)

一行: 한 번 감. 한 줄기. 한 가지 행위. 동행하는 모든 사람. 변함없이 한결같게 행함. 한편으로 …하면서. 【白】 지금 막.

臺諫以微事論削一行人官職: 臺諫[278]이 하찮은 일로 〈使臣〉 일행들의 官職을 깎을 것을 논의하였다.(宋時烈, 〈三學士傳〉)

*一行書: 한 줄의 편지(짧은 편지).

*一行千里: 한 걸음에 천 리를 간다(매우 빠른 속도로 이동함).

---

278 臺諫: 司憲府의 관원과 司諫院의 官員.

淋漓(젖다 림, 스며들다 리) : 축축하게 젖음. 풍부함. 호탕함. 길고 아름다운 모양.

冠崔嵬而切雲兮 劍淋漓而縱橫 : 관은 우뚝하여[279] 구름을 뚫을 듯하고, 칼은 길고 아름다워 종횡무진이네.(《楚辭》〈哀時命〉)
*痛快淋漓 : 매우 후련함. 말이나 문장이 매우 철저하고 상세함.

臨民 : 백성을 다스림.

伊始馭吏臨民 俱有條法 : 그는 부임하자마자 관리를 어거하고[280] 백성을 다스리는 것을, 모두 조례와 법규[281]에 의거해서 행하였다.(李穀, 〈韓州重營客舍記〉)
*臨民之官 : 백성을 직접 다스리는 벼슬아치(지방의 수령).

林下 : 숲 아래. 조용하고 그윽한 곳. 물러나 은거할 수 있는 산림이나 시골. 고상하고 우아함(=林下風氣).

ㅇ

余居林下廬 : 내가 숲 속에 지어 놓은 움막집에서 거처하고 있었다.(李裕元, 〈林下筆記引〉)
*林下士 : 隱士.
*林下意 : 물러나 은거하려는 마음.
*林下風氣 = 林下風. 林下風範. 林下風韻. 林下風致 : 우아하고 고상한 풍채.

立言 : 건의하여 말함. 후세에 교훈이 될 만한 말을 하거나 글을 지음.

---

279 **崔嵬**(높다 최, 외) : 높이 솟은 모양.

280 **馭吏**(부리다 어) : 소속 관리를 통솔함.

281 **條法** : 條例와 법규.

太上有立德 其次有立功 其次有<u>立言</u> 雖久不廢 此之謂不朽：덕을 세우는 것이 최상이요, 공을 세우는 것이 그 다음이요, 훌륭한 말을 남기는 것이 그 다음인데, 이 세 가지는 세월이 아무리 흘러도 없어지지 않으니 이를 일러 썩지 않는 것이라고 한다.(《春秋左氏傳》)

〈ㅈ〉

自家：자기. 자신.

天地之間 非獨人爲至靈 <u>自家</u>心便是草木鳥獸之心也 但人受天地之中以生爾：천지 사이에 사람만 지극히 신령스러운 것이 아니다. 자신의 마음이 바로 초목과 새·짐승의 마음인데, 다만 사람은 천지의 中을 받아서 태어난 것일 뿐이다〔여기서 초목 조수의 마음과 같은 것은 理一을 가리키고, 사람은 천지의 中 즉 全을 받고 물은 偏을 받은 것은 分殊를 가리키는 것으로 흔히 쓰인다〕.(《二程遺書》)

自居：스스로 ~라고 여김. 자처함. 자임함.

公謙<u>自居</u> 實重名輕：공은 겸손으로 자임하여, 실질을 중시하고 이름은 가벼이 여겼네.(林泳, 〈祭拙修齋趙公文〉)

自顧：자신을 돌봄. 스스로 자기를 돌아봄.

甚者至於侮聖言非聖道而不<u>自顧</u>焉：심지어는 성인의 말씀을 모욕하고 성인의 도를 비난하면서 자신을 돌아보지 않는 지경에까지 이르렀다.(任聖周, 〈自序〉)

＊自顧不暇：자신을 돌볼 겨를도 없음. 남의 일까지 신경쓸 틈

이 없음.

自多 : 자만함(스스로 잘난 체함). 본래부터 많음.

茲遊良<u>自多</u> 勝流皆見請 : 이번 유람이 참으로 만족스러워라, 고상한 분들이 모두 초대되었구나.(蔡濟恭, 〈病起 與諸益遊鍊戎臺〉)

自大 : 스스로 대단하다고 여김(잘난 체함). 자신에 대하여 과장함.

病世之學者 捨近而趨遠 處下而闚高 所以輕<u>自大</u>而卒無得也 : 세상의 학자들이 가까운 것을 버려두고 멀리 있는 것을 추구하고, 낮은 곳에 처하여서 높은 곳을 훔쳐보고, 그래서 경솔하게 스스로 위대하다하여 마침내는 얻는 것이 없음을 걱정하였다.(《小學》 〈善行〉)

自得 : 스스로 만족해하거나 편안하게 여김. 스스로 깨달아 얻음.

君子深造之以道 欲其<u>自得</u>之也 <u>自得</u>之則居之安 : 군자가 깊이 나아가기를 도로써 함은 그 자득하고자 해서이니, 자득하면 처하는 것이 편안하다.(《孟子》 〈離婁 下〉)

＊**揚揚自得** : 매우 만족스러워하는 모양.

＊**逍遙自得 = 逍遙自在** : 아무 속박 없이 자유롭고 편안하게 삶. 유유자적함.

自力 : 자기의 역량을 다 쏟음. 자기 힘으로 먹고 삶. 자신의 힘에 의존함. 자연히 생기는 힘.

及十餘歲 始受業於其仲兄 亦不<u>自力</u> : 10여 세 무렵에야, 비로소 둘째 형님으로부터 학업을 배우게 되었으나, 그마저도 열심히 하지 못하였다.(朴世堂, 〈西溪樵叟墓表〉)

紫陌(자줏빛 자, 도성안의 큰 길 맥) : 都城 교외의 길. 도성의 큰 길.

<u>紫陌</u>**紅塵拂面來 無人不道看花回** : 도성 거리에 홍진[282]이 얼굴에 불어오는데, 꽃구경하고 온다 말하지 않는 이 없어라.(劉禹錫, 〈玄都觀〉)

滋味(맛있다 자) : 맛있는 음식. 재미. 맛.

阿衡欲干湯而無由 乃爲有莘氏媵臣 負鼎俎 以<u>滋味</u>說湯 致于王道 : 아형[283]이 탕왕에게 등용되기를 바랐으나 길이 없자,[284] 곧 유신[285]씨의 잉신[286]이 되어 요리 도구를 짊어지고 가서 맛있는 요리로 탕왕을 기쁘게 하여 왕도정치를 이룩하였다.(《史記》 〈殷本紀〉)

自拔(벗어나다 발) : 고통이나 죄악에서 스스로 벗어남. 스스로 분발하여 나쁜 습성을 극복함.

<u>自拔</u>**頹波裏 孤醒衆醉中** : 어지러운 물결 속 스스로 벗어나, 많은 사람 취한 중 홀로 깨었네.(申欽, 〈挽李贊成〉)

自放(멋대로 하다 방) : 예법에 얽매이지 않고 거리낌 없이 행동함. 자기의 才氣를 펼침.

---

282 紅塵 : 車馬가 일으키는 먼지.

283 阿衡 : 殷代의 벼슬 이름. 伊尹이 이 벼슬에 임명되었던 데에서 이윤을 이르기도 한다.

284 無由 : 방법이 없음. …할 길이 없음.

285 有莘 : 나라 이름.

286 媵臣(딸려 보내다 잉) : 시집갈 때 따라가는 臣僕.

凡士之蘊其所有而不得施於世者 多喜自放於山巓水涯之外 : 무릇 소유한 재능을 온축하고도 세상에 펴지 못한 선비는 대부분 산속이나 물가에서 거리낌 없이 산다.(歐陽脩, 〈梅聖兪詩集序〉)

自奉 = 自養 : 스스로 일용할 물자를 공급함. 자기의 생활이나 씀씀이.

自奉甚約 : 자신의 생활은 매우 빈약하다.(李穡, 〈農桑輯要後序〉)

刺史 = 按使. 巡使. 巡相 : 觀察使.

刺史官郡之東樓 按部李東吉所起也 : 관부의 군의 東樓는 按部[287] 李東吉이 세운 것이다.(閔思平, 〈古阜登瀛樓〉)

藉手(빌리다 자) : 남의 손을 빌림. 남의 도움이나 힘을 빌림.

適歲荒 倚門難以藉手 : 때마침 흉년이라, 문에 기대어 빌릴 수단이 어려워졌다.(《三國遺事》)

ㅈ

自是 : 스스로 옳다고 여김. 본래. 다만. 이제부터.

非是科擧累人 自是人累科擧 : 과거가 사람을 구속함이 아니라, 다만 사람이 과거에 구속된다.(《朱子語類》)

自失 : 자기의 존재를 잊을 정도로 얼이 빠짐. 스스로 기회를 놓침. 지조를 잃음. 스스로 도망감.

子貢茫然自失 : 자로는 멍하니 정신을 잃었다.(《列子》〈仲尼〉)

---

287 按部 : 고려시대의 지방 장관인 按廉使이다. 고려는 초기 이래 지방 장관을 節度使, 按撫使, 按察使, 都部署 등으로 부르다가 1276년(충렬왕2)에 안렴사로 고쳤다. 조선 시대의 觀察使에 해당한다.

*茫然自失 = 芒然自失. 爽然自失 : 멍하니 정신을 잃은 모양.

藉甚 : 성대함. 탁월함.

藉甚聲名被海東 : 해동에 덕을 끼친 명성 얼마나 성대하였던가?(崔岦, 〈廣寧贈方副揔幷序〉)

自若 = 自如 : 어떤 일에도 흔들리지 않고 본래의 모습을 유지함.

*談笑自若 = 談笑自如 : 평소와 같이 말하고 웃음. 태도가 자연스러움.

*泰然自若 : 마음에 어떠한 충격을 받아도 동요함이 없음.

自如 : 예전 그대로임. 태연함. 자유로움. 상당함(어지간함).

自如綽綽節 : 毅然한 그 절조는 예전과 똑같다.(崔岦, 〈墨竹〉)

慈闈(안방 위) : 어머니. 皇后.

我慈闈旣諺寫西周演義十數編 : 우리 어머니께서 이미 언문으로 《西周演義》 10여 책을 필사하셨다.(趙泰億, 〈諺書西周演義跋〉)

自任 : 스스로 자기가 옳다고 믿음(자부함). 자신의 임무로 여김. 스스로 감당함.

其自任以天下之重也 : 그는 〈이처럼〉 천하의 중책을 자신의 임무로 여겼던 것이다.(《孟子》 〈萬章 下〉)

自適(만족하다 적) : 아무런 속박을 받지 않고 편안히 즐김.

是役人之役 適人之適 而不自適其適者也 : 이러한 사람은 다른 사람이 할 일을 대신 처리하고 다른 사람의 즐거움을 자신의 즐거움으로 여겨 자기의 즐거움을 스스로 즐거워하지 못하는 자들이다.(《莊子》 〈大宗師〉)

ㅈ

悠悠自適 = **悠然自適** : 속세를 떠나 아무 속박 없이 조용하고 편안하게 삶.

自持 : 스스로 억제함. 스스로 유지함. 자신을 확고하게 지킴.

將修己 必先厚重以自持 : 장차 자신을 닦으려면 반드시 먼저 후중하게 스스로 억제해야 한다.(《近思錄》〈爲學之要〉)

自取 : 자신이 초래함. 스스로 자리를 빼앗아 대신 들어섬. 스스로 장가듦.

小子聽之 淸斯濯纓 濁斯濯足矣 自取之也 : 小子들아 들어라. 물이 맑으면 갓끈을 빨고, 물이 탁하면 발을 씻으니, 자신이 초래한 것이다.(《孟子》〈離婁 上〉)

＊滄浪自取 : 물이 맑고 흐린 데 맞추어 처신한다. 칭찬이나 비난·상이나 벌을 받는 것이 모두 자기의 탓임.

自致 : 자기의 몸과 마음을 다함. 자신의 노력에 의하여 획득함. 어떤 방면에 정력을 쏟음. 스스로 나타냄.

자급함. 스스로 목숨을 끊음. 스스로 어떤 장소에 이름.

吾聞諸夫子 人未有自致者也 必也親喪乎 : 내가 선생님께 그것을 들으니, "사람이 자신의 몸과 마음을 다하는 것이 없지만, 반드시 부모의 상에는 〈정성을 다한다.〉"라고 하셨다.(《論語》〈子張〉)

自許 = **自可** : 자기 자신에 대하여 높게 평가함. 자부함(=自命).

蓋以所選之無瑕類自許矣 : 〈이는〉 자기가 뽑은 것이 흠이 없다는 것을 대체로 자부한 것이다.(《稗官雜記》)

雌黃:광물 자황으로 만든 顔料. 詩文의 잘못된 곳을 자황을 칠하여 정정하였음(=丹墨). 함부로 비평함. 의론함. 善惡.

＊**信口雌黃**:입에서 나오는 대로 함부로 비평함.

＊**口中雌黃**:자기가 한 말에 부당한 점이 있으면 즉시 고쳐 말하는 것.

＊**妄下雌黃**:분수에 걸맞지 않게 남의 글을 논평하거나 수정함.

作人:인재를 임용하고 양성함. 행동함. 사람의 생김새나 됨됨이. 사람 된 도리를 행함. 役夫나 匠人 등 노동에 종사하는 사람.

先王作人之盛心 何其遠哉:先王이 인재를 양성한 그 성대한 마음이 얼마나 원대한가?(李穡, 〈十韻詩序〉)

殘年:한평생의 남은 햇수(늘그막). 歲暮.

世間無用殘年處 衹合逍遙坐道場:세상에 쓸모없는 노쇠한 이 몸이야, 다만 소요하며 도량에 앉아 지냄이 적격이리.(白居易, 〈道場獨坐〉)

＊**風燭殘年**:얼마 남지 않은 생애.

ㅈ

簪紳(비녀 잠, 큰띠 신):관에 꽂는 비녀와 허리띠.

【**轉義**】벼슬살이함.

簪紳解縛人 欲脫知無由:비녀와 허리띠가 사람 매어놓아, 벗어나고 싶으나 길이 없음[288]을 알겠네.(張維, 〈奉和淸陰書懷之作〉)

長年:장수함. 1년 내내. 나이가 많음. 뱃사공.

爲報長年休疾棹 待看孤月夜深明:이르노니 뱃사공은 노를

---

288 無由:방법이 없음. …할 길이 없음.

빨리 짖지 마라, 외로운 달이 깊은 밤에 밝기를 기다려 봐야지.(安軸, 〈鏡浦泛舟〉)

臧否(착하다 장) = **臧不**:선악(이해득실). 품평함(시비와 선악을 판단하여 평가함).

宮中府中 俱爲一體 陟罰臧否 不宜異同:궁중과 부중은 모두 일체이니, 賞善罰惡에 차이를 두어서는 안 된다.(諸葛亮, 〈出師表〉)
＊陟罰臧否:賞罰과 褒貶.

藏修 = **藏脩**:전심으로 배워서 익힘.

君子之於學也 藏焉 脩焉 息焉 遊焉:군자가 학문을 함에 있어서는, 마음속에 항상 간직하고 배운 것을 익히고, 쉬면서 익히고 노닐면서 익힌다〔藏은 늘 학문에 대한 생각을 품고 있는 것이요, 修는 방치하지 않고 늘 익히는 것이요, 息은 피곤하여 쉬는 것이요, 遊는 한가하게 노니는 것이다〕.(《禮記》)

ㅈ

長者:나이·항렬·신분·지위·덕망가 높은 사람. 호방하고 의협심이 있는 사람. 남자에 대한 존칭.

徐行後長者 謂之弟:어른의 뒤에서 천천히 걸어가는 것을 공손하다고 한다.(《孟子》〈告子 下〉)

長往:영영 떠나감. 세상을 피해 은둔함. 죽음을 완곡하게 이르는 말.

先生度終不爲世用 於是有長往之志:선생은 끝내 세상에 쓰이지 못할 것을 짐작하고 이에 아주 떠나 버릴 뜻이 있었다.(李奎報, 〈吳先生德全哀詞〉)

杖策 = 杖筴 : 지팡이를 짚음. 말채찍을 잡음. 순종함.

古公杖策 其民五倍 文王西伯 天下歸之 : 古公亶父[289]가 지팡이 짚고 떠나자 따라온 백성이 다섯 배로 불었고, 문왕이 서백이 되니 천하가 귀의하였다.(《後漢書》〈陳龜傳〉)

張皇(盛하다 황) : 확대함. 드러내어 드날림. 당황함. 과장함. 겉치레함.

其天才自高 長於操縱 非徒爲張皇者也 : 그는 타고난 재주가 본디 높아, 문장 구사[290]에 뛰어났던 것이니, 부질없이 과장하여 쓰기만 한 것이 아니다.(金昌協, 〈農巖雜識〉)

*張皇失措 : 당황하여 어찌할 줄을 모름.

臧獲 : 노비(종).

妻兒臧獲 矉之皆不欲就居 : 처자와 종들은 이맛살을 찌푸리며 모두 들어가 살려고 하지 않았다.(李奎報, 〈桂陽自娛堂記〉)

才力 : 재능. 才智와 力量. 經濟力.

其氣調才力 實不及古人 : 그 기상과 격조[291] 및 재주와 능력은, 사실 옛사람에 미치지 못하였다.(金昌協, 〈農巖雜識〉)

才分 : 재능. 타고난 자질.

才分極高 : 타고난 재능이 지극히 높다.(申翊聖, 〈芝峯集跋〉)

---

289 古公 : 처음으로 국호를 周라 한 太王 古公亶父로, 맏아들이 泰伯, 둘째가 仲雍, 막내가 季歷(文王의 아버지)이다.

290 操縱(잡다 조, 놓아두다 종) : 문장을 쓸 때에 取舍나 起伏 등의 다양한 방법으로 변화를 주는 일.

291 氣調 : 氣概. 氣韻과 才氣.

財用 : 쓸 수 있는 재물. 재료와 용구.

方性貪汚而少廉隅 旣揔管財用 : 孔方의 성질이 욕심 많고 더러워 염치[292]가 없었는데, 이제 재물을 도맡게 되었다.(林椿, 〈孔方傳〉)

載籍 = 簡冊 : 서적.

夫學者載籍極博 猶考信於六藝 : 무릇 학자는 서적이 지극히 광범하지만 그럼에도 육경[293]에서 진실한 근거를 찾는 법[294]이다.(《史記》〈伯夷列傳〉)

才華 : 밖에 나타난 빛나는 재능. 주로 文藝 방면의 재능을 가리킨다.

金翰林克己詩 …誠富贍之才華也 : 김극기의 시 …진실로 넉넉한 재주이다.(《補閑集》)

低頭 : 머리를 숙임(생각에 잠겨서 머리를 숙임=低面. 低勉). 머리를 숙이고 굴복함(=低面. 低首. 低簪)

ㅈ

擧頭望明月 低頭思故鄕 : 고개 들어 밝은 달 보고, 머리 숙여 고향 그리네.(李白, 〈夜思〉)

齟齬(어긋나다 저, 어) : 위아랫니가 서로 맞지 않음. 서로 저촉되어 화합하지 않음.

길이 순조롭지 못함(주로 벼슬길을 비유한다). 이별함.

---

292 **廉隅**(절개 우) = **廉恥**.

293 **六經** = **六藝**. **六籍** : 《詩經》·《書經》·《周易》·《春秋》·《禮記》·《樂記》.

294 **考信** : 조사하여 진실을 밝힘.

常齟齬不相下：항상 서로 화합하지 않으며 서로 〈상대방의〉 아래에 있으려 하지 않았다.(《三國史記》)

咀嚼(씹다 저, 작)：씹어 먹음(음미함). 침탈함. 지적하여 저주함.

雖不開口 雖不開關 變化咀嚼 有鬼有神：비록 입을 열지 않고, 비록 문을 닫고 있더라도, 〈사람들은〉 귀신처럼 말을 바꿔 가면서 계속 씹어 댈 것이다.(韓愈, 〈剝啄行〉)

田家：農家. 농민.

客懷無以遣 薄暮過田家：나그네 회포를 풀 데가 없어, 황혼[295]에 〈돌아오다가〉 농가를 둘러보네.(정포, 〈癸未重九〉)

積年：여러 해. 【白】 다년간 경험이 풍부한 사람. 세상 물정에 밝은 사람.

昔我先大王積年沈痼之中 浸潤之愬 無所不至：옛날 우리 선대왕께서 오랫동안 깊은 병[296]을 앓아, 차츰차츰 스며드는[297] 참소가 이르지 않음이 없었다.(《承政院日記》)

＊**積年累月** = **積年累歲**：장구한 세월.

田間：논밭 사이. 농촌.

一日露宿田間：하루는 논밭 사이에서 노숙하였다.(李睟光, 〈年豐傳〉)

ㅈ

---

295 **薄暮** = **薄莫**. **薄晩**. **薄暝**. **薄夜**：해질녘. 늘그막.

296 **沈痼**(고질 고) = **沈錮**：오래 묵어 치료하기 어려운 병. 고치기 어려운 陋習이나 積弊).

297 **浸潤**：젖음. 차츰 물듦.

專對 : 사신으로 나아가 독자적으로 응대함. 혼자 응대함.

誦詩三百 授之以政不達 使於四方不能專對 雖多 亦奚以爲 :《詩經》 300편을 외워도 정사를 맡겼을 때 제대로 해내지 못하고 외국에 사신으로 나가 혼자서 대응하지 못한다면, 비록 많이 외운들 어디에 쓰겠는가?[298](《論語》〈子路〉)

*專對之才 : 남의 물음에 대하여 능히 대답할 수 있어 외국 사신으로 보낼 만한 인재.

顚末(근본 전) : 本末. 처음부터 끝까지 일이 진행되어 온 경과.

會旣畢 幻師具顚末示余 : 법회를 마친 뒤에, 달환 스님이 전말을 갖추어 나에게 보여 주었다.(李穀, 〈興王寺重修興敎院落成會記〉)

典謨 : 典은 《尙書》〈虞書〉의 〈堯典〉·〈舜典〉을 가리키고, 謨는 〈大禹謨〉·〈皐陶謨〉·〈益稷〉을 가리킨다.

述二帝三王之政 則有典謨之訓 : 二帝[299]·三王[300]의 정사를 기술하는 데는 典謨의 訓이 있다.(金守溫, 〈同知成均林公守謙所受諭書後記〉)

ㅈ

*典謨訓誥 : 《書經》의 전·모·훈·고를 아울러 이르는 말. 經典의 글.

顚仆(넘어지다 전, 부) : 넘어짐(쓰러짐). 죽음. 좌절하고 곤궁에 처함.

黃泥何滑滑 十步九顚仆 : 황토 진흙탕은 얼마나 미끄러운지,

298 奚以 = 何用.

299 二帝 : 堯舜.

300 三王 : 禹王·湯王·文王(武王).

열 걸음에 아홉 번은 넘어지네.(李廷龜, 〈大雨行〉)

銓選(인재를 선발하여 관직을 주다 전) : 인재를 선발하여 관직을 줌.

將參銓選 題品士流 或嗔而與人官 或笑而不與乎 : 그대는 장차 인사 행정[301]에 참여하여, 士流를 품평하면서,[302] 혹 꾸짖고도 벼슬을 주고, 혹 웃고도 주지 않는 일을 하려고 하는 것인가?(李穀, 〈賀崔寺丞登第詩序〉)

殿試 = 廷試 : 임금이 직접 참가하여 보이는 과거의 마지막 시험.[303] 1차 시험 初試＝鄕試. 監試. 小科. 司馬試에 급제→서울에 모여 2차 시험 覆試＝會試. 大科→임금 앞에서 殿試.

庚子歲殿試 擧人李涵冒頭用莊子語 命削去之 : 경자년(1600) 殿試에서, 擧人[304] 李涵은 문장의 첫머리[305]에 《장자》의 말을 인용하였다 하여, 그를 削科[306]하도록 명하였다.(許筠, 〈惺翁識小錄〉)

ㅈ

---

301 **銓選**(인재를 선발하여 관직을 주다 전) : 인재를 선발하여 관직을 줌.

302 **題品** = **題評** : 품평함.

303 廷試 : 殿試의 성적에 의하여 甲科·乙科·丙科로 나누고, 甲科에는 3인을 뽑아 첫째는 壯元郞이라 하고, 둘째는 榜眼＝亞元이라 하고, 셋째는 探花郞이라 하였으며, 장원랑에게는 종6품의 품계를 주고, 나머지 2인에게는 정7품의 품계를 주었다. 그리고 乙科에는 7인을 뽑아 이들에게는 정8품의 품계를 주고, 丙科에는 23인을 뽑아 이들에게는 정9품의 품계를 주었다.

304 **擧人** : 인재를 추천하거나 선발함. 科擧 응시자.

305 **冒頭**(모자 모) : 이야기나 글의 첫머리.

306 **削去** = **削科** : 科擧 보는 규정을 어긴 사람의 及第를 무효로 하여

專心 = 專思. 專意 : 온 마음을 기울임.

今夫奕之爲數 小數也 不<u>專心</u>致志 則不得也 : 지금 바둑은 비록 작은 기예이지만, 마음을 전일하게 하고 정신을 모으지 않으면 이룰 수 없는 것이다.(《孟子》〈告子 上〉)

＊**專心致志** : 마음을 전일하게 하고 정신을 모음. 정신을 모아 바침.

典雅(단아하다 전, 우아하다 아) : 문장이나 말이 고상하고 우아하며 품위가 있음.

谿谷文 <u>典雅</u>通暢 : 계곡의 문장은 전아하고 통창[307]하다.(金昌協, 〈農巖雜識〉)

專精 : 마음과 정신을 외곬으로 씀. 전일하고 정밀함. 정신을 한 곳에 모음.

病不能<u>專精</u>致力 : 병으로 정력을 다 쏟지[308] 못하였다.(李睟光, 〈答問者帖〉)

ㅈ

傳旨(임금의 명령 지) : 임금의 명령을 전함.

臣崔溥 自濟州漂流~敬奉<u>傳旨</u> 一行日錄 撰集以進 : 臣 최부는 濟州로부터 표류하여~삼가 傳旨를 받들어, 일행[309]의 日錄을, 찬집하여 바칩니다.(崔溥《漂海錄》)

＊**教傳旨** : 관리 임명과 상벌에 관한 임금의 뜻을 적은 教旨와

그 명단에서 삭제함.

307 通暢 : 문장이 매끄럽고 유창함.

308 致力 : 있는 힘을 다함.

309 一行 : 한 번 감. 동행하는 모든 사람.

傳旨.

顚沛(넘어지다 전, 패) : 넘어짐. 죽음(멸망함). 좌절하고 곤궁에 처함. 뒤흔들림.

君子無終食之間違仁 造次必於是 顚沛必於是 : 군자는 밥을 먹는 동안이라도 인을 어기는 법이 없어야 한다. 경황 중에도[310] 인과 함께 해야 하며, 위급한 상황에도 인과 함께해야 한다.(《論語》〈里仁〉)

***流離顚沛 = 流離顚頓. 流離顚疐** : 戰亂·재해 등으로 이리저리 흩어짐. 처지가 어려워져 사방을 떠도는 것.

***造次顚沛** : 엎어지고 자빠지는 매우 황급한 때. 매우 위급하고 중대한 순간.

展布 : 진술함. 펼침.

展布其所蘊 : 그가 쌓아 둔 포부를 펼 수 있다.(許筠, 〈厚祿論〉)

絶倫 = 絶等 : 무리 중에서 두드러지게 뛰어남.

鄭夢周 迎日縣人 爲人豪邁絶倫 : 鄭夢周는 迎日縣 사람입니다. 그는 사람됨은 용기[311]가 뛰어났다.(奇大升, 〈天使許(國)魏(時亮)問目條對〉)

節文 : 예의를 정하여 법도 있게 행하게 함. 예절. 문장을 줄이거나 뺌.

禮卽理之節文也 : 禮는 곧 理의 節文이다.(《論語集註》)

---

310 造次 : 아주 급작스러운 때. 매우 급하고 바쁜 때. 말을 능숙하게 잘함. 잠시. 경솔함.

311 豪邁(우뚝하다 매) : 기백이 넘침. 호방하여 거리낌이 없음.

節序 = 節敍:계절. 절기, 절기의 차례.

今年寒食滯京華 節序如流苦憶家 :금년 한식을 서울에서 묵으니, 철이 쉽게 갈수록 집 생각이 간절하네.(李詹, 〈寒食〉)

折節:기절을 접고 몸을 낮춤. 節操를 접음.

【轉義】 평소의 지조와 행실을 단호히 바꿈.

少疏雋小檢 晩節登科第 始折節刻勵 :젊어서는 소탈하고 대범하여 검속이 적었으나 만년에 登科하고부터 비로소 기를 꺾고 몸을 낮추어 노력을 다하였다.[312](李奎報, 〈吳先生德全哀詞〉)

絶筆:붓을 놓고 다시는 글을 쓰지 아니함. 생전에 마지막으로 쓴 글. 비할 데 없이 뛰어난 詩文이나 書畫.

先生晩歲 志吾先子之墓 殆絶筆也 :선생이 만년에 우리 선친의 墓誌를 지으셨는데, 〈이것이〉 아마 선생의 마지막 문장일 것이다.(申翊聖, 〈芝峯集跋〉)

ㅈ

折衷 = 折中:사물이나 견해를 조절하여 알맞게 조화시킴.

當是時 作者略備 夫子蓋集群聖之大成而折衷之 :당시에 창작한 것은 대략 갖추어져 있었지만, 공자께서 여러 성인이 크게 이룩한 것을 모아서 절충하셨다.(《論語》〈述而〉 註)

接跡:어떤 장소에 들어서기 위하여 발을 붙임. 발자국이 연이음(사람이 매우 많음). 연이어짐.

微二子 亂臣賊子 接跡於後世矣 :두 사람(伯夷와 叔齊)이 없었다면, 난신과 적자들은 후세에 연이었을 것이다.(韓愈, 〈伯夷頌〉)

---

312 刻勵(갈다 려) = 刻厲. 刻礪:갈고 새기어 다듬음.

丁寧: 軍中에서 치는 징. 請願이나 勸戒 등을 재삼 간절히 말함. 하는 말이 간절한 모양.

【轉義】 먼 곳에서 전하는 소식이나 편지. 조금도 틀림없이 꼭.

今人適數百里 出門惘惘 有離別可憐之色 持被入直三省 丁寧顧婢子 語刺刺不能休: 지금 세상 사람들은 수백 리만 가려도 문을 나서면 망연자실하여[313] 이별의 가련한 기색이 있고, 이불을 가지고 삼성[314]에 숙직만 들어가려도 여종을 간절하게 돌아보고 시시콜콜 여러 가지 당부[315]를 하여 마지않는다.(韓愈의, 〈送殷員外序〉)

旌閭(표창하다 정) = **旌門**: 충신·효자·열녀 등이 사는 마을 어귀나 집의 문에 旌門을 세우거나 扁額을 내려 표창하는 일.

立石以旌其閭: 빗돌을 세워 그 마을을 旌表하였다.(黃景源, 〈高麗故左司議大夫右文館提學忠宣文公墓碣銘〉)

丁母憂 = **丁內憂. 丁內艱. 丁母艱**: 어머니 喪을 당함.

丁母憂 廬墓三年: 어머니 상에 3년간 侍墓 살이를 하다.(黃景源, 〈高麗故左司議大夫右文館提學忠宣文公墓碣銘〉)

ㅈ

程式(법 정, 식): 준칙. 본받음. 격식.

我國取人 以經書背誦爲程式: 우리나라의 인재 선발[316]은 經

---

313 惘惘(황급하다 망): 황급하여 갈피를 잡지 못함.

314 三省: 中書省·門下省·尙書省(국가의 최고 행정 기관).

315 刺刺(말이 많다 척): 말이 많은 모양.

316 取人: 인재를 골라 씀.

書의 背誦[317]을 준칙으로 삼았다.(李裕元, 〈科制〉)

讀書之法 具有先賢所示程式 : 독서하는 법은 선현이 보이신 격식에 갖추어져 있다.(尹拯, 〈與閔彥暉〉)

丁憂(당하다 정) = 丁家艱. 丁艱 : 부모의 喪事를 당함.

年過六十始丁憂 : 육십 넘은 나이에 비로소 부모상을 당하다.(李穡, 〈題權少尹廬墓詩卷〉)

*丁父憂 = 丁父艱. 丁外艱. 丁外憂 : 아버지의 喪事를 당함.

*丁內憂 = 丁內艱. 丁母艱. 丁母憂 : 어머니 喪을 당함.

庭除(뜰 제) : 뜰의 계단. 뜰.

風送竹聲侵枕簟 月移花影過庭除 : 바람이 댓잎 소리를 보내와 침구[318]에 스며들고, 달이 꽃 그림자를 옮겨 뜰을 지나가네.(唐 劉兼, 〈對鏡〉)

正朝 : 설날 첫날 아침(=元旦). 군주가 신하들의 朝見을 받는 장소(朝見을 받음).

我國俗節 正朝寒食端午秋夕則爲墓祭 : 우리나라의 명절 중에 설날·寒食·端午·秋夕에는 墓祭[319]를 지낸다.(沈守慶《遣閑雜錄》)

制科 : 詩·賦·頌·策·論 등의 文藝로써 보이는 과거 시험.

인재를 선발하기 위해 천자가 친히 시험하던 과거제도로, 뒤에 와서는 有司에게 위임하였다.

後中皇朝辛酉制科 : 뒤에 元의 신유년 과거시험에 급제하

---

317 背誦 : 책을 보지 아니하고 돌아앉아 외움.

318 枕簟(대자리 점) : 베개와 자리(寢具).

319 墓祭 : 묘소에서 지내는 제사.

다.(《東賢事略》)

制度: 제정된 규칙이나 예법. 법도를 세움. 규정. 규모. 제작함.

觀其制度 : 그 규모를 살펴보다.(李奎報, 〈桂陽自娛堂記〉)

際遇(만나다 제): 우연히 만남(때를 만남. 어진 신하가 어진 임금을 만남). 기회(時運).

蓋古際遇 鮮克此比 : 예로부터 군신 간의 만남이, 이에 비할 이 드물었습니다.(李象靖, 〈祭霽山金公文〉)

除非 = 除是: ~을 제외하면. 오직 ~하여야만(유일한 조건을 표시).

憂喜皆心火 榮枯是眼塵 除非一杯酒 何物更關身 : 근심과 기쁨은 다 마음의 불이요, 영고성쇠는 눈앞의 티끌이거니, 한 잔 술 기울이는 일 이외에, 무엇이 또 내 몸에 관계될쏜가?(白居易, 〈感春〉)

製述: 詩나 글을 지음. 과거의 시험 과목의 하나.

과목은 크게 講書와 製述로 나뉘는데, 製述은 疑·表·論·對策 등 글짓기이다.

謁聖後製述取人 : 알성[320] 후에 제술로 인재를 취하다.[321](《遣閑雜錄》)

題品 = 題評: 품평함.

將參銓選 題品士流 或嗔而與人官 或笑而不與乎 : 그대는 장차 인사 행정에 참여하여, 士流를 품평하면서, 혹 꾸짖고

---

320 謁聖: 임금이 文廟에 참배하는 일.

321 取人: 인재를 골라 씀.

도 벼슬을 주고, 혹 웃고도 주지 않는 일을 하려고 하는 것인가?(李穀, 〈賀崔寺丞登第詩序〉)

操觚(대쪽 고): 木簡을 잡음. 글을 씀. 觚는 옛날에 종이가 없었을 때 글씨를 쓰는 나무 조각을 가리킨다.

世之操觚者多 而能傳者鮮矣: 세상에 글을 쓰는 자는 많지만, 그 글이 전해질만한 자는 적다.(王性淳, 〈麗韓十家文序〉)

＊操觚染翰: 木簡을 잡고 붓에 먹물을 묻힘(글을 지음).

早孤: 어려서 아버지를 여읨.

年過二十 早孤貧窶: 나이 20살이 넘었는데 일찍이 부모를 여의고 가난하였다.[322](《青邱野談》)

措躬(두다 조): 어디에다 몸을 둠.

李公無所措躬: 이공은 몸을 둘 곳이 없었다.(朴趾源, 〈許生傳〉)

＊措躬無地: 부끄럽거나 황송하여 몸 둘 곳이 없음.

ㅈ

朝覲(뵙다 근): 제후가 天子를 謁見함. 후대에는 신하가 임금을 알현함을 뜻하는 말로도 썼다.

봄에 알현하는 것을 朝, 가을에 알현하는 것을 覲이라 한다.

禹薦益於天七年 禹崩 三年之喪畢 益避禹之子於箕山之陰 朝覲訟獄者不之益而之啓曰 吾君之子也: 우임금이 어진 신하 익을 하늘에 천거한 지 7년 만에 우임금이 붕하시자, 삼년상을 마치고 나서 익이 우임금의 아들 계를 피하여 기산의 북

322 **貧窶**(가난하다 구) = **貧寠**: 가난함. 곤궁함.

쪽으로 가 있었더니, 조근하고 소송하는[323] 자들이 익에게로 가지 않고 계에게로 가서 "우리 임금의 아들이다."라고 하였다.(《孟子》〈萬章 上〉)

措大:뜻을 얻지 못하고 가난하게 지내는 선비를 낮잡아 이르는 말.

醋駄(식초 초, 싣다 태)에서 유래한 말로, 어떤 선비가 가난하여 식초를 지고 동네를 돌면서 팔아 생계를 꾸리던 데서 비롯되었다.

盃盤甚薄赧顔多 猶作蕭然措大家:술과 안주 심히 보잘것없어 부끄럽기 그지없지만, 그래도 쓸쓸한 대로 선비의 집이기는 하네.(李奎報, 〈又次絶句韻〉)

*措大官:낮고 賤한 官職.

*窮措大:가난한 선비.

俎豆(제기 조, 두):祭物을 담는 그릇. 俎는 고기를 올려놓는 도마이고, 豆는 포 등을 담는 제기이다.

衛靈公問陳於孔子 孔子對曰 俎豆之事 則嘗聞之矣 軍旅之事 未之學也 明日遂行:위 영공이 공자에게 陳法을 묻자, 공자께서 "제사에 관한 일은 일찍이 들었지만, 군대[324]에 관한 일은 배우지 못하였습니다."라 하고, 이튿날 마침내 떠나셨다.(《論語》〈衛靈公〉)

早晩:아침과 저녁. 먼저와 나중(너무 빠르거나 너무 늦음). 언

323 訟獄:소송함.

324 軍旅:군대. 전쟁. 軍에 관한 일.

젠가는. 머지않아. 어느 날. 때.

어찌 ~할 수 있으랴. 언제 ~한 적이 있느냐.

早晩得俱閑 忽作天西去:조만간 한가한 시간 함께 얻기를 바랬는데, 홀연히 하늘 서쪽 중국 여행을 떠나네.(崔岦, 〈送趙德夫書狀官〉)

糟粕(술지게미 조, 박) = **糟魄**:술지게미(거친 음식·쓸모없는 사물).

然則君之所讀者 古人之糟粕已夫:〈춘추시대 齊 桓公이 대청에서 글을 읽고 있을 적에, 마침 수레바퀴를 깎는 匠人 扁이 대청 아래서 수레바퀴를 깎고 있다가 제 환공에게 "감히 묻겠습니다. 대왕께서 읽으시는 것이 무슨 말입니까?" 하자, 환공이 聖人의 말씀이라고 답하니, 그가 또 성인이 살아 있느냐고 물으므로, 환공이 이미 죽었다고 답하자〉 "그렇다면 대왕께서 읽으시는 것은 옛사람의 찌꺼기일 뿐입니다."(《莊子》 〈天道〉)

ㅈ

詔使(제왕에게 임명되다 조):황제가 외국에 보내는 사신. 황제가 파견하는 特使.

時冀州飢荒 盜賊群起 乃以滂爲淸詔使 案察之 滂登車攬轡慨然有澄淸天下之志:당시 기주에 흉년이 들어 도적이 떼지어 일어나므로, 이에 조정에서 범방을 청조사로 삼아 그곳을 안찰하게 하자, 범방이 수레에 올라 말고삐를 손에 잡고는 개연히 천하를 깨끗이 맑히려는[325] 뜻이 있었다.(《後漢書》 〈范滂列傳〉)

---

325 澄淸(맑다 징):깨끗이 다스려 진정시킴.

早世(젊어서 조) : 너무 빨리 세상을 떠남. 젊어서 일찍 죽음.

吾上有三兄 皆不幸早世 : 내 위로 세 형님이 있었으나 모두 불행히도 일찍 별세하였다.(韓愈, 〈祭十二郎文〉)

祖述 : 본받음(모방함). 드러내어 밝혀 널리 펴지게 함.

仲尼祖述堯舜 憲章文武 : 공자가 멀리로는 요순을 본받고, 가까이로는 문왕과 무왕을 본받았다.[326](《中庸章句》)

朝市 : 아침 시장. 조정과 저자. 조정. 名利를 추구하는 곳. 塵世.

朝市風流變 郊墟煙火稀 : 조정과 시장[327]에는 풍속[328]조차 변해 버리고, 들녘[329]에는 연기와 불[330]이 드물게 이네.(權近, 〈有感〉)

操心 : 마음가짐. 마음을 졸임.

獨孤臣孽子 其操心也危 其慮患也深 : 오직 외로운 신하와 서얼의 자식들은 마음가짐을 매우 조심하고 우환을 염려함이 깊다.(《孟子》〈盡心 上〉)

爪牙 : 손발톱과 어금니. 武臣. 악인의 앞잡이(부하).

祈父 予王之爪牙 : 기보여, 나는 왕의 爪牙이다.(《詩經》〈祈父〉)

***爪牙之士 = 爪臣. 爪牙. 爪牙之臣** : 날카로운 발톱과 어금니를 가진 맹수처럼 사납고 날랜 무사. 용맹하고 위세가 있는 장수.

ㅈ

---

326 **憲章** : 典章과 제도. 본받음.

327 **朝市** : 아침 시장. 조정과 저자. 조정. 名利를 추구하는 곳. 塵世.

328 **風流** : 풍치가 있고 멋이 있는 일. 풍속.

329 **郊墟**(언덕 허) : 교외. 시골의 황량한 들판과 언덕.

330 **煙火** : 연기와 불. 밥 짓는 연기. 烽火(전란의 불길). 화재.

遭遇 : 나쁜 일을 당함(불행한 일). 좋은 때나 기회를 만남(賢臣이 明君을 만나 마음이 맞음·임금의 신임을 받음). 인생 경력.

癸亥<u>遭遇</u> : 계해년(1623, 인조 1)에 임금의 은총을 받다.(《谿谷漫筆》)
*遭遇際會 = **遭逢際會. 遭逢會遇. 遭遇運會** : 좋은 기회나 시기를 만남.

漕運(배로 실어 나르다 조) = **漕引** : 배로 水路를 따라 양식을 운송하여 首都나 軍에 공급함.

設水站便<u>漕運</u> 皆其畫也 : 수참[331]을 설치하여 漕運에 편리하도록 한 것도 모두 그(정몽주)가 계획한 것입니다.(奇大升, 〈天使許(國)魏(時亮)問目條對〉)

雕篆(새기다 조, 전서 전) = **雕蟲篆刻** : 벌레를 새기고 전서를 조각함. **【轉義】** 문장의 자구를 수식하는 하찮은 기교.

今之所謂文章者 不過<u>雕篆</u>組織之巧耳 : 지금의 문장 한다는 자들은 아로 새기고 얽어 만드는[332] 기교에 불과할 뿐이다.(金宗直, 〈尹先生祥詩集序〉)

ㅈ

操縱(잡다 조, 놓아두다 종) : 거두어 잡음과 풀어 놓아줌. 장악함. 처리함.

【轉義】 문장을 쓸 때에 取舍나 起伏 등의 다양한 방법으로 변화를 주는 일.

---

331 **水站**(역마을 참) : 수상 교통로의 요소요소에 설치한 역참.

332 **組織**(짜다 조, 직) : 끈을 꼬고 천을 짬. 詩文을 짓는 일.

其天才自高 長於操縱 : 그는 타고난 재주[333]가 본디 높아, 문장 구사에 뛰어나다.(金昌協, 〈農巖雜識〉)

祖宗 : 제왕의 조상. 조상. 시조. 숭상함. 어른을 공경하여 이르는 말.

朝廷以爲天變不足畏 人言不足恤 祖宗法不足守 : 〈司馬光이 王安石의 新法에 대해 그 害를 논하자, 神宗이 外人의 말로써 왕안석에게 이르기를〉 조정에서는 天變을 두려워할 것이 없고, 사람들의 말은 염려할 것이 없으며, 祖宗의 법은 지킬 것이 없다.(《十八史略》)

*祖宗世業 : 조상 때부터 대대로 전하는 사업.

造次 : 아주 급작스러운 때. 매우 급하고 바쁜 때. 말을 능숙하게 잘함. 잠시. 경솔함.

君子無終食之間違仁 造次必於是 顚沛必於是 : 군자는 밥을 먹는 동안이라도 인을 어기는 법이 없어야 한다. 경황 중에도 인과 함께 해야 하며, 위급한 상황[334]에도 인과 함께해야 한다.(《論語》〈里仁〉)

尊公 = 尊君. 尊甫. 尊父. 尊府. 尊翁 : 남의 아버지·웃어른·선배에 대한 경칭.

及乎尊公 : 부친에 이르다.(李穀, 〈賀崔寺丞登第詩序〉)

---

333 天才 : 타고난 재능.

334 顚沛(넘어지다 전, 패) : 넘어짐. 죽음(멸망함). 좌절하고 곤궁에 처함. 뒤흔들림.

ㅈ

存養 = 存心養性:본심을 보존하여 天性을 기름.

公早從松堂朴先生門下 聞<u>存養</u>省察之要:공은 일찍이 松堂朴先生의 문하에서 存養과 省察의 요체를 들었다.(李玄逸, 〈金久庵文集序〉)

從來:예로부터. 유래. 이전(원래).

家住碧山岑 <u>從來</u>有寶琴:푸른 산봉우리에 집을 짓고 살지만, 예로부터 귀한 거문고가 있도다.(李資玄, 〈樂道吟〉)

＊所從來:지내 온 근본 내력.

終老:평생. 만년을 다 보냄(여생을 보냄).

挈家隱伽倻山 以<u>終老</u>焉:가족을 거느리고 伽倻山에 은거하여 일생을 마쳤습니다.(奇大升, 〈天使許(國)魏(時亮)問目條對〉)

宗社:종묘와 社稷. 국가.

其<u>宗社</u>之靈 皆將感泣於冥冥間矣:종묘와 사직의 영혼들도 모두 감격하여 地下에서 눈물을 흘리실 것입니다.(李齊賢, 〈在大都上中書都堂書〉)

ㅈ

從事:일을 처리함. 어떤 일에 힘을 다함. 해결함. 시중을 듦(봉사함). 〈적과〉 상대함. 종8품 雜職.

以能問於不能 以多問於寡 有若無 實若虛 犯而不校 昔者吾友嘗<u>從事</u>於斯矣:유능하면서도 무능한 사람에게 물으며, 학식이 많으면서도 적은 사람에게 물으며, 있어도 없는 듯이 하며, 가득차도 빈 듯이 하며, 자신에게 잘못을 범하는 자가 있어도 따지지 않는 것을, 내 친구〔顔回〕가 예전에 이것에 힘을 다했었다.(《論語》〈泰伯〉)

從祀 : 덧붙여 祭祀를 지냄. 配享함(孔子의 제사에 後世의 儒子를 배향하는 따위). 祭主를 도와 제사를 지내는 사람.

從祀西廡之下 : 문묘 서무335의 아래쪽에 배향되었다.(奇大升, 〈天使許(國)魏(時亮)問目條對〉)

從容 : 擧動. 느긋하고 한가한 모양. 느슨함. 권유함. 머뭇거리며 그 자리를 떠나지 않음. 남의 일을 주선함(교제함).

誠者 不勉而中 不思而得 從容中道 聖人也 : 참된 자는 억지로 힘쓰지 않아도 過와 不及이 없고, 굳이 생각을 하지 않아도 터득해서 조용히 도에 합치되는데, 〈이런 분이〉 바로 성인이다.(《中庸章句》)

左右 : 가량(쯤). 곁. 身邊. 동료. 近臣. 도움. 보호함. 좌지우지함. 높낮이나 우열을 분변함. 결국.

【轉義】 경의의 표시로 상대방을 직접 일컫지 않고 그 휘하의 사람을 불러 일컫는 칭호. 書信에서 상대를 이르는 호칭.
芬皇寺之東里有女年二十左右 : 분황사의 동쪽 마을에 나이가 스무 살 가량의 여자가 있었다.(《三國遺事》)

酒酣(한창이다 감) : 술이 거나하게 취한 상태. 술판이 한창 벌어지고 있는 상태.

王郞酒酣 拔劍斫地 歌莫哀 : 왕랑이 술 취하면, 칼 빼 들고 땅을 치는데 노래가 더없이 슬프네.(杜甫, 〈短歌行〉)

---

335 西廡 : 文廟 안 大成殿의 서쪽 아래에 있는 行閣. 東廡와 함께 여러 儒賢의 위패를 모셨다.

珠璣(구슬 주, 기) : 구슬(아름다운 詩文이나 그림). 눈송이. 연밥. 물방울.

陪侍筆硯 揮掃<u>珠璣</u> : 붓과 벼루로 모시며 아름다운 시문을 지었다.[336](申從濩, 〈月山大君詩集序〉)

朱門 : 붉게 칠한 大門(貴族이나 富豪의 집).

君家御溝上 垂柳夾<u>朱門</u> : 그대의 집 궁궐 도랑[337]가에 있어, 수양버들 붉은 대문 끼고 자랐네.(王維, 〈寓言〉)

＊**朱門甲第** : 붉은 칠을 한 문의 크고 훌륭하게 지은 집.

主司 = **主文. 主試** : 考試를 주관함. 고시를 주관하는 벼슬아치.

人言擧子今年得<u>主司</u> : 사람들은 과거 응시자가 올해 主司를 제대로 만났다고 한다.(李穀, 〈賀崔寺丞登第詩序〉)

疇昔(접때 주) : 지난날. 지난 일.

嗚呼噫嘻 我知之矣 <u>疇昔</u>之夜 飛鳴而過我者 非子也耶 : 아! 슬프도다. 나는 알겠도다! 지난밤에 울면서 나를 스쳐 날아간 그가 바로 그대가 아닌가?(蘇軾, 〈後赤壁賦〉)

ㅈ

周旋 : 돎. 엎치락뒤치락 쫓고 쫓김. 行禮 때에 揖讓進退하는 동작. 내왕하며 교제함. 배회함. 이리저리 뒤척거림. 돌보아줌.

外彊中乾 進退不可 <u>周旋</u>不能 君必悔之 : 〈慶鄭이 晉 惠公에게 간언한 말 중에〉 "겉은 강하게 보이나 속은 기운이 고갈되어, 進退도 할 수 없고 도는 것도 할 수 없을 것이니, 임금께

---

336 **揮掃**(휘두르다 휘, 소) : 붓을 움직여 글을 짓거나 그림을 그리는 일.

337 **御溝** : 宮苑을 흐르는 도랑.

서 반드시 후회하실 것입니다."(《春秋左氏傳》)

竟得準請而歸 實公周旋之力也 : 끝내 所請을 달성하고[338] 돌아오게 되었으니, 실로 공이 돌보아준 힘이었다.(宋時烈, 〈三學士傳〉)

＊周旋人 : 從者. 食客. 친구.

走筆 : 붓을 휘둘러 글씨를 빨리 씀.

乃走筆成篇 : 이에 빨리 써서 글을 이루었다.(李珥, 〈金時習傳〉)

峻潔(높다 준, 깨끗하다 결) : 品行이 고결함. 詩文이 힘 있고 간결함.

高明峻潔 : 고상·현명하고 힘 있고 간결하다.(金昌協, 〈農巖雜識〉)

逡巡(뒷거름치다 준, 따르다 순) = **逡巡** : 뒷걸음질함(공손히 순종하는 모양=逡迊. 逡循. 逡遁). 물러나 피함.

침착함. 조심하고 삼감. 이리저리 돌아다님. 미룸(망설임). 매우 짧은 시간. 달무리.

處士聞之 避席逡巡 : 처사가 그것을 듣고, 자리를 옮겨 망설였다.(李奎報, 〈畏賦〉)

中流 : 강의 가운데. 길 가운데. 中等(보통).

昨夜江邊春水生 蒙衝巨艦一毛輕 向來枉費推移力 此日中流自在行 : 지난밤 강가에 봄물이 불어나니, 몽충[339] 같은 거

338 **準請**(허가하다 준) : 청원하는 대로 따름.

339 **蒙衝** : 戰船의 이름. 소의 날가죽으로 船體를 쌌으며, 양쪽에 노를 젓는 구멍을 뚫고, 좌우에는 창을 던지고 쇠뇌(弩)를 쏘는 창을 내었다.

ㅈ

대한 전함이 터럭처럼 떠올랐네. 이전에 힘들여 옮기려고 애썼는데, 오늘은 강 가운데 저절로 떠다니네(학문과 수양을 통해 청정한 정신세계에 도달한 것을 노래한 시이다).(朱熹, 〈觀書有感〉)

重門:겹겹이 세운 문(대문 안에 다시 세운 문). 궁궐의 문. 중요한 관문(변방의 요새).

歸來掩<u>重門</u>:돌아와 겹문을 닫아걸다.(林悌, 〈無語別〉)

＊重門擊柝 = 重關擊柝:문을 겹겹이 세우고 딱다기를 치며 야경을 돎(삼엄하게 경계함).

中使:임금의 명령을 전하는 內侍. 궁중에서 파견하는 使者(환관). 【白】 쓸모가 있음.

有護送<u>中使</u>亦來:護送하는 中使도 와서 있었다.(《松窩雜說》)

重違(어렵다 중):거역하기 어려움.

余旣愛無外 <u>重違</u>其請 而題其後:내가 식무외를 좋아하는 입장에서 그의 청을 거절하기도 어렵기에 그의 시 뒤에다 한마디 적어 넣게 되었다.(李穀, 〈跋福山詩卷〉)

ㅈ

中朝:임금이 朝廷에 나아감. 朝廷. 중국.

力求諸<u>中朝</u> 得本集:힘써 중국에서 구하여 본집(歐陽脩의 문집)을 얻었다.(柳夢寅, 〈答崔評事書〉)

曾經:일찍이. 이미. 이전에 경험한 것이나 또는 과거에 있었던 행위나 情況을 나타낸다.(=業已)

今人不見古時月 今月<u>曾經</u>照古人:지금 사람은 옛날의 달을 보지 못하지만, 지금의 달은 일찍이 옛사람을 비췄으리.(李白,

〈把酒問月〉)

贈言:〈주로 이별할 때〉 좋은 말로 서로 격려함.

老子送之曰 吾聞富貴者送人以財 仁人者送人以言:노자가 전송하면서 "나는 들으니, 부귀한 자는 사람을 보낼 때 재물을 주고 어진 사람은 사람을 보낼 때 말을 준다."라고 하였다.(《史記》〈孔子世家〉)

知幾 = **知機**:사물의 幾微를 앎. 낌새를 알아차림.

知幾其神乎 君子上交不諂 下交不瀆 其知幾乎:기미를 아는 것이 아마 신일 것이다. 군자는 위로 사귀되 아첨하지 않고 아래로 사귀되 모욕하지 않으니, 아마 기미를 아는 것일 것이다.(《周易》〈繫辭傳 下〉)

***見時知幾**:時運의 추이를 보고 일의 조짐을 알아차림.

知得:얻을 것을 앎. 앎(알아 줌). 의기가 투합함.

古云 知得一分 行得一分 徒言而不行 言何能中理乎:옛 사람이 이르길 "한 가지[340]를 알았으면, 한 가지를 행해야 한다."고 하였으니, 다만 말만 하고 행하지 않으면, 말이 어떻게 이치에 맞을 수 있겠는가?(洪大容《湛軒書》)

砥礪(숫돌 지, 려) = **砥厲**:숫돌. 숫돌에 갊. 연마함. 격려함.

君子見其節 則思砥礪名行 夷險一致者:군자는 그(대나무) 마디를 보면, 이름과 행실을 다듬어, 평탄하거나 험하거나[341] 일

---

340 **一分**:한 푼. 전체의 일부분. 매우 작은 부분이나 적은 분량.

341 **夷險**(평평하다 이):음흉한 자들을 평정함. 평탄함과 험준함. 공정함과 치우침. 곤란함. 험준함.

치하게 할 것을 생각한다.(白居易, 〈養竹記〉)

遲留(오래다 지) : 오래 머무름. 체류함.

見此而<u>遲留</u>爾 : 이것을 보느라 늦었다.(《三國遺事》)

支離 : 分散시킴. 장황하고 산란함. 허황함. 정처 없이 떠돎. 초췌함. 不具者.

<u>支離</u>東北風塵際 漂泊西南天地間 : 동북 풍진 가에 떠돌아다니고, 서남 천지간에 떠돌아다니네.[342](杜甫, 〈詠懷古跡〉)

*支離滅裂 : 이리저리 흩어지고 찢기어 갈피를 잡을 수 없음.

知名 : 사물의 명칭을 정확히 앎. 이름을 알려줌. 名聲이나 이름을 들어서 앎. 이름이 세상 사람들에게 알려짐.

搢紳<u>知名</u>者 皆有贈焉 : 이름이 알려진 搢紳[343]들 모두가 그에게 시를 지어 주었다.(李穀, 〈跋福山詩卷〉)

趾美(본받다 지) : 선배의 사업과 미덕을 계승하고 떨쳐 일으킴.

ㅈ

胤胄<u>趾美</u> : 후손들이 선대를 계승하다.(張維, 〈南窓雜稿序〉)

知非 : 50세. 춘추시대 衛나라의 어진 대부로 유명했던, 字가 伯玉인 蘧瑗의 고사에서 온 말이다.

《淮南子》에 "거백옥은 쉰 살에 지난 마흔아홉 살까지의 잘못을 알았다.〔蘧伯玉年五十 而知四十九年非〕"라고 한 데서 온 말이

---

342 漂泊 : 물 흐르는 대로 떠다니거나 정박함. 일정한 주거나 생업이 없이 떠돌아다니며 지냄.

343 搢紳(꽂다 진, 큰 띠 신) = 縉紳 : 笏을 띠에 꽂음. 【轉義】 벼슬하는 사람이나 선비의 별칭.

다. 지난날의 잘못을 깨달음.

六旬盛作眞堪詠 伯玉知非庶可求：육순을 읊으신 시 참으로 노래할 만하니, 50세의 경지를 알아볼 수 있겠네.(李穀, 〈次韻順菴六旬吟〉)

持守：유지하여 지킴. 志操.

有創業之助 有持守之功：創業을 도운 일이 있고 유지하여 지킨 공이 있다.(鄭道傳, 〈登羅州東樓 諭父老書〉)

至於是 = 一至於此. 一至於斯. 至此：마침내 이에 이름. 드디어 이 지경에 다다름.

竟至於是何耶：마침내 이 지경에 이른 것은 어찌된 까닭인가?(申從濩, 〈東文粹跋〉)

知言：사리를 잘 아는 말. 남의 말을 분석하여 잘 이해함. 의기투합함.

不知言 無以知人也：말을 알지 못하면 사람을 알 수 없다.(《論語》〈堯曰〉)

枝葉：나무의 가지와 잎(종속된 부차적인 사물). 宗族의 支孫. 臣僚나 下屬. 자질구레하고 겉만 번지르르한 말.

【轉義】 파생되는 문제(뜻밖의 문제).

學史記枝葉：《사기》의 지엽적인 부분만을 배우다.(柳夢寅, 〈與尹進士書〉)

知音：음률에 정통함. 마음이 서로 통하는 친한 벗이나 동지. 伯牙와 鍾子期의 고사에서 유래하였다.

詩文에 대하여 깊이 이해하고 정확히 평가하는 사람.

秋風唯苦吟 擧世少知音:가을바람에 처량하게 읊조리나니, 온 세상에 나의 음을 알아주는 이 없네.(崔致遠, 〈秋夜雨中〉)

世無知音:세상에서 자기를 알아주는 사람이 없음.

知人:지혜로운 사람. 남의 품행과 재능 등을 잘 알아봄. 사람을 알아봄. 人間事의 변화에 대한 이치를 잘 앎.

不患人之不己知 患不知人也:남이 자기를 알아주지 않는 것을 걱정하지 말고, 〈내가〉 남을 제대로 알지 못하는 것을 걱정해야 한다.(《論語》〈學而〉)

***知人之鑑 = 知人鑑. 知人之明**:남의 품행과 재능을 알아보는 안목.

***知人論世**:인물을 평가하고 世事의 득실을 논함. 역사상의 인물을 이해하기 위하여 관계된 시대 배경을 논술함을 이른다.(《孟子》〈萬章 下〉 "頌其詩 讀其書 不知其人可乎 是以論其世也")

ㅈ

至治:안정되고 창성하며 교화가 크게 행해지는 정치 상황이나 시대. 매우 잘 다스려짐.

至治馨香 感于神明:지극한 다스림은 향내를 풍기는 것과 같아서, 신명을 감동시킨다.(《書經》〈益稷〉)

進士:小科의 進士科에 급제한 사람. 殿試에 합격한 사람.

以爲豪傑士不必皆由進士出:"豪傑之士가 꼭 모두 進士를 통해서 나오는 것은 아니다."라고 하고 하다.(李崇仁, 〈送李慕之赴淸州牧詩序〉)

搢紳(꽂다 진, 큰 띠 신) = **縉紳**:笏을 띠에 꽂음. **【轉義】** 벼슬

하는 사람이나 선비의 별칭.

搢紳知名者 皆有贈焉: 이름이 알려진[344] 搢紳들 모두가 그에게 시를 지어 주었다.(李穀, 〈跋福山詩卷〉)

陳言: 진부한 말. 의견을 진술함.

惟陳言之務去: 오직 진부한 표현을 없애는 데 힘쓰다.(韓愈, 〈答李翊書〉)

震耀(우레 진, 빛나다 요): 천둥이 울고 번개가 번쩍임.

위세가 있고 맹렬한 모양. 귀를 울리고 눈을 부시게 함. 환히 드러내어 빛나게 함.

陽明雖誇張震耀 而其實不如: 양명 王守仁은 비록 과장된 글이 귀를 울리고 눈을 부시게 하나, 그 실상은 그와 같지 않았다.(金昌協, 〈農巖雜識〉)

執事: 제사 등의 의식이 있을 때 의식의 진행을 맡아 보는 사람. 일을 주관함. 하인.

상대에 대한 존칭. 편지에서 상대방을 가리킬 때 쓰는 敬稱.

頓首再拜郎中大人執事: 머리를 조아리며 두 번 절하고 낭중대인 執事에게 글을 올립니다.(崔岦, 〈上郎中書〉)

*百執事: 모든 관원. 百官.

執鞭(채찍 편): 채찍을 잡고 수레를 몲(비천한 일).

富而可求也 雖執鞭之士 吾亦爲之 如不可求 從吾所好: 富

---

344 知名: 사물의 명칭을 정확히 앎. 이름을 알려줌. 名聲이나 이름을 들어서 앎. 이름이 세상 사람들에게 알려짐.

를 구할 수 있다면, 비록 말채찍을 잡는 일이라도, 나는 또한 그것을 하겠지만, 만일 구할 수 없다면, 내가 좋아하는 것을 따르겠다.(《論語》 〈述而〉)

緝熙(빛나다 집, 희) : 밝고 환함. 환하고 아름답게 빛남.

穆穆文王 於緝熙敬止 : 심원하신[345] 문왕이여, 아! 敬을 계속 하여 밝히셨도다.(《詩經》 〈文王〉)

〈ㅊ〉

借問(청하다 차) : 물어봄. 시험 삼아 물어봄. 여쭙겠음(묻다의 높임말). 관여하여 물음.

去時兒女悲 歸來笳鼓競 借問行路人 何如霍去病 : 〈梁나라 曹景宗이 凱旋했을 적에 武帝가 잔치를 베풀고 聯句를 시험했는데, 마침 競·病[346] 두 험운만 남아 있으므로, 최후에 참여한 조경종이 즉석에서 읊기를〉 "떠날 때는 아녀자들이 슬퍼하더니, 돌아옴에 피리와 북을 다투어 연주하네. 길가는 사람에게 시험 삼아 묻노니, 〈흉노를 치고 온〉 곽거병과 어떠한가?"(《南史》 〈曹景宗列傳〉).

ㅊ

且夫 : 게다가. 더군다나. 그런데.

且夫枉尺而直尋者 以利言也 : 게다가 1자를 굽혀서 8자를 편다는 것은 利로써 말한 것이다.(《孟子》 〈滕文公 下〉)

---

345 **穆穆**(심원하다 목) : 깊고 그윽한 모양.

346 **競病** : 强韻(짓기 어려운 운)을 달아 시를 짓는 것.

次第: 차례. 등급. 규칙. 순서에 따라 엮음. 건물 따위의 규모. 가지런함. 정상적인 상태. 순간. 정황. 빠름.

我太祖一三韓 郡國次第平 : 우리 고려 태조가 三韓을 종합할 적에 郡國이 차례로 평정되었다.(鄭道傳, 〈登羅州東樓 諭父老書〉)

著力(쓰다 착): 힘을 다함. 힘씀.

其用功著力 隨人淺深 各有次第 : 공부하고 힘쓰는 데는 사람의 역량에 따라 각기 순서가 있다.(《朱子書節要》)

曾不着力於古文 : 일찍이 고문에는 힘을 쏟지 않았다.(李宜顯 《陶峽叢說》)

竄逐(추방하다 찬, 쫓아내다 축): 추방함. 유배함.

仇嫉竄逐 : 원수 같이 미워해 유배를 보내다.(金平默, 〈高麗終始論〉)

蒼生: 초목이 떼 지어 자라는 곳. 백성. 과거에 낙방한 秀才를 욕으로 이르는 말.

此是蒼生膏與肉 臠割萬人方得至 : 이는 백성의 膏血이니, 수많은 사람의 피땀[347]으로 바야흐로 이르렀네.(李奎報, 〈孫翰長復和 次韻寄之〉)

*＊***濟世蒼生**: 이 세상의 모든 백성을 구제함.

*＊***億兆蒼生**: 수많은 백성.

唱酬(먼저 부르다 창, 보답하다 수) = **酬唱**. **酬倡**: 詩文을 지어 서로 주고받음.

ㅊ

---

347 **臠割**(저민 고기 련): 토막침. 저며 냄.

必有唱酬詩什 : 반드시 詩篇[348]을 주고받곤 하였다.(《谿谷漫筆》)

倉卒(갑자기 창, 졸) = **倉猝** : 갑자기. 다급히.

探心以養氣 戒懼于倉卒 : 마음을 더듬어 기운을 기르고, 창졸간에도 경계하고 두려워하네.(奇大升, 〈靜詩贈鄭子中〉)

策問(계책 책) = **策試** : 經義나 政事에 관한 문제를 내어 답하게 하는 科擧 과목. 그 시험 문제.

今日因試士 用禁僞書發策問 : 오늘 선비들을 시험 보이면서 '위서를 금한다'는 것으로 策問을 내었다.(正祖, 〈文學〉)

處世 : 세상에서 살아감. 정치에 참여하거나 사교 활동을 함.

處世身如寄 居官力不任 : 세상을 살아가는 내 몸은 나그네요, 벼슬을 살자니 힘겹네.(鄭誧, 〈題蔚州官舍壁〉)

處心 : 마음. 마음을 가짐.

公處心公正 治家勤儉 : 공은 마음이 공정하고 집 다스리기를 부지런하고 검소하게 하였다.(《東賢事略》)

ㅊ *處心積慮 : 마음에 둔 지 오래임.

倜儻(기개가 있다 척, 당) : 탁월함. 호방하고 기개가 있어서 관습의 구속을 받지 아니함.

*倜儻不羈(매이다 기) : 호방하고 기개가 있어서 남에게 구속을 받지 아니함.

---

348 詩什(시편 집) : 《詩經》의 雅·頌 부분의 10편을 1組로 묶은 것을 이르는 말. 뒤에는 詩篇이나 詩作.

*倜儻不群 : 특출하고 출중함.

鶺鴒(할미새 척, 령) : 할미새(=형제).

할미새가 들에서 날 때는 울기를 그치지 않고 걸을 때는 늘 꽁지를 흔드는 모습이 마치 急難을 알리는 모습과 같다하여, 형제간에 위급하거나 어려울 때, 서로 돕는 것을 비유하는 말로 썼다.

脊令在原 兄弟急難 : 할미새가 언덕에 있으니, 형제가 위급함을 구원하네.(《詩經》〈常棣〉)

天官 = 吏曹, 地官 = 戶曹, 春官 = 禮曹, 夏官 = 兵曹, 秋官 = 刑曹, 冬官 = 工曹

典法判書安公選士於春官 : 典法判書 安軸이 禮曹에서 인재를 선발하였다.(李穀, 〈賀崔寺丞登第詩序〉)

天機 : 하늘의 비밀(造化의 은밀한 기틀). 천부적으로 타고난 機智나 성품.

其耆欲深者 其天機淺 : 耆欲이 깊은 사람은 천기가 얕다.(《莊子》)

天年 = 天壽 : 타고난 수명.

昨日山中之木 以不材得終其天年 今主人之鴈 以不材死 先生將何處 莊子笑曰 周將處乎材與不材之間 : "어제 산중의 나무는 不材로써 그 天年를 다 마쳤는데, 오늘 주인의 거위는 不材로써 죽으니, 선생은 장차 어디에 처하시렵니까?"고 제자가 물으니, 장주는 웃으며 "材·不材의 사이에 처하겠다."고 대답하였다.(《莊子》〈山木〉)

*天年不遂 : 天壽를 누리지 못함.

阡陌 : 밭의 이랑. 가로로 난 것을 阡. 세로로 난 것을 陌이라 함. 농토의 경계. 밭 사이의 좁은 길.

경로·절차·방법. 千과 百(많음).

土沃方<u>阡陌</u> 民貧十二三 : 땅은 비옥하여 사방이 밭이랑이요, 가난한 백성은 열에 두셋뿐일세.(盧守愼, 〈紀實〉)

天賦 = 天付. 天稟 : 하늘이 부여함. 하늘로부터 받음(타고남). 타고난 자질.

固知<u>天賦</u>性命如彼暄寒 短不足悲 脩不足歡 : 하늘이 부여한 생명이 저처럼 따스함과 차가움이 있음을 안다면, 단명한다 해도 슬퍼할 일이 아니고, 장수한다 해도 기뻐할 일이 아니다.(柳宗元, 〈愈膏肓疾賦〉)

天宇 : 천하(=區宇. 區內. 區服. 區寓. 區縣. 宇內). 수도. 하늘.

行旅忽聞鴈 仰看<u>天宇</u>淸 : 나그네[349] 기러기 소리를 갑자기 듣고, 고개 들어 하늘 보니 맑기도 하네.(鄭夢周, 〈聞鴈〉)

川原 : 내의 근원. 강(山川). 하천과 평원. 하천 유역의 평원.

種桃處處惟開花 <u>川原</u>近遠蒸紅霞 : 복숭아 심으니 곳곳에 피어, 山川 원근이 붉은 노을처럼 피어오르네.(韓愈, 〈桃源圖〉)

天資(바탕 자) = 天稟 : 타고난 자질.

杜仲 郁里人也 <u>天資</u>厚朴 而有遠志 : 두중은 욱리 사람이니, 타고난 자질이 후박하고 원대한 뜻이 있었다.(蘇軾, 〈杜處士傳〉)

天

---

349 行旅 : 나그네가 되어 다님. 나그네. 여행함.

天爵(벼슬 작) : 자연히 얻은 爵位. 덕행으로 남에게 존경받는 것이 조정의 벼슬보다 낫다는 뜻. 천자가 부여한 작위(조정의 벼슬).

仁義忠信樂善不倦 此天爵也 公卿大夫 此人爵也 古之人 修其天爵 而人爵從之 : 인의충신과 선을 좋아하여 게을리 하지 않는 것은 천작이요, 공경대부는 인작[350]이다. 옛날 사람은 천작을 닦아서 인작이 뒤따랐다.(《孟子》〈告子 上〉)

天才 = 天材 : 타고난 재능.

其天才自高 : 그는 타고난 재주가 본디 높다.(金昌協, 〈農巖雜識〉)

綴述(엮다 철, 저술하다 술) : 저술함.

平生綴述 效王體多矣 : 평생의 저술이 왕씨(王舒王)의 체를 많이 본떴다.(趙文拔, 〈百家衣詩序〉)

掇拾(줍다 철, 습) : 남의 허물을 찾아내어 공격함. 재물을 빼앗음. 찾아 모음. 주음. 나무잎 따위를 땀.

其所謂文者 特口耳上之掇拾 非心得之發也 : 그들이 말하는 文은 다만 입과 귀에서 주워 모은 것이요, 마음에 터득하여 나온 것이 아니다.(張顯光, 〈文說〉)

清苦 : 청빈하게 살면서 어려움을 견딤. 詩文의 풍격이 맑고 고결하며 寒苦함.

其清苦之節 人有所不堪 : 그의 청빈하면서 어려움을 견디는 절조가 보통 사람으로서는 견디지 못할 것이다.(宋時烈, 〈孤竹

---

350 **人爵** : 사람이 부여한 작위. 사람이 정한 작위나 관록. 세속적인 영예. 天爵의 상대어.

集序〉)

青衿 : 푸른 깃의 옷(고대의 학생이나 明淸시대 秀才의 평상복이었다). 儒生(선비). 푸른 옷을 입은 사람(청소년).

青衿相弔 含痛奔走 : 선비들은 서로 조문하며, 슬픔 머금고 바삐 달려왔네.(李珩, 〈祭文〉)

清流 : 맑게 흐르는 물. 덕행이 고결하고 명망이 높은 사대부. 정치가 맑고 깨끗함.

此輩清流 可投濁流 : 이 들은 맑은 무리[351]들이니, 혼탁한 물에 던질만하다.(歐陽脩, 〈朋黨論〉)

＊**源清流潔** : 근원이 맑으면 흐르는 물도 깨끗함. **【轉義】** 원인과 결과가 서로 연결되어 있음.

青史 = **青竹. 青編** : 역사서. 竹簡에 기록했던 데서 이르는 말.

侯之職位事蹟 不得垂於青史 而所可傳者惟詩耳 : 후의 직위와 사적이 역사서에 드리워지지 못하여 전할 수 있는 것은 오직 시뿐이다.(成俔, 〈濡溪詩集序〉)

或曰 雍也 仁而不佞 子曰 焉用佞 禦人以口給 屢憎於人 不知其仁 焉用佞 : 혹자가 말하기를 "雍은 仁하나 말재주가 없습니다."라고 하니, 공자께서 말씀하셨다. "말재주를 어디에다 쓰겠는가? 말을 잘하는 것[352]으로 남의 말을 막아서 자주 남에게 미움만 받을 뿐이니, 그가 인한지는 모르겠으나 말재주

ㅊ

---

351 **清流** : 맑게 흐르는 물. 덕행이 고결하고 명망이 높은 사대부를 비유하는 말.

352 **口給**(말을 잘하다 급) = **口敏** : 구변이 좋음. 말을 잘함.

를 어디에다 쓰겠는가?"(《論語》 〈公冶長〉)

草莽(우거지다 망) = **草萊** : 풀 무더기. 초목이 우거진 벌판. 草野(민간). 평범하거나 미천함(주로 겸사로 쓰인다).

在國曰市井之臣 在野曰草莽之臣 皆謂庶人 : 도성에 있는 자를 '시정의 신하'라 하고, 초야에 있는 자를 '초망의 신하'라 하는데, 이들은 모두 서인을 이른다.(《孟子》 〈萬章 下〉)

＊**草莽之臣** : 벼슬을 하지 않고 초야에 묻혀 사는 사람.

憔悴(파리하다 초, 췌) = **憔瘁. 憔顇** : 야윔. 고달픔.

屈原旣放 游於江潭 行吟澤畔 顏色憔悴 形容枯槁 : 에 "굴원이 쫓겨나서는 강가에서 노닐면서 늪가를 거닐며 시가를 읊조릴 적에 안색은 야위고 형용은 말랐었다.(屈原, 〈漁父辭〉)

招致(부르다 초) : 불러서 오게 함. 한데 모음. 좋지 못한 결과를 가져옴.

遣使招致之 : 사신을 보내어 그를 불러오게 하였다.(李穀, 〈大崇恩福元寺高麗第一代師圓公碑〉)

觸目(닿다 촉) : 눈길이 닿음. 돋보임(남의 눈길을 끎).

今日之行 觸目見琳琅珠玉 : 〈魏·晉 교체기에 涼州刺史 王渾의 여섯 아들인 王戎·王衍·王敦·王導·王詡·王澄의 형제들이 모두 명사였는데, 이들을 만나고 온 사람들이〉 오늘의 행차에서 아름다운 옥들을 눈 가득 보고 왔다.[353](《世說新語》)

---

353 **琳琅觸目** : 눈길 닿는 것마다 아름다운 옥임. 눈앞에 보이는 것이 모두 당대의 名士·진귀한 물건·아름다운 詩文.(《世說新語》)

＊觸目崩心 = 觸目傷心. 觸目慟心:어떤 정황을 보고 마음속으로 몹시 슬퍼함. 보기만 해도 마음이 아픔.

推轂(바퀴통 곡):출정하는 장수의 수레를 帝王이 밀어 주는 의식. 장수를 임명하는 융숭한 예식. 밀어줌. 이끌어줌.

舉皆<u>推轂</u> : 모두[354] 이끌어주다.(《清脾錄》)

推究:심문하여 밝힘. 깊이 연구함.

學不能推究事理 只是心麤 :학문을 함에 사리를 깊이 연구하지 못하는 것은 단지[355] 마음이 거칠어서이다.(《近思錄》〈致知〉)

題品 = 題評:품평함.

<u>題品</u>平允 :품평을 공평하고 타당하게[356] 하였다.(柳得恭, 〈清脾錄序〉)

推服 = **推伏**:감복하여 높이 받듦. 충심으로 존경하여 복종함.

儕流<u>推服</u> 以爲不可及 :친구들이[357] 추앙해 존경하여 복종하며 미칠 수 없다고 여겼다.(張維, 〈華谷稿跋〉)

ㅊ

趨時(뒤쫓다 추):당시의 형편이나 환경·조건 등에 적응하려고 노력함. 시대의 흐름에 영합함. 제때에 함.

方爲人 圓其外方其中 善<u>趨時</u>應變 :孔方의 위인은 밖은 둥글고 안은 모나며 때에 따라 웅변을 잘하다.(林椿, 〈孔方傳〉)

---

354 **舉皆**:거의 모두.

355 **只是**:다만 …일 뿐임. 곧 …이다.

356 **平允** = **平當**:공평하고 타당함.

357 **儕流**(무리 제) = **儕輩. 儕等. 儕侶. 儕類. 儕倫. 儕偶. 等夷**:동료. 친구. 같은 패거리.

*趨時附勢 = 趨時奉勢 : 시속을 따르고 권세를 붙좇음.

芻蕘(꼴 추, 나무꾼 요) : 꼴을 베고 땔나무를 하는 사람. 草野의 사람.

【轉義】 천박한 견해. 자신의 의견을 겸손하게 이르는 말.

先民有言 詢于芻蕘 : 先賢들이 말씀하기를 "꼴 베고 나무하는 사람에게도 물으라." 하셨다.(《詩經》〈板〉)

*詢于芻蕘(묻다 순) = 詢蕘. 詢芻 : 꼴 베고 나무하는 사람에게 물어봄. 【轉義】 아랫사람에게 물어보는 것을 부끄럽게 여기지 않아야 함.

追遠 : 조상을 추모하여 제사에 정성을 다함.

愼終追遠 民德歸厚矣 : 어버이의 상을 당해서는 예를 다해서 장사를 지내고 조상님의 제사를 정성껏 지낸다면, 백성들의 덕성이 돈후해질 것이다.(《論語》〈學而〉)

*愼終追遠 : 부모의 상을 경건하고 신중히 치르고 조상의 제사를 예법대로 정성스럽게 올림.

*報本追遠 : 조상의 은덕을 기리고 제사를 정성껏 받듦.

推移 : 변화(이동·발전). 임기가 차서 벼슬자리가 갈릴 때 후임자를 추천하고 옮겨 가는 일.

경우나 형편에 따라서 알맞게 변통함.

夫聖人者 不凝滯於物 而能與世推移 : 성인은 사물에 막히거나 얽매이지 않고 세상을 따라 미루어 옮겨간다.(屈原, 〈漁父辭〉)

*與世推移 = 與時推移 : 세태의 흐름에 맞춰 알맞게 변화함.

趨向(달려가다 추) : 방향. 추세. 취지. 염원. 행실. 지향함. 나아감. ~에 쏠림(권세에 아부함).

指南所以定一方反四方 指其趨向者也:指南은 한 방향을 지정하여 사방을 어림짐작할 수 있게 하여 그 방향을 가리켜 주는 것이다.(柳夢寅, 〈文章指南跋〉)

推許: 떠받들고 지지함.

時人推許: 당시 사람들이 떠받들고 지지하였다.(《三國史記》)

春色: 봄빛. 봄철의 경치. 젊고 고운 얼굴. 기뻐하는 얼굴(喜色). 뺨의 홍조.

一軒春色無窮興 千里皇華欲去心: 온 東軒에 봄빛이 한창 끝없는 흥취라, 천리의 사신[358]은 돌아가고자 하는 마음이네.(鄭知常, 〈分行驛寄忠州刺使〉)

春場 = **春試. 春場試. 春闈**: 봄철에 보이는 과거 시험.

唐代에는 봄여름 사이에 시행하였고, 宋代에는 8월까지 지방의 引試를 마치고 그 이듬해 2월에 禮部에서 시험을 보였는데, 殿試는 4월에 보였으므로 春試秋貢이라는 말이 있게 되었다. 元代에는 8월에 鄕試, 2월에 會試를 보이어 明淸시대까지 이어졌으므로 會試를 지칭하는 말로도 썼다.

累擧春場不捷: 여러 번 春場試에 응시했으나 급제하지 못하다.(《稗官雜記》)

春秋之義: 포폄의 의리.

ㅊ

358 皇華: 《詩經》 〈小雅〉의 篇名인, 〈皇皇者華〉의 준말. 임금이 使臣을 보낼 때 부르는 노래인데, 사신으로 가는 일이나 사신을 찬미하는 典故로 쓴다.

《春秋穀梁傳》에 "춘추의 의리는 미더운 것은 미더운 대로 전하고, 의심스러운 것은 의심스러운 대로 전하는 것이다.〔春秋之義 信以傳信 疑以傳疑〕" 하였다.

獨公此詩 嚴於華夷之辨 深得春秋之義 似有先見而發：공의 이 시만은 중화와 오랑캐의 구별에 엄격하였으니, 《春秋》의 의리를 깊이 터득한 것으로, 先見之明[359]이 있어 말한 것 같다.(《補閑集》)

出衆 = 出群. 出類. 出倫. 出拔. 出人. 出萃：여러 사람 가운데서 특별히 우수함.

出衆聰明孰與爭 弱冠攀桂振英聲：출중한 그의 총명을 누가 다툴까? 20세에 급제[360]하여 명성을 떨쳤다네.(鄭蘊, 〈挽朴江陵明榑〉)

聚斂：다그쳐 세금을 징수함. 재물을 긁어모음. 거두어 들임.

與其有聚斂之臣 寧有盜臣：차라리 임금의 재물을 훔치는 신하를 둘지언정 백성에게서 긁어모으는 신하는 두지 않는다.(《大學》)

取法：모범으로 삼음. 본받음.

有王者起 必來取法 是爲王者師也：왕자가 나오면 반드시 와서 모범으로 삼을 것이니, 이는 왕자의 스승이 되는 것입니다.(《孟子》〈滕文公 上〉)

取士：인재를 선발함.

---

359 先見：예전의 일을 살펴 봄. 先見之明.

360 攀桂：계수나무의 가지를 더위잡거나 꺾음(과거에 급제함).

取士必得:관료를 등용할 때는 적임자를 택해야한다.(《孟子》〈告子 下〉)

取友:벗을 가려 사귐.

夫尹公之他端人也 其取友必端矣:대저 윤공지타는 단정한 사람이니, 그가 가려 사귄 벗도 반드시 단정한 사람일 것이다.(《孟子》〈離婁 下〉)

醉鄕:술에 취하여 정신이 몽롱한 상태.

閬苑花前是醉鄕 踏翻王母九霞觴:낭원[361]의 꽃 앞에서 술에 취하여, 西王母의 구하상[362] 그릇 엎질렀네.(許篈, 〈醉吟〉)

馳驅(달리다 치, 구):방자함. 힘을 쏟음. 말을 몰아 달림.

吾爲之範我馳驅 終日不獲一:내 그를 위해서 말 모는 것을 법도에 맞게 하였더니, 종일토록 한 마리의 짐승도 잡지 못하였다.(《孟子》〈滕文公 下〉)

致君:임금에게 충성을 다하여 훌륭한 임금이 되게 함. 임금을 보좌하여 훌륭한 임금이 되게 함.

ㅊ

致吾君於堯舜 熙鴻號於無窮也:우리 임금을 요순으로 만들어 훌륭한 이름[363]을 무궁한 세대에 밝히다.(韓愈, 〈爭臣論〉)

＊致君澤民:임금에게는 충성을 다하여 훌륭한 임금이 되게 하고 백성에게는 혜택이 돌아가게 함.

---

361 閬苑(높다 랑):崑崙山 꼭대기에 있는 閬風山(신선이 사는 곳).

362 九霞觴:술잔 이름(좋은 술).

363 鴻號:큰 명성. 아름다운 칭호.

致力(다하다 치) : 있는 힘을 다함.

吾方致力中原 過爾優逸 恐不堪事 : 〈東晉의 陶侃이 荊州를 맡고 있을 때 고을에 일이 없자, 매일 아침 벽돌 100개를 집 밖으로 옮겼다가 저녁에 집 안으로 옮겼다. 사람들이 그 까닭을 물으니〉 "내가 장차 中原에 힘을 쏟고자 하는데, 너무 안일하면 일을 감당하지 못할까 두렵다.〔陶侃運甓〕"(《晉書》 〈陶侃列傳〉)

致命 : 말을 전함. 使命을 전달함. 목숨을 바침. 죽을 지경에 이름.

乃使下臣致命於下執事 : 이에 저로 하여금 대왕[364]께 명을 전하도록 하였습니다.(《三國史記》)

＊見危致命 : 나라의 위태로움을 목숨을 바침.

馳騁(달리다 치, 빙) : 말을 몰아 빨리 달림. 사냥함. 출세를 위해 뛰어다님. 종횡무진 재능을 마음껏 발휘함.

부림. 매우 분방함.

馳騁畋獵 令人心發狂 : 말을 빨리 달리며 사냥하는 것은 사람의 마음을 발광하게 한다.(《老子》)

繩墨足馳騁 誰嗟行路難 : 승묵[365]의 재능이 부리기에 만족거니, 누가 행로의 어려움을 슬퍼해줄까?(李穡, 〈倩金沙釋印烏絲欄〉)

ㅊ

致書 : 서신 따위를 보냄.

沈者自沈 浮者自浮 殷洪喬不能作致書郵 : 〈晉나라 殷羨이

---

364 **下執事** : 본래 측근에서 신변의 일을 처리하는 사람을 이르는데, 옛날에는 상대방을 직접 호칭하는 것을 결례로 생각하여 '하집사' 또는 '左右'라고 써서 공경하는 뜻을 표시하였다.

365 **繩墨**(먹줄 승) : 먹줄. 준칙. 법률.

豫章郡의 太守로 있다가 임기를 마치고 떠날 즈음에 사람들이 100여 통의 서찰을 주면서 전달해 주기를 청하였는데, 은선이 石頭城에 이르러서는 서찰을 모조리 물속에 던져 버리고 말하였다.〉 "가라앉을 놈은 가라앉고 떠오를 놈은 떠오르겠지. 이 은홍교(홍교는 은선의 字)가 우체부[366] 노릇을 할 수는 없으니."(《世說新語》)

致誠 : 정성을 다함. 정성스러운 뜻을 표함. 지극히 성실함.

其致誠於我 : 그는 나에게 정성을 다하였다.(李鈺, 〈沈生傳〉)

錙銖 : 저울눈에서 백 개의 기장의 낱알을 1銖, 24수를 1兩, 8냥을 1錙라고 함(매우 적은 이익·돈·수량).

遂與民爭錙銖之利 : 드디어 백성과 더불어 작은 이익이라도 다투다.(林椿, 〈孔方傳〉)

致身 : 몸을 바쳐 임금을 섬김(벼슬길에 오름).

事君能致其身 : 임금을 섬기되 그 몸을 바칠 수 있다.(《論語》〈學而〉)

致意 : 깊은 뜻을 전하여 알림. 도리를 깨우쳐 변화에 적절히 대처하게 함. 안부를 물음.

其存君興國 而欲反復之 一篇中 三致意焉 : 군주를 보호하고 나라를 일으키며 그것을 반복하려거든, 한편 가운데 깊이 마음을 쓸 것이니라.(《史記》〈屈原傳〉)

*三致意 : 여러 번 자기의 속뜻을 내보임(깊이 마음을 쓴다).

---

366 致書郵(문서를 전달하는 사람 우) : 편지를 전하는 사람.

緇衣(검다 치) : 검은 비단으로 만든 朝服(검정옷). 승복. 스님. 불교.

其一人緇衣玄冠 : 그 중 한 사람은 검정옷을 입고 玄冠[367]을 썼다.(申光漢, 〈書齋夜會錄〉)

＊**緇衣丈夫** : 거북의 별칭.

親炙(가르침을 받다 자) : 스승에게 직접 가르침을 받음.

而況於親炙之者乎 : 더구나 직접 가까이에서 배운 자들에 있어서랴?(《孟子》〈盡心 下〉)

沈痼(고질 고) = **沈錮** : 오래 묵어 치료하기 어려운 병(고치기 어려운 陋習이나 積弊).

余嬰沈痼疾 竄身清漳濱 : 내가 고질병에 걸려, 맑은 장수 물가에 몸을 숨겼노라.(三國時代 劉幹, 〈贈五官中郎將〉)

枕戈 : 무기를 베고 잠. 무기를 항상 휴대하고 있음.

【轉義】 적을 죽여서 나라의 은혜에 보답하려는 뜻이 철저함. 부모의 원수를 갚으려는 뜻이 간절함.

＊**枕戈待旦** = **枕戈達旦**. **枕戈以待** : 무기를 베고 아침이 오기를 기다림. **【轉義】** 적을 무찔러 나라의 은혜에 보답하려는 마음이 간절함.

＊**枕戈飮血** = **枕戈泣血** : 무기를 베고 피눈물을 삼킴. **【轉義】** 적을 죽여 원수 갚기를 맹세하며 지극히 비분강개함.

＊**枕戈坐甲** = **枕戈披甲**. **枕戈寢甲** : 창을 베개 삼고 갑옷을 입고 앉음. **【轉義】** 항상 전투태세를 게을리하지 않음.

---

367 玄冠 : 검은 비단으로 만든 冠.

沈冥 : 은거하여 종적을 감춤. 의기소침하고 표정이 어두움. 어두침침함. 재능을 펴지 못함. 깊이 미혹됨.

高松猶落照 幽谷已沈冥 : 높은 솔에 아직 낙조 남아 있으나, 깊은 골짝 이미 어둠 속에 잠겼네.(宋翼弼, 〈霽夕寄人〉)

沈冥於麴糵之昏 : 술[368]의 어두움에 깊이 미혹되다.(鄭道傳, 〈讀東亭陶詩後序〉)

鋟梓(새기다 침, 가래나무 재) = **繡梓. 壽梓. 鋟板. 鋟木. 鋟版. 鋟畫. 鋟行** :

판목에 새겨 인쇄함. 가래나무를 판목으로 사용한 데서 책을 간행함.

鋟梓廣布 : 판목에 새겨 널리 배포하였다.(尹根壽, 〈新續三綱行實圖序〉)

寢疾 : 병들어 누움. 병이 깊어짐.

曾子寢疾病 樂正子春坐於牀下 曾元曾申坐於足 : 증자가 병이 위독하자, 〈증자의 제자〉 악정자춘은 침상 아래에 앉았고, 〈曾子의 아들〉 증원과 증신은 증자의 발이 있는 곳에 앉았다.(《禮記》 〈檀弓 上〉)

ㅌ

稱停(저울 칭) : 저울대가 반듯하게 멈추었다(썩 공정함).

朱子謂尙帶蠻夷風者 稱停之語也 : 주자가 "아직 蠻夷의 풍속을 띠고 있다."고 한 것은 썩 공정한 말이다.(金平默, 〈高麗終始論〉)

---

368 **麴糵**(누룩 국, 얼) : 누룩. 술.

〈ㅌ〉

卓犖(높다 탁, 뛰어나다 락) = **卓落. 卓礫. 卓躒**: 무리 중에서 훨씬 뛰어남.

登明選公 雜進巧拙 紆餘爲硏 <u>卓犖</u>爲傑 較短量長 惟器是適 者 宰相之方也: 밝고 공정한 사람을 등용 선임하고, 기교 있는 자와 졸렬한 자를 골고루 등용해서, 학식이 넉넉한 사람을 능숙하다고 하고, 뛰어난 사람을 준걸이라 하여, 길고 짧은 점을 자세히 헤아려서 오직 그 자격에 알맞은 직책을 임명하는 것은 재상의 도리이다.(韓愈, 〈進學解〉)

＊**卓犖不羈**(얽매이다 기): 무리 가운데서 두드러지게 뛰어나 세상일에 얽매이지 않음.

擢第(선발하다 탁, 과거 제): 과거 시험에 급제함.

待生<u>擢第</u>: 서생이 과거에 합격하기를 기다리다.(《高麗史》)

貪汚: 욕심이 많고 하는 짓이 더러움.

著素<u>貪汚</u>: 申著가 평소에 욕심이 많고 하는 짓이 더러웠다.(《高麗史》)

太半: 3분의 2가 되는 수. 절반을 넘는 수.

亂後人煙無<u>太半</u> 依然山色滿東樓: 난리 뒤로 태반이나 밥 짓는 연기 안 나는데, 산 빛깔은 변함없이[369] 동쪽 누각에 넘치네.(崔岦, 〈殷栗 次東樓韻〉)

痛切(아프다 통, 간절하다 절): 지극히 간절함. 비통하고 애절

---

369 **依舊** = **依然**: 예전과 다름이 없음. 예전 그대로임.

ㅌ

함. 살을 에는 듯한 고통. 매우 적절함.

抑以語不痛切 則無以警發而然歟 : 아니면 말을 비통하고 애절하게 하지 않으면, 각성[370]시킬 수 없기 때문에 그렇게 하신 것인지요?(正祖, 〈魯論夏箋〉)

投紱(인끈 불) : 인끈을 버림 【轉義】 벼슬에서 스스로 물러남.

投紱歸來萬事輕 消磨未盡秖風情 : 인끈 버리고 돌아오니 만사가 홀가분해라, 아직 다 사라지지 않은 건 풍정[371]일 뿐일세.(蘇軾, 〈和致仕張郎中春晝〉)

偸生(훔치다 투) : 구차하게 살길을 구함(=偸活). 살아 있는 것처럼 가장함.

정해진 절차를 거치지 않고 슬며시 얹혀서 생겨나는 것.

相聚偸生 若魚遊釜中 喘息須臾間耳 : 서로 모여서 구차히 살기를 구하는 것이, 마치 물고기가 솥 안에서 노닐며 잠시 동안만 숨을 쉬고[372] 있는 것과 같을 뿐이다.(《後漢書》〈張綱列傳〉)

特立 : 확고한 의지와 지조가 있음. 빼어남. 孤立됨.

士之特立獨行 適於義而已 : 비가 특립독행하여, 의에 맞게 할 뿐이다.(韓愈, 〈伯夷頌〉)

***特立獨行** : 志行이 고결하여 時俗의 潮流에 휩쓸리지 않고 자기의 소신대로 꿋꿋하게 살아감.

ㅍ

370 **警發**(깨우치다 경) : 각성하도록 일깨워줌.

371 **風情** : 풍채와 표정. 고상하고 멋있는 정취. 포부. 남녀간의 애정.

372 **喘息**(숨이 차다 천) : 숨이 가쁨. 숨. 한숨을 돌려 잠시 쉼.

〈ㅍ〉

叵測(어렵다 파) : 헤아릴 수 없음(추측할 수 없음).

噫道體之浩浩 固端倪之叵測 : 아! 도체의 넓음이여, 진실로 단서[373]를 헤아릴 수 없도다.(鄭蘊, 〈敬〉)

八紘(천지의 경계 굉) = **八極. 八區. 八落. 八遐** : 八方. 아주 먼 곳의 땅(=八荒). 천하.

*八紘九野 : 팔굉과 구야. 팔방의 끝이 八紘, 팔방과 중앙이 九野이다.

*八紘同軌 : 천하를 통일함.

編次(엮다 편) : 순서에 따라 배열하여 엮음. 편집하여 정리함. 배열한 순서.

吾所爲著述撰定 將誰收拾編次 刪正存拔耶 : 내가 지은 저술과 간추려 뽑아 놓은 것들을 장차 누가 모아서 책을 엮고, 바로잡아 보존[374]시키겠느냐?(丁若鏞, 〈寄二兒〉)

偏廢(한쪽 편) : 한쪽을 버림(한쪽을 소홀히 함). 半身不遂.

尊德性 道問學 要之不可偏廢 少偏則有差 : 덕성을 높이는 것과 학문을 경유하는 것[375]을 요컨대[376] 한쪽이라도 버려둘

---

373 **端倪**(끝 단, 예) : 실마리.

374 **存拔** : 셈 따위에서, 어떤 것을 남겨 두거나 빼어 버림.

375 **尊德性 道問學**(道 = 由) : 《中庸》에 나오는 말로, "(군자는) 德性을 존중하고 學問에 힘쓴다."

376 **要之** : 요컨대. 결국.

수 없으니, 조금만 치우쳐도 어긋나게 된다.(正祖 《弘齋全書》)

平明 : 새벽(=平旦. 平曉). 공평하고 분명함.

四月十五日 平明家家哭 : 4월 15일, 새벽에 집집마다 통곡하는 소리네.(李安訥, 〈四月十五日〉)

平生 : 평소. 평생. 지난날. 옛 친구.

見利思義 見危授命 久要不忘平生之言 亦可以爲成人矣 : 〈子路가 成人에 대해 물었을 때 공자가 말하였다.〉 "이익을 보면 의를 생각하고, 위태로운 것을 보면 목숨을 바쳐 구하며, 오랜 약속에 평소의 말을 잊지 않는다면 또한 성인이라고 할 수 있다."(《論語》 〈憲問〉)

*平生歡(사이가 좋다 환) : 전부터 친하게 지냄. 평소에 친교를 맺음.

平昔 : 평소. 지난날.

出於平昔萬萬也 : 평소보다 나은 것이 만배[377]이다.(金宗直, 〈跋成磬叔觀光錄後〉)

匏瓜(박 포, 오이 과) : 박. **【轉義】** 벼슬에 등용되지 못하거나 하는 일이 없는 사람을 비유.

吾豈匏瓜也哉 焉能繫而不食 : 내가 어찌 박이더냐? 어찌 그처럼 한 곳에 매달린 채 먹지도 못하고 지낼 수 있단 말인가?"(《論語》 〈陽貨〉)

ㅍ

377 **萬萬** : 1만의 1만 배가 되는 수(아주 큰 수). 절대로. 훨씬 뛰어남(차이가 매우 큼).

布衣: 베로 만든 의복. 【轉義】 평민을 가리킨다. 평민은 비단 옷을 입지 못하기 때문이다.

臣本<u>布衣</u> 躬耕於南陽 : 신은 본래 평민으로서 남양에서 몸소 농사를 지었습니다.(諸葛亮, 〈出師表〉)

＊布衣之交 = 布衣交 : 신분과 지위의 높낮이를 떠나서 사귀는 친구. 〈포의는 일반적으로 평민이 입는 것이기 때문에〉 貧賤할 때 사귄 친구.

＊布衣韋帶 = 布韋 : 베옷과 가죽띠. 가난한 선비의 服飾.

庖丁(부엌 포) = 庖人 : 요리사.

神巧之所造 殆如<u>丁之解牛</u>扁之斲輪 相上下也 : 신비한 기술로 만든 솜씨는 거의 포정이 소를 잡고 윤편이 수레바퀴를 깎는 수준[378]과 같아, 서로 막상막하[379]라고 할 정도였다.(洪顯周, 〈癖說〉)

庖丁解牛 : 백정이 능숙한 솜씨로 소를 잡음. 【轉義】 技藝가 교묘하고 뛰어남.

品節(등급 품) : 등급을 지어 나눔. 등급. 품성과 절개.

禮謂制度<u>品節</u>也 : 예는 제도와 품절을 이른다.(《論語集註》)

品題 : 품평에 대한 話題나 내용. 인물을 논평하여 우열을 메김. 감상함. 詩文이나 書畫에 대한 평론. 시문이나 서화에 쓴

---

378 扁之斲輪(깎다 착) : 《莊子》에 나오는 輪扁의 수레바퀴 깎는 노련한 솜씨를 말한다. 그는 수레바퀴를 너무 빡빡하지도 않고 너무 헐겁지도 않게 적절히 깎아서 끼우는데, 그 오묘한 기술은 말로써 이야기해 줄 수 있는 것이 아니고 스스로 터득해야 한다고 하였다.

379 上下 : 서로 비슷함.

題辭·跋文이나 평론의 말.

顧前未有<u>品題</u>:다만 전에는 우열을 매기는 일이 없었다.(王性淳, 〈麗韓十家文序〉)

風光:바람이 초목에 불 때 반사되는 햇빛. 풍경. 번화한 광경. 형편. 文采. 榮譽(체면).

三月正當三十日 <u>風光</u>別我苦吟身:3월이 정히 30일에 딱 당하였으니, 봄 경치가 괴로이 읊는 나를 작별하려 하네.(賈島, 〈三月晦日贈劉評事〉)

*風光月霽:비가 그치고 하늘이 갤 때의 맑고 깨끗한 풍경. 가슴이 탁 트이고 마음이 담백함.

風教:풍속과 교화.

長吏久於政 然後<u>風教</u>敦:지방 장관[380]으로 오랜 기간 정사를 편, 뒤에야 풍교를 돈후하게 할 수가 있는 것이다.(白居易, 〈贈友〉)

風流:바람이 붊. 풍치가 있고 멋이 있는 일. 유행함. 풍속. 풍모. 남아 있는 기풍.

【轉義】 문학작품이 고상하고 운치가 있음. 걸출하여 평범하지 않음.

*風流郎:풍치가 있고 멋있게 지내는 젊은 사나이.

*風流雲散 = 風流雨散. 風行雨散:바람이 불어 구름을 흩어버림. **【轉義】** 흔적도 없이 사라짐. 사람이 몰락하여 흩어짐.

*風流才子 = 風流才士:풍모가 훌륭하고 재주와 학식이 출중한 사람.

ㅍ

---

380 長吏:지방의 守令.

＊**跌宕**(蕩)**風流**：호방하고 풍류를 앎.

風霜：바람과 서리. 【**轉義**】 온갖 어려움과 고난·준엄한 내용·꿋꿋한 절조·세월·御史의 직책.

漢家授署禦史 多於立秋 蓋以風霜始嚴 鷹隼初擊：한나라에서 어사를 제수하는 것을 대체로 입추 때에 한 것은 바람과 서리가 비로소 엄해지고 새매가 처음으로 사냥하기 때문이다.(唐 杜牧, 〈盧潁除監察御史等制〉)

＊**風霜之任**：매우 엄하고 기세가 대단한 임무. 御史나 사법관 따위의 임무.

＊**萬古風霜** = **萬古風雪**：매우 오랜 동안 겪어 온 많은 고생.

風聲：바람 소리. 教化. 뜬소문. 명성. 용모와 행동거지. 풍속. 소문 따위가 널리 퍼짐.

用挽頹俗 樹之風聲而不至墜地：무너진 풍속을 일으키고 교화를 수립하여 땅에 떨어지는 지경에는 이르지 않았다.(尹根壽, 〈新續三綱行實圖序〉)

＊**風聲鶴唳**(울다 려)：몹시 두려워하거나 놀라서 소란을 피우는 것. 前秦 苻堅의 군사들이 淝水의 싸움에서 晉의 謝玄 등에게 대패한 후에 바람 소리와 학의 울음소리만 듣고서도 추격병으로 알고 두려워하였다는 고사에서 유래하였다.

諷誦(외우다 풍, 송)：글을 읽고 시를 읊음.

諷誦講論 必臻其極：諷誦하고 강론하는 것이 반드시 그 극치에 이르게 하다.(李穀, 〈興王寺重修興教院落成會記〉) 〉

風神：풍채(표정과 태도). 예술작품의 文采와 神韻. 작품이 아름다우면서 신비롭고 고상한 운치가 있음.

語多不暢 絶無風神生色之可觀 : 말이 대부분 통창하지 못하여 볼만한 고상한 운치[381]나 생색[382]이 전혀 없다.(李宜顯《陶峽叢說》)

風雅 : 《詩經》의 國風과 大雅·小雅(전의되어 《詩經》).

欲以此而紹風雅而化邦國 則不亦遠乎 : 이로써 풍아를 잇고 나라를 변화시키고자 한다면, 또한 너무나 동떨어진 것이 아니겠는가?(洪大容, 〈大東風謠序〉)

風煙 = 風烟 : 바람과 연기. 경치. 어지러운 속세. 전쟁.

鶯嬌燕黠弄風煙 士女兒童滿野田 : 어여쁜 꾀꼬리와 날쌘 제비가 봄 경치 희롱하고, 청춘 남녀와 아이들이 들에 가득하네.(唐 劉禹錫, 〈寒食〉)

風儀 : 風采. 훌륭한 태도와 풍채(風度와 儀容).

有風儀而土木形骸 不自藻飾 : 〈혜강은〉 풍채가 있었으나 육체를 토목처럼 여겨, 스스로 잘 보이게 꾸미지[383] 않았다.(《晉書》〈嵇康列傳〉)

風燭 : 바람 앞의 촛불 【轉義】 죽음이 임박한 사람. 곧 사라질 사물.

雲霄眞自致 風燭已難憑 : 青雲의 뜻 스스로 노력해서 이루어

ㅍ

381 風神 : 예술작품의 文采와 神韻. 곧 작품이 아름다우면서 신비롭고 고상한 운치가 있음을 이른다.

382 生色 : 산뜻하고 생동감이 있음.

383 藻飾(꾸미다 조) : 몸치장을 함(외관을 아름답게 꾸밈).

도,[384] 바람 앞의 등불 같은 이 목숨은 이대기 어렵구나.(張維, 〈哭沈舍人德顯〉)

***石火風燭**:돌을 쳐서 튀는 불똥과 바람 앞의 촛불(지극히 짧은 시간).

***風燭殘年**:얼마 남지 않은 생애.

〈ㅎ〉

何遽 = **何渠. 何詎**:왜. 어찌하여.

萱裔何遽於猖獗:甄萱과 弓裔가 어떻게 날뛸[385] 수가 있었겠는가?(《東史纂要》)

何苦:무엇 때문에(무슨 부득이한 이유가 있는가). 무엇이 안타까워서(그렇게 할 가치가 없다는 반문).

~해도 무방하다(왜 그러면 나쁜가 = 何妨).

物理自古然 君何苦歎傷:사물의 이치가 예로부터 그러한데, 그대여 무엇이 안타까워서 탄식하는가?(張維, 〈古意〉)

陋哉龍門太史遷 何苦濡毫傳殖貨:고루하구나! 용문[386]의 태사 司馬遷은, 무엇 때문에 붓을 적셔, 〈貨殖傳〉을 지었는

---

384 **自致**:자기의 몸과 마음을 다함. 자신의 노력에 의하여 획득함. 어떤 방면에 정력을 쏟음. 스스로 나타냄. 자급함. 스스로 목숨을 끊음. 스스로 어떤 장소에 이름.

385 **猖獗**(미쳐 날뛰다 창, 날뛰다 궐):못된 세력이나 전염병 따위가 세차게 일어나 걷잡을 수 없이 퍼짐.

386 **龍門**:漢나라 司馬遷을 이르는 말(그가 용문에서 태어난 데서 이른다).

가?(丁若鏞, 〈破屋歎爲白澤申佐郎作〉)

何其 : 어떻게 그러한가(의문문). 어찌 그리도(감탄문).

不仕無義 長幼之節不可廢也 君臣之義如之何其廢之 欲潔其身而亂大倫 : 벼슬하지 않는 것은 의리가 아니니, 長幼의 예절도 없애서는 안 되는데, 君臣의 의리를 어떻게 없앨 수 있겠는가? 자기 일신을 깨끗이 하고자 큰 인륜을 없애는 짓이다.(《論語》〈微子〉)

何等 : 어떠한. 어찌 그토록 …한가.

吾日出而作 日入而息 鑿井而飮 耕田而食 堯何等力 : 해 뜨면 일하고 해 지면 쉰다. 우물 파서 물을 마시고 밭을 갈아 밥을 먹는다. 요가 어떠한 힘을 썼단 말이냐?(《論衡》〈感虛〉)

下世 : 近世(後世). 저승. 죽음. 신선이 속세에 내려옴.

良浩年十二 王考下世 : 나의 나이 열두 살 때 祖父[387]께서 돌아가셨다.(洪良浩, 〈芸窩集跋〉)

何與 : 누가 더 나은가. 누구와. 무슨 관계냐.

窮達才何與 衰遲病已侵 : 잘 되고 못 되는 것 재주와 무슨 관계리요? 쇠한 몸[388]에 병이 벌써 침범했구려.(張維, 〈挽李僉正溟運〉)

何有 : 무엇이 있는가(소유하지 않은 바가 없음). 관계가 없음.(=何難之有)

嗟乎 竹植物也 於人何有哉 : 아! 대나무는 식물이니, 사람과

---

387 王考 : 돌아가신 할아버지

388 衰遲(폐기되다 지) : 쇠하여 저물어 감(나이가 들어서 늙음).

무슨 상관이 있겠는가?(白居易, 〈養竹記〉)

***無何有之鄕 = 無有鄕. 無何. 無何境. 無何有. 無何鄕** : 텅 비어 아무 것도 없는 고을 **【轉義】** 세속의 번잡함이 없는 虛無自然의 낙원.

何曾 : 어찌(曾=何). 무엇 때문에. 어찌 그럴 수가 있느냐. 언제(=何嘗. 何常. 何當. 何省. 何從).

里中父老迭相邀 醉飽何曾更辭謝 : 마을 안 노인들이 번갈아 서로 초청하니, 취하고 배부르다고 어찌 다시 사양하며 거절하겠는가?[389](李穡, 〈連州歌〉)

何擇(구별하다 택) = **奚擇** : 무엇이 다르겠는가?

如此則與禽獸奚擇哉 : 이와 같다면 금수와 무엇이 다르겠는가?(《孟子》〈離婁〉)

下風 : 바람이 불어가는 쪽. 남의 아래에 있거나 그 영향이 미치는 처지에 있음을 겸손하게 이르는 말.

聞師之德譽 來伏下風 : 스님의 덕망을 듣고, 문하에서 배우러 왔습니다.[390](金富軾, 〈金居柒夫傳〉)

何限 : 얼마. 그지없음.

回首兩鄕何限意 新詩一首爲君傳 : 두 곳에서 서로 바라는[391] 그지없는 뜻을, 시 한 수 새로 지어 그대에게 전하네.(卞季良, 〈村

389 **辭謝** : 사양하며 거절함. 사과함. 감사의 말을 함. 작별을 고함.

390 **來伏** : 와서 굴복함.

391 **回首** : 머리를 돌림. 머리를 돌려서 봄. 귀순함. 돌이켜 생각함. 죽음.

居卽事寄京都李先達》)

鶴髮:白髮.

*童顔鶴髮:어린아이처럼 발그스레한 얼굴에 학처럼 흰 머리카락. 【轉義】 노인이 건강함.

*鶴髮雞皮:백발에 주름 진 피부(노인의 모습).

閒居:사람들을 피하여 홀로 지냄. 한가로이 집에서 지냄. 하는 일 없이 집에 있음. 한가한 거처.

小人<u>閒居</u> 爲不善 無所不至 見君子而后 厭然揜其不善 而著其善 人之視己如見其肺肝然 則何益哉 :소인이 한가로이 있을 때에 악행을 하되 못하는 짓이 없다가, 군자를 본 다음에는 그 악행을 덮어 가리고 선행을 나타내지만, 남이 자기를 보는 것이 마치 폐간을 들여다보듯이 하니, 무슨 유익함이 있으리요?(《大學章句》)

閑漫:대수롭지 않고 보잘 것 없음.

容或有<u>閒漫</u>之作 :혹시[392] 한만한 작품이 있을 수 있다.(李宜顯《陶峽叢說》)

翰墨(붓 한, 먹 묵):붓과 먹. 詩文이나 書畫.

往者十四五 出遊<u>翰墨</u>場 :옛날 열네다섯 살 때, 나가서 글 짓는 자리에 노닐었다.(杜甫, 〈壯遊〉)

*翰墨林 = 翰墨場:붓과 먹의 숲(문장가들이 모인 곳, 곧 文壇).

*翰墨筵:詩文이나 書畫를 하는 모임.

ㅎ

392 容或(혹시 용):혹시. 아마. 어쩌면.

翰苑:藝文館. 翰林院. 문장가들이 모인 곳(=文壇. 藝苑. 藝林. 藝府).

益公乃翰苑大手筆 :주익공은 翰林의 대문장[393]이다.(申從濩, 〈東文粹跋〉)

涵養(적시다 함):培養함. 心性을 닦아서 기름. 도덕이나 학문 등을 닦는 일.

人主一日之間 接賢士大夫之時多 親宦宮妾之時少 則可以<u>涵養</u>氣質而薰陶德性 :임금이 하루 동안에 어진 사대부를 접촉하는 시간이 많게 되고 내시나 궁첩을 가까이 하는 시간이 적어지면, 기질을 기르고 덕성을 훈도[394]할 수 있다.(《孟子》〈告子上〉)

＊**涵養薰陶**:가르치고 인도하여 재주와 덕을 갖추게 함.

函丈(사이에 끼다 함) = **函杖**:講席에서 스승과 제자의 자리를 1丈 정도 띄우는 일(講席·스승).

若非飮食之客 布席 席間<u>函丈</u> :만약 음식을 대접하는 손님이 아니고 〈스승과 강론하는 자리이면〉, 자리를 펴되 한 장쯤 용납할 수 있는 공간을 띄운다.(《禮記》〈曲禮〉)

姮娥:달에 산다는 전설상의 女神. 姮은 원래 恒인데, 漢 때는 文帝 劉恒를 避諱하여 常 또는 嫦으로 썼다. 달.

---

393 **大手**:큰 손. 뛰어난 솜씨(뛰어난 문장가=大手筆).

394 **薰陶**(향기 훈, 질그릇 도) = **薰炙. 薰蒸**:학문이나 어진 덕행으로 좋은 영향을 끼침을 비유하는 말.

得神仙之術 能匿光使物 竊姮娥 騎蟾蜍 入月:〈모영의 8세 손 누(䨲)는〉 신선술을 터득하여 빛을 숨기고 사물을 부릴 줄 알아 항아를 훔쳐서 두꺼비를 타고 달 속으로 들어갔다.(韓愈 毛穎傳〉)

***月宮姮娥**: 달에 있는 궁에 산다는 선녀. 견줄 만한 사람이 없을 정도로 아름다운 여자.

解頤(턱 이): 턱이 빠짐. 활짝 웃음.

覽之者 其將解頤之不暇矣: 그것을 보는 사람들은 아마 장차 활짝 웃을 틈이 없을 것이다.(柳得恭, 〈淸脾錄序〉)

奚擇 = **何擇**: 무엇이 다르겠는가?

如此則與禽獸奚擇哉: 이와 같다면 금수와 무엇이 다르되겠는가?(《孟子》)

邂逅(만나다 해, 후): 우연히 만남. 기뻐하는 모양. 우연. 뜻밖. 갑자기.

今邂逅相遇: 지금 뜻밖에 서로 만나게 되다.(金富軾, 〈金居柒夫傳〉)

***邂逅不偶**: 뜻밖에 일이 틀어짐.

行旅: 나그네가 되어 다님. 나그네. 여행함.

行旅忽聞鴈 仰看天宇淸: 나그네 기러기 소리를 갑자기 듣고, 고개 들어 하늘[395] 보니 맑기도 하네.(鄭夢周, 〈聞鴈〉)

行李: 使臣(=使華). 사신으로 나감. 여행함(旅程·여행할 때 지니고 다니는 물건). 高官의 앞과 뒤에서 수행하던 사람.

---

395 天宇: 천하. 수도. 하늘.

君有楚命 亦不使一个行李告于寡君 : 君이 〈토벌하겠다는〉 楚나라의 명을 받고도, 한 사람의 사신을 보내어 나에게 고하지 않았다.(《春秋左氏傳》)

行事 : 일정한 계획에 의하여 행하는 일. 일을 함. 행한 일. 使臣의 일. 지나간 일. 행위.

然言未必皆其心也 皆其行事之實也 : 그러나 말은 반드시 모두 그 마음이며 행한 일의 실제인 것만은 아니다.(李穡, 〈動安居士李公文集序〉)

行役 : 병역·부역·公務로 인하여 먼 곳에 감. 여행하거나 외출하여 멀리 감.

大夫七十而致事 若不得謝 則必賜之几杖 行役以婦人 適四方 乘安車 : 대부는 일흔 살에 직책을 임금께 돌려준다.[396] 만약 사직을 허락할 수 없으면 반드시 그에게 궤장[397]을 하사한다. 공무로 외출할 때에는 부인을 대동하며, 사방을 다닐 때는 안거[398]를 탄다.(《禮記》)

行人 : 길을 가는 사람(여행자. 出征하는 사람). 仕臣. 심부름하는 낮은 벼슬아치. 살아 있는 사람. 朝勤과 聘問을 관장하던 고대의 벼슬.

携手上河梁 遊子暮何之……行人難久留 各言長相思 : 〈漢나

---

396 **致事＝致仕** : 관직에서 물러남.

397 **几杖** : 안석과 지팡이(노인).

398 **安車** : 노인과 부녀자들이 편히 앉아서 탈 수 있도록 만든 수레. 年老한 고관이나 귀부인이 탔다.

라 때 匈奴에게 항복한 李陵이, 앞서 흉노에게 사신 가서 억류되었다가 19년 만에 풀려나 漢나라로 돌아가는 蘇武와 작별하면서 소무에게 준 시에〉 "서로 손 잡고 강다리에 올라라, 나그네[399]는 저문 날에 어디로 가느뇨? ……길을 가는 사람을 오래 만류키 어려워, 늘 서로 생각하자고 각기 말하네."(《漢書》)

行藏 : 나서서 道를 행함과 물러나서 숨는 일. 세상에 나가 벼슬함과 물러나 은거하는 일. 행적.

用之則<u>行</u> 舍之則<u>藏</u> 惟我與爾有是夫 : 우리를 써 주면 도를 행하고, 우리를 버리면 도를 간직한 채 숨는 그 일을, 오직 顔回 너와 나만은 할 수가 있다.(《論語》〈述而〉)

行在 = **行在所. 行所. 行朝** : 임금이 있는 곳(뒤에는 제왕이 순행할 때 머무르는 곳).

遂達於<u>行在</u> : 마침내 행재소에 이르다.(《高麗史》)

鄕曲 : 고대의 기초 행정단위(마을). 고향(고향친지. 고향이 같음). 시골 마을(시골 사람).

佳哉琊山信希有 況是星州我<u>鄕曲</u> : 아름다워라! 가야산 같은 곳은 진실도 드물게 있으며, 더군다나 성주는 나의 고향이라네.(李崇仁, 〈琊山行寄息谷上人〉)

向來 : 지금 막. 접때. 뒷날. 이전부터 어느 시점에 이르기까지.

一時頗效之 殆變<u>向來</u>之習 : 한 때 많이들 본받아서 거의 접때의 습관을 바꾸었다.(《芝峯類說》)

---

399 遊子 : 나그네.

向使 = 鄕使. 嚮使. 若使. 借使. 借若. 借如. 假如. 若或 : 설령. 만약.

向使傭一夫於家 受若直 怠若事 又盜若貨器 則必甚怒而黜罰之矣 : 만약 그대 집에 일꾼 한 사람을 고용하였을 경우 그가 그대의 품삯을 받고도 그대의 일을 태만히 하고, 또 그대의 재물[400]을 도둑질한다면, 반드시 매우 화를 내며 쫓아내 벌할 것이네.(柳宗元, 〈送薛存義序〉)

虛受 : 마음을 비우고 받아들임. 걸 맞는 재능도 없이 관직을 받음.

君子見其心 則思應用虛受者 : 군자는 그(대나무) 속을 보면, 응용하여 겸허히 받아들일 것을 생각한다.(白居易, 〈養竹記〉)

軒冕(수레 헌, 면류관 면) : 大夫 이상의 관원이 타는 수레와 禮服. 벼슬자리와 녹봉. 임금이나 지위가 높은 사람. 벼슬함.

塵視軒冕 : 벼슬을 티끌처럼 보다.(鄭道傳, 〈讀東亭陶詩後序〉)

獻替(중지하다 체) = **獻可替否** : 행해야 할 일을 進獻하고 행해서는 안 되는 일을 폐지하도록 임금에게 건의함.

중대한 국사를 조정에서 의논하는 것.

先生宜在朝夕獻替之地 : 선생은 아침저녁으로 獻替하는 자리에 머물러 있어야만 마땅하다.(崔岦, 〈送許草堂先生觀察嶺南序〉)

險易(평탄하다 이) : 길함과 흉함. 험난함과 평탄함. 고난과 고통.

卦有小大 辭有險易 辭也者 各指其所之 : 괘에는 소와 대가

---

400 **貨器** : 재물.

있고, 사에는 험난함과 평이함이 있는데, 사는 각기 사람이 가는 바를 가리킨 것이다. (《周易》〈繫辭〉)

險阻(막히다, 험하다 조) : 험하고 가로막힌 지역(어려움이나 고생). 험준함.

夜遇險阻 : 밤에 험준한 곳을 만나다.(李睟光, 〈年豐傳〉)

＊**艱難險阻** : 험난하고 장애가 많음. **【轉義】** 세상살이가 힘들고 어려움이 많음.

懸鶉(메추라기 순) : 옷이 해어져 너덜너덜함.

메추라기의 털이 얼룩덜룩하고 꽁지에 털이 없는 모습이 마치 해진 옷을 입은 듯하여 이르는 말.

顯揚 : 찬양함(표창함). 명성을 떨쳐 부모를 빛나게 함(출세함).

彼闒茸之顯揚乎 何異夫螻螘之得意 : 쓸모없는[401] 저 사람들 출세함이여, 개미떼[402] 뜻 얻음과 뭐가 다르랴?(張維, 〈懷同甫賦〉)

顯晦(어둡다 회) : 밝음과 어두움. 벼슬살이와 은둔.

其顯晦在人 興喪係世道 : 그 밝고 어두움은 사람에 달려 있고, 그 흥망은 世道에 달려 있다.(李廷龜, 〈象村集序〉)

荊棘 : 나무의 온갖 가시(고난).

芝蘭種不榮 荊棘剪不去 二者無奈何 徘徊歲將暮 : 지초와

---

401 **闒茸**(용렬하다 탑, 어리석다 용) : 용렬하고 어리석음.

402 **螻蟻**(땅강아지 누, 개미 의) = **螻螘** : 땅강아지와 개미. **【轉義】** 매우 작은 생물·보잘것없는 사람.

난초[403]는 심어도 잘 자라지 않고, 형극은 베어도 사라지지 않네. 두 가지 일 모두 어찌할 수 없어, 배회하노라니 해가 저물려 하네.(宋 邵雍, 〈感事吟〉)

形勝：지리적 위치가 뛰어나고 지세가 험준함. 요충지. 산천의 경치가 빼어남. 유리한 形勢를 잘 이용하여 승리함.

秦形勝之國 帶河山之險 縣隔千里 持戟百萬 秦得百二焉：秦나라는 地勢가 뛰어난 나라로, 산하의 險固함을 띠고 천리 멀리 떨어져 있어,[404] 제후의 창 가진 군사 백만을 진나라는 백분의 이로 당할 수 있다.(《史記》〈高祖本紀〉)

扈駕(호종하다 호, 제왕 가)：車駕를 모시어 좇음.

有寇亂 扈駕江都：胡亂이 일어나 江都로 어가를 모셨다.(李玄逸, 〈通政大夫行保寧縣監權公墓碣銘〉)

毫釐 = 毫氂：지극히 미세함(毫와 釐는 모두 아주 작은 度量 단위).

易曰 正其本 萬物理 失之毫釐 差之千里：《주역》에서 "그 근본을 바르게 하면 모든 일이 다스려지고, 터럭만큼이라도 어긋나면 천리 멀리 차이가 난다." 하였다.(《大戴禮記》〈保傳〉)

＊**毫釐千里**：극히 미미한 과실이나 착오로 말미암아 매우 큰 차이나 오류가 생김.

＊**毫釐之差**：아주 근소한 차이.

---

403 **芝蘭**：지초와 난초(우수한 子弟).

404 **縣隔**：멀리 떨어져 있음.

好事者 : 일거리 만들기를 좋아하는 사람. 곧 사물에 대하여 관심이 깊은 사람.

萬章問曰 或謂孔子於衛 主癰疽 於齊 主侍人瘠環 有諸乎 孟子曰 否 不然也 <u>好事者</u>爲之也 : 만장이 물었다. "어떤 사람이 이르기를, '孔子가 衛나라에서는 〈임금의 총애를 받던〉 의원[405]의 집에 머물렀고, 齊나라에서는 〈환관인〉 척환의 집에 머물렀다.' 하는데, 그런 일이 있습니까?" 맹자께서 말씀하셨다. "아니다, 그렇지 않다. 남의 말하기 좋아하는 자들이 지어낸 말이다."(《孟子》〈萬章 上〉)

壺中(병 호) = **壺中天. 壺中天地** : 壺蘆 속에 있는 별천지. 신선의 세계.

壺公이란 신선이 저잣거리에서 약을 팔고 있었는데, 모두 그저 평범한 사람인 줄로만 알고 있었다. 하루는 費長房이란 사람이, 호공이 천장에 걸어 둔 호로 속으로 들어가는 것을 보고는 비범한 인물인 줄 알고 매일같이 정성껏 그를 시봉하였더니, 하루는 호공이 그를 데리고 호로 속으로 들어갔는데, 호로 속은 완전히 별천지로 해와 달이 있고 仙宮이 있었다 한다.

地入<u>壺中</u>塵不到 人遊鏡裏畫難成 : 땅은 병 속에 드니 먼지가 이르지 않고, 사람은 거울 속에 노니니 그리기 어렵네.(安軸, 〈鏡浦泛舟〉)

虎豹(표범 표) : 호랑이와 표범(殘暴한 사람·용맹한 戰士·아름다운 문채·怪石을 형용)

405 **癰疽**(종기 옹, 저) : 종기를 치료하는 의원.

虎豹九關 啄害下人些 : 호랑이와 표범이 아홉 겹의 하늘 문[406]을 지키면서, 아래 세상 사람들이 못 들어오게 잡아먹네.(宋玉《楚辭》)

＊九關虎豹 = 九閽虎豹 : 구관을 지키는 호랑이와 표범 【轉義】 흉악하고 잔인한 權臣.

或者 : 어떤 사람. 어쩌면(혹시). 혹은(또는).

浮屠氏之說 或者亦猶是哉 : 불교의 설도 어쩌면 이와 같은 의미에서 나온 것이 아닌지 모르겠다.(張維, 〈福田說〉)

鴻雁 = 鴻鴈 : 기러기

【轉義】 書信. 형제. 재난이나 병란으로 떠돌아다니는 백성.

鴻雁于飛 集于中澤 : 홍안이 날아, 못 가운데 앉았도다. 周나라 厲王의 학정으로 萬民이 離散하여 살 곳을 얻지 못하자 宣王이 살 곳을 마련하여 이산한 백성들을 다시 돌아오게 했음을 찬미한 시.(《詩經》 〈鴻雁〉)

＊鴻雁行 : 형제. 형제가 외출할 때 동생이 형의 뒤를 따르는 데서 유래하였다.

和羹 : 여러 가지 양념을 갖추어 간을 잘 맞춘 국. 【轉義】 大臣이 임금을 보좌하여 국정을 다스림·재상의 직책.

若作酒醴 爾惟麴蘗 若作和羹 爾惟鹽梅 : 〈殷나라 高宗이 傅說(부열)을 재상으로 임명하면서 말하였다.〉 "만약 내가 술이나 단술을 만들려고 할 때에는 그대가 누룩[407]이 되어 주고,

406 九關 : 天帝의 궁궐에 있는 九重으로 된 문.

407 麴蘗(누룩 국, 움 얼) : 누룩.

만약 내가 솥에 국을 끓이려 할 때에는 그대가 소금과 매실[408]이 되어 주오."(《書經》)

花柳 : 꽃과 버들. 봄철에 꽃과 버들을 구경하며 즐기는 놀이. 번화한 遊樂地. 기생집·기생.

＊花柳東風 : 꽃과 버들과 봄바람.

＊花柳場 : 기생집.

化育 : 천지자연이 만물을 生育함. 교화시켜 양육함.

唯天下至誠 爲能經綸天下之大經 立天下之大本 知天地之化育 夫焉有所倚 : 오직 천하에 지극히 성실한 분이어야 천하의 대경[409]을 경륜[410]하며 천하의 대본을 세우며 천지의 화육을 알 수 있다.(《中庸》)

華藻(무늬 조) : 화려한 장식. 詩文의 화려한 修辭. 아름다운 글.

其華藻之美 炳蔚可觀 : 그 아름다운 문장이야말로 격조가 높아[411] 볼 만하다 하겠다.(張維, 〈華谷稿跋〉)

環堵(두르다 환, 담 도) : 사방이 각각 한 길 정도 되는 흙 담장으로 빙 둘러쳐진 집. 비좁고 누추한 집.

---

408 **鹽梅** : 소금과 매실. 소금은 짜고 매실은 시큼하여 모두 조미료로 쓰이는 것들로, 국가에 필요한 賢才를 가리킨다. 어울림.

409 **大經** : 사람으로서 지켜야 할 떳떳한 도리. 일정하여 변하지 않는 도리.

410 **經綸** : 고치에서 실을 뽑아 정리하는 일과 이 실로 끈을 짜는 일. 국가의 대사를 계획하고 운영함. 나라를 다스릴 만한 포부와 재능.

411 **炳蔚**(빛나다 병, 아름답다 위) : 문채가 선명하고 화려함.

【轉義】 담장처럼 빙 둘러 모임(사람들이 모여 붐빔).

<u>環堵</u>蕭然 不蔽風日 : 조그만 방은 쓸쓸하여 바람과 해를 가리지 못하다.(陶淵明, 〈五柳先生傳〉)

黃卷 : 책. 책이 좀먹는 것을 막기 위하여 종이를 황벽나무 잎으로 물들인 데서 유래하였다.

관리의 功過나 업무 능력 따위를 기록하는 문서. 詔勅. 콩나물.

對<u>黃卷</u> 固當整其威儀 : 서책을 대할 때는 본디 威儀[412]를 바로잡는다.(正祖, 〈文學〉)

皇華 : 《詩經》 〈小雅〉의 篇名인, 〈皇皇者華〉의 준말.

임금이 使臣을 보낼 때 부르는 노래인데, 사신으로 가는 일이나 사신을 찬미하는 典故로 쓴다.

一軒春色無窮興 千里<u>皇華</u>欲去心 : 온 東軒에 봄빛[413]이 한창 끝없는 흥취라, 천리의 사신은 돌아가고자 하는 마음이네.(鄭知常, 〈分行驛寄忠州刺使〉)

*皇華使 : 황제의 사신.

膾炙(굽다 자) : 육회와 구운 고기(훌륭한 요리). 詩文이나 사물이 뛰어나 칭찬을 받으며 여러 사람의 입에 자주 오르내림(=膾炙人口). 처치함.

萬古流傳空<u>膾炙</u> 百年墟落但松林 : 만고에 유전[414]하는 말 부

---

412 威儀 : 起居 동작이 엄정하여 예법에 합당함.

413 春色 : 봄빛. 봄철의 경치. 젊고 고운 얼굴. 기뻐하는 얼굴(喜色). 빰의 홍조.

414 流傳 : 전해 내려옴. 퍼져나감.

ㅎ

질없이 회자되고, 백 년의 집터[415]에는 솔숲만 무성하네.(李玄逸, 〈挽金和遠〉)

橫流 : 눈물이 뒤섞여 흐름. 두루 퍼짐. 물이 마구 넘쳐흐름. 【轉義】 動亂이나 재앙. 제멋대로 함.

蓋邪說橫流 壞人心術 甚於洪水猛獸之災 : 사악한 학설이 두루 퍼져 인심을 무너뜨림이 홍수와 맹수의 재난보다 심하다.(《孟子集註》)

＊滄海橫流 : 바닷물이 사방에 넘쳐흐름(세상이 크게 어지러움).

後嗣(자손 사) : 자손.

告爾後嗣 : 너희 자손에게 알린다.(李齊賢, 〈益齋眞自贊〉)

訓詁(주내다 고) = **訓故** : 經典이나 古書의 字句를 해석함. 경전이나 고서의 자구에 대한 해석.

句讀訓詁 奚以議夫黼黻經緯之文 : 구두[416]나 훈고로, 어찌 저 질서[417]를 보좌하는[418] 글과 의논할 수 있겠는가?(金宗直, 〈尹先生祥詩集序〉)

＊訓詁學 : 字句를 해석하는 방법으로 경전이나 고서를 연구하는 학문. 漢·唐 및 淸代에 유행하였고, 그 저작으로는 크게

---

415 **墟落** : 황폐한 묘지. 촌락.

416 **句讀** = **句度. 句投. 句逗** : 글 중에서 한 단락이 끊어지는 곳. 文意가 끊어지는 곳을 句, 읽기 편하게 멈추는 곳을 讀라 한다. 일반적으로 구에는 ㅇ를 두에는 ㆍ의 부호를 사용한다.

ㅎ

417 **經緯** : 씨줄과 날줄(조리 · 질서). 계획하여 다스림. 문장의 조리.

418 **黼黻**(수 보, 수 불) : 예복에 수놓은 화려한 무늬. 화려한 文辭. 보좌함.

《論語注疏》와 같이 특정한 경전을 해석한 것과 《爾雅》나 《說文解字》처럼 각 글자의 뜻을 풀이한 것이 있다.

揮灑(휘두르다 휘, 뿌리다 쇄) : 흩뿌림(흩어져 떨어짐). 붓을 휘둘러 먹물을 뿌림(글씨를 쓰거나 그림을 그리는 것). 시원스러움(자연스럽고 대범함). 마음대로 재물을 낭비함.

爲人<u>揮灑</u>風煙生 有酒卽傾醉不亂 : 사람을 위해 글을 쓰면 바람과 안개를 일으키고, 술이 있으면 곧장 들이켜 취해도 끄떡없었다네.(崔岦, 〈贈別李楨從鄭夢與令公赴京〉)

休明 = **休顯** : 아름답고 밝음(밝은 정치를 칭송할 때 쓰인다).

宋朝<u>休明</u> : 宋朝가 아름답고 밝아지다.(許薰, 〈書記言後〉)

休養 : 백성들의 부담을 덜어주고 생활을 안정시켜 民力을 기름. 사기를 돋우기 위하여 군사들을 쉬게 함. 편안히 쉬면서 심신을 보양함.

何莫非祖宗<u>休養</u>生息之恩 : 어찌 모두가 조종의 休養하고 生息하는 은혜가 아니랴?(鄭道傳, 〈登羅州東樓 諭父老書〉)

休養生息 = **休息** : 전쟁이나 변란이 난 뒤에 백성의 부담을 덜어주고 생활을 안정시켜 원기를 회복하게 함.

休戚 = **休慼** : 기쁨과 슬픔. 안락과 걱정. 禍와 福.

我輩大臣與國同<u>休戚</u> : 우리 대신들은 국가와 고락을 같이해야 한다.(《月汀漫筆》)

＊**休戚與共** : 상호간에 행복과 재앙을 함께 함(苦樂을 같이 함).

興起 : 떨치고 일어남. 감동하여 분발함. 건설함. 생겨남.

奮乎百世之上 百世之下 聞者莫不興起也 : 백세 위에서 떨쳐 일어남에 백세 아래에서 이를 듣고 흥기하지 않는 자가 없다.(《孟子》〈盡心 下〉)

興復 : 회복함.

庶竭駑鈍 攘除姦兇 興復漢室 還于舊都 此臣所以報先帝而忠陛下之職分也 : 거의 저의 노둔한 재주를 다하여 간흉을 제거하고 漢室을 부흥시켜 옛 도읍으로 돌아가는 것이, 신이 선제에게 보답하고 폐하에게 충성하는 직분입니다.(諸葛亮, 〈出師表〉)

興替(쇠퇴하다 체) : 흥성함과 쇠퇴함(=汚隆). 성공과 실패.

大道有興替 浮生多是非 : 대도는 성쇠가 있고, 뜬 인생은 시비도 많네.(權近, 〈有感〉)

전통문화연구회 도서목록

범례 : ① 毛詩正義 1~8 〔全15〕 - 전체 15책 계획, 현재 1~8책만 간행된 경우. 별도 표시 없는 경우는 완간.
② 저자명 우측에 별도 표시 없는 경우는 '역주'를 의미함.(예시 - 원주용 편역, 함현찬 등)

신편 기초한문교재

신편 사자소학·추구 고전교육연구실 편역 11,000원
신편 계몽편·동몽선습 고전교육연구실 편역 11,000원
신편 명심보감 이지곤·원주용 15,000원
신편 격몽요결 함현찬 12,000원
신편 주해천자문 이충구 12,000원
신편 원문으로 읽는 故事成語 원주용 편역 15,000원
신편 당음주해선 권경상 22,000원

한문독해첩경시리즈

(개정판) 漢文독해기본패턴 이지곤 外 저 20,000원
한문독해첩경 -문학편 박상수·이화춘 外 저 17,000원
한문독해첩경 - 사학편 박상수·이화춘 外 저 17,000원
한문독해첩경 - 철학편 박상수·이화춘 外 저 17,000원
논어독해 첫걸음 이지곤 外 저 17,000원
맹자독해 첫걸음 이지곤 外 저 17,000원

오서오경독본

논어집주 上·下 정태현 合 49,000원
맹자집주 上·下 전병수·김동주 合 60,000원
대학·중용집주 이광호·전병수 15,000원
소학집주 上·下 이충구 外 合 50,000원
시경집전 上·中·下 박소동 合 90,000원
서경집전 上·中·下 김동주 合 90,000원
주역전의 元·亨·利·貞 최영진 外 合 120,000원
상설 고문진보대전후집 上·下 이상하 外 合 64,000원
춘추좌씨전 上·中·下 허호구 外 合 109,000원
예기 上·中·下 성백효 外 合 90,000원

동양고전국역총서

대학·중용집주 -개정증보판 성백효 12,000원
논어집주 -개정증보판 성백효 30,000원
맹자집주 -개정증보판 성백효 30,000원
시경집전 上·下 성백효 合 70,000원
서경집전 上·下 성백효 合 66,000원
주역전의 上·下 성백효 合 80,000원
소학집주 성백효 32,000원
고문진보 후집 성백효 32,000원

동양고전역주총서

〈經部〉

〔십삼경주소〕

주역정의 1~4 성백효 外 合 147,000원
상서정의 1~7 김동주 合 241,000원
모시정의 1~8 〔全15〕 박소동 外 合 288,000원
예기정의 1~3, 中庸·大學 〔全20〕 이광호 外 合 117,000원
논어주소 1~3 정태현 外 合 117,000원
맹자주소 1~5 최채기 外 合 157,000원
효경주소 정태현 外 35,000원
주례주소 1~4 〔全15〕 김용천 外 合 132,000원
춘추좌전정의 1~2 〔全18〕 허호구 外 合 59,000원
춘추공양전주소 1 〔全7〕 송기채 外 合 37,000원

춘추좌씨전 1~8 정태현 合 262,000원
예기집설대전 1~6 〔全10〕 신승운 外 合 211,000원
동래박의 1~5 정태현 外 合 172,000원
한시외전 1~2 허경진 外 合 65,000원
설문해자주 1~6 〔全20〕 이충구 外 合 207,000원

〈史部〉

사정전훈의 자치통감강목 1~23 〔全39〕 신승운 外 合 719,000원
통감절요 1~9 성백효 合 316,000원
당육선공주의 1~2 심경호 外 合 88,000원
정관정요집론 1~4 이충구 外 合 109,000원
열녀전보주 1~2 최병준 外 合 68,000원
역대군감 1~4 홍기은 外 合 140,000원

〈子部〉

공자가어 1~2 허경진 外 合 79,000원
관자 1~4 〔全5〕 이석명 外 合 130,000원
근사록집해 1~3 성백효 合 122,000원
노자도덕경주 김시천 45,000원
대학연의 1~5 〔全7〕 신승운 外 合 151,000원
묵자간고 1~7 이상하 外 合 282,000원
설원 1~2 허호구 合 50,000원
세설신어보 1~5 김진옥 外 合 181,000원
순자집해 1~7 송기채 合 247,000원
심경부주 성백효 46,000원
안씨가훈 1~2 정재서 外 合 59,000원
양자법언 1~2 박승주 52,000원
열자권재구의 최병준·공근식·권헌준 40,000원
이정전서 1~7 〔全8〕 최석기 외 合 253,000원
장자 1~4 안병주·전호근 合 143,000원
정경·목민심감 홍기은·전백찬 27,000원
한비자집해 1~5 허호구 外 合 202,000원

〔무경칠서직해〕

손무자직해·오자직해 성백효 外 45,000원
육도직해·삼략직해 성백효 外 26,000원
울료자직해·이위공문대직해 성백효 外 26,000원
사마법직해 성백효 外 26,000원

〈集部〉

고문진보 전집	성백효	30,000원
당시삼백수 1~3	송재소 外	合 127,000원

〔당송팔대가문초〕

한유 1~3	정태현	合 78,000원
유종원 1~2	송기채	合 44,000원
구양수 1~7	이상하 外	合 220,000원
왕안석 1~2	신용호·허호구	合 45,000원
증공	송기채	25,000원
소순	이장우·노장시·장세후	25,000원
소식 1~5	성백효	合 110,000원
소철 1~3	김동주	合 64,000원

〔명청팔대가문초〕

1 귀유광·방포	이상하 外	35,000원
2 유대괴·요내	이상하 外	35,000원
3 매증량·증국번	이상하 外	38,000원
4 장유소·오여륜	이상하 外	50,000원

동양고전신역

당시선	송재소·최경렬·김영죽 편역	24,000원
손자병법	성백효	14,000원
장자	안병주·전호근·김형석	15,000원
고문진보 후집	신용호	28,000원
노자도덕경	김시천	17,000원
고문진보 전집 上·下	신용호	合 44,000원
신식 비문척독	박상수	25,000원
쉽게 배우는 안씨가훈	김창진 편역	23,000원

문화문고

경전으로 본 세계종교 그리스도교	이정배 편저	10,000원
〃 도교	이강수 편역	13,000원
〃 천도교	윤석산 외 편저	10,000원
〃 힌두교	길희성 편역	10,000원
〃 유교	이기동 편저	10,000원
〃 불교	김용표 편저	22,000원
〃 이슬람	김영경 편역	13,000원
논어·대학·중용	조수익·박승주	13,000원
맹자	조수익·박승주	10,000원
소학	박승주·조수익	10,000원
십구사략 1~2	정광호 저	合 24,000원
무경칠서 손자병법·오자병법	성백효	13,000원
〃 육도·삼략	성백효	10,000원
〃 사마법·울료자·이위공문대	성백효	10,000원
당시선	송재소·최경렬·김영죽 편역	10,000원
한문문법	이상진 저	20,000원
한자한문전통교재	조수익·이성민	18,000원
士小節 선비 집안의 작은 예절	이동희 편역	13,000원
儒學이란 무엇인가	이동희 저	18,000원
동아시아의 유교와 전통문화	이동희 저	13,000원
현대인, 동양고전에서 길을 찾다	이동희 저	10,000원
100자에 담긴 한자문화 이야기	김경수 저	12,000원
우리 설화 1~2	김동주 편역	合 20,000원
대한민국 국무총리	이재원 저	10,000원
백운거사 이규보의 문학인생	신용호 저	14,000원

한자한문교육총서

수진본 기초한문교재	편집부	15,000원
수진본 논어·대학·중용	편집부	15,000원
수진본 맹자	편집부	15,000원
수진본 시경	편집부	15,000원
수진본 서경	편집부	15,000원
수진본 주역	편집부	15,000원
원문 논어집주	편집부	27,000원
원문 맹자집주	편집부	29,000원
원문 대학·중용장구	편집부	11,000원
임용전공어휘완전정복 -고전산문편	원주용 外 저	25,000원
한문正譚 -교과서 속의 단문 산문 한문	원주용 外 저	25,000원
알쏭달쏭한자	박상수 편저	25,000원

※도서구입문의 : 02-762-8401